문명연구 총서 3

과학기술 문명에 대한 성찰

문명연구 총서 3

과학기술 문명에 대한 성찰

이한구 · 강학순 편

경희대학교 출판문화원

발간사

이 책은 2014년 3월부터 지금까지 열리고 있는 미래문명원의 월례 세미나의 결과물이다. 월례 세미나의 대주제는 '인류 문명의 새로운 패러다임에 대한 탐구'였고, 매번 대주제에 포섭되는 소주제를 다루었다. 소주제는 정치, 경제, 사회, 문화 등 다방면에 걸쳐 당시의 사회적 관심사와도 연결해서 선정했다.

'인류 문명의 새로운 패러다임에 대한 탐구'는 2013년 한국연구재단의 일반 공동연구 과제로 출발했다. 처음에는 각 분야 전문가 10명이 공동연구원으로 구성되었다가 중간에 몇몇 연구원들이 추가로 참여해 모두 15명이 되었다. 공동연구원은 경희대학교를 비롯한 국내 유명 대학의 교수들로 구성되었다. 연구를 시작할 때는 공동연구원들만 모여 토론 위주의 세미나를 진행했지만 조금 지나면서 이 분야의 전문가를 초빙해 진행하는 본격적인 세미나를 개최했다. 2014년부터는 경희대학교 미래문명원이 세미나 개최에 관한 업무를 주관했다.

그동안 60여 회에 걸쳐 세미나를 개최했으며, 특수한 경우 한 번을 제외하고는 모든 세미나를 영상물로 만들어 유튜브(YouTube)에 올렸다. 누구든 '인류 문명'이나 '새로운 패러다임'으로 검색해 영상을 찾아볼 수 있다.

세미나의 소주제는 다양했지만, 꽤 오랜 시간이 지나면서 비슷한 주제로 묶이는 논문들이 축적되었다. 지난《현대 문명의 전환》과《자유주의와 민주주의의 새로운 모색》에 이어 이번에 출간하는 책《과학기술 문명에 대한 성찰》역시 그동안 세미나에서 발표된 논문 중에서 비슷한 주제의 논문을 모은 것이다. 이 중에는 저자가 세미나 발표 후에 전문 학술지에 이미 게재한 논문도 포함되어 있다.

이 세미나는 대주제가 암시하듯이 문명의 전환 시기에 논의할 수 있는 다양한 주제들을 다루면서, 특히 세 가지 차원에 초점을 맞추었다. 첫 번째는 농업혁명과 산업혁명에 이은 세 번째 혁명인 정보통신혁명이 진행되면서 인류 문명이 어떻게 변화하고 있는지를 밝히는 것이고, 두 번째는 이런 문명의 전환이 어떤 새로운 문제점들을 야기하고 있는가를 규명하는 일이며, 세 번째는 이런 문제점을 해결하기 위해 방책을 제시하는 것이다. 말하자면, 인류 문명에 대한 해석, 문제점 진단, 새로운 패러다임의 제시를 통한 처방 등 세 영역이라 할 수 있다.

문명에 관한 저서는 꽤 많이 출간됐지만, 지나치게 전문적이거나 거대 담론에 치우친 경우가 많다. 이 책은 이런 부류와는 다른 특색을 갖는다. 너무 전문적인 수준도 아니지만, 너무 거대 담론에만 치우쳐 실증적 근거가 약한 상태도 아니다. 어느 정도 수준의 전문성을 가지면서도 일반인이 읽을 수 있는 담론을 담았다.

이번 총서를 출간하는 미래문명원은 지구 협력사회와 인류 공동사회의 이념을 구현하기 위해 2005년 당시 경희대학교 NGO 대학원 원장이던 조인원 박사의 주도로 설립되었다. 경희대학교 총장을 거쳐 현재는 경희학원 이사장인 조인원 박사는 대학다운 미래 대학을 추구하는 교육 철학자이며, 인류 문명의 지속가능성과 인류가 나아갈 길을 개척하는 세계 지성의 한 사람이다. 설립 이념에 따라 미래문명원은 세계적인 지성인들과의 공동 협력을 통해 당면한 지구적 문제들을 해결하기 위해 노력하고 있다.

'인류 문명의 새로운 패러다임에 대한 탐구' 세미나는 앞으로도 계속될 것이며, 그 결실이 쌓이는 대로 '문명연구 총서'도 연속해서 출간할 예정이다. 이 문명연구 총서의 출간이 인류 문명이 처한 위기 극복에 다소나마 도움이 되기를 바라 마지않는다.

2022년 6월
인류사회재건연구원장 이한구

목차

제3부 과학기술 비판론

서문

과학기술 문명에 대한 긍정론과 비판론

이한구

현대는 과학기술 문명의 시대이다. 우리가 사는 현대 문명이 과학기술을 바탕으로 해서 만들어진 문명이기 때문이다. 과학(Science)은 세상의 근본 원리나 변화를 탐구하는 활동이나 그 결과를 의미하며, 기술(technology)은 무엇인가를 만들어내거나 성취하는 방법이나 능력이다. 과학은 지식을 창출하는 것이고, 기술은 무엇을 어떻게 하는가를 아는 노하우다. 말하자면, 과학은 발견이고 기술은 발명과 연관된다고 할 수 있다.

그렇지만 이들은 서로 긴밀히 얽혀 있다. 기술은 과학지식에 기초를 두고 있고, 과학도 기술의 도움으로 발달한다. 예컨대 빛에 대한 지식을 기초로 망원경이나 현미경이 만들어졌지만, 이들을 기초하여 새로운 과학적 발견이 이루어진다. 이런 연관성 때문에 둘을 결합하여 과학기술로 표현하기도 한다.

과학의 도움으로 우리는 우주의 기원이나 구조, 우주를 움직이는 힘들, 생명의 기원이나 우리 몸의 구조, 유전의 기제까지 설명할 수 있다. 기술의 도움으로 우리는 지구를 벗어나 우주탐사도 가능하게 되었으며, 사람과 비슷한 로봇을 만들어 놀라운 세상을 만들고 있다. 이들은 무지와 불가능의 장벽을 허물어트린다. 마치 어두운 세계를 비추는 등 불과도 같다.

과학기술 문명은 인류에게 자유, 부, 건강, 행복을 선사했다. 오늘날 우리가 누리는 억압으로부터의 해방, 경제적 풍요, 질병의 극복, 전쟁의 억제, 높은 교육 수준과 행복한 삶의 향유는 현대 문명이 산출한 결과들이라고 할 수 있다. 이렇게 현대 과학기술 문명의 긍정적 측면을 강조하는 입장에서는 과학기술을 인간의 확장이며 보완으로 규정한다. 예컨대 칼이나 망치는 인간의 손을, 자동차나 비행기는 인간의 발을, 컴퓨터는 인간의 뇌를 확장·보완한다는 것이다. 물론 이런 입장에서도 과학기술이 초래하는 부작용이 전혀 없는 것은 아니지만, 이들의 극복이 불가능하다고 보지는 않는다.

반면에 현대의 과학기술 문명이 초래한 부작용도 적지 않다. 무엇보다 과학기술이 더욱 교묘하게 인간을 억압하는 도구가 됨으로써 인간의 해방이 제대로 실현된 것인지 의문시되는 현실이, 산업사회가 초래한 환경파괴와 기후변화로 인류 문명의 생존 자체가 위협받고 있는 상황이 그 부작용을 대변한다. 또한 경제적 풍요를 이루었다 해도 빈익빈 부익부의 양극화 현상이, 전쟁이 억제되었다 해도 더 큰 위험을 축적하고 있는 불안한 상태 역시 과학기술 문명의 그림자들이다. 이러한 측면을 중시하면서 현대 과학기술 문명을 비판적으로 보는 견해에서는 과학기술만으로는 결코 인간을 행복하게 할 수 없다고 주장한다.

긍정과 비판 사이의 중립적 견해도 있다. 이런 견해로는 과학기술이란 그 자체로 좋거나 나쁜 것이 아니다. 인간이 그것을 어떻게, 어떤 방향으로 사용하느냐에 따라 좋은 것도 될 수 있고, 나쁜 것도 될 수 있는 중립적 도구라는 것이다.

과학기술을 어떻게 보느냐에 따라 현대 과학기술 문명을 바라보는 시선도 달라진다. 이 책에서는 여러 다양한 주제들에 대한 논의를 통해 여러 입장들을 균형 있게 다루어 보고자 했다.

〈과학기술과 인간의 미래〉(김승환)는 이제 인간은 첨단과학기술 문명의 패스트트랙에 올라탄 공동운명체가 되었다고 진단하면서, 비예측적 격변과 불확실성 속에서도 과학기술 혁신을 통해 미래의 지평을 슬기롭게 열어가도록 노력해야 한다고 주장한다. 그는 과학기술과 인류 문명의 관계를 다음과 같이 설명한다.

과학기술은 앞으로 더욱 중요한 역할을 할 것으로 전망된다. 왜냐하면 과학기술은 단순한 이기를 넘어 우리 문명의 근본을 이루기 때문이다. 또한 과학기술은 글로벌 이동성과 상호작용이 한층 높아진 지구촌에서 합리적 소통과 글로벌 협업을 촉진하고, 인류가 공통의 목표로 나아가게 해주는 최상의 플랫폼을 제공해준다.

앞으로 과학기술은 지식의 경계를 어떻게 계속 확장해갈 것인가? 지구촌 전반에 높아지는 긴장과 갈등을 어떻게 극복하고, 미래의 안전과 번영을 어떻게 담보해나갈 것인가? 이런 질문과 그 해결의 기저에는 과학기술이 자리 잡고 있다.

팬데믹의 위기는 지구촌 세계, 사회, 인간의 지속성에 대한 보다 근원적인 질문을 던지고 있다. 앞으로도 기술 발전 속도와 범위는 더욱 빨라질 전망이며, 광범위한 인간 경험과 역량을 변화시킬 것으로 전망된다. 한편 초국가적 규모의 도전에 대해 파편화된 기존 시스템과 구조는 많은 단계에서 잘못을 낳을 가능성이 크다. 더 심각한 불균형으로 커뮤니티, 국가, 국제사회에서 분쟁이 더욱 심화될 수 있다.

4차 산업혁명은 지금까지 우리가 경험했던 것보다 더 빠른 속도, 더 큰 영역, 더 센 힘의 변화를 가져오고, 인간 경험의 본질에 영향을 줄 것이다. 여기서 우리는 인간이 배제되지 않는 미래의 비전과 목표를 세우고 이를 함께 달성해가도록 소통하고, 참여하고, 합의해야 한다.

〈우리는 어떻게 포스트휴먼 주체가 될 수 있는가?〉(김재희)는 포스트구조주의의 안티 휴머니즘적 문제제기와 인간주체의 해체를 수용한다. 그러면서 동시에 사이버네틱스 정보기술 과학의 탈휴먼화 역량을 포스트휴먼 주체화의 가능성으로 연결할 수 있는가 하는 문제의식에서 논의를 시작한다.

'인간 향상' 모델인 트랜스 휴머니즘은 과학과 기술을 수단으로 현재의 인간 한계들을 넘어서 인간 생명의 진화를 가속화하고자 하는 생명철학이다. 트랜스 휴머니즘은 그 수단과 목적에서 계몽적 휴머니즘을 넘어선다. 계몽적 휴머니즘이 인간 본성을 향상시키기 위해서 교육적이고 문화적인 개선에 의존하고자 한다면, 트랜스 휴머니즘은 우리의 생물학적 유전적 유산에 의해 부과된 한계들을 극복하기 위해 기술공학을 활용하고자 한다.

트랜스 휴머니스트들은 인간 본성을 그 자체로 목적으로서, 완전한 것으로서, 우리의 충성을 요구하는 것으로서 간주하지 않는다. 오히려 그것은 단지 진화론적인 진행에서 하나의 지점일 뿐이고, 우리는 우리 자신의 본성을 우리가 바람직하고 가치 있다고 여기는 방식으로 고칠 수 있다고 본다.

비판적 포스트휴머니즘은 안티-휴머니즘의 문제의식을 계승하며, '휴먼'과 그 바깥의 '타자(인간 이하로 배제된 젠더와 인종, 다른 생명체, 기계 등)' 사이의 상호작용 관계에 주목한다. 대표 주자 캐서린 헤일스는 사이버네틱스의 역사 속에서 포스트휴먼의 계보를 추적하면서 '우리가 어떻게 포스트휴먼이 되었는지' 설득력 있게 보여준다. 헤일스가 말하는 '포스트휴먼'은 이중적이다. 한편으로는 탈-인간적이고 탈-신체화된 '사이보그'로서의 포스트휴먼이고, 다른 한편으로는 신체화된 실재에 근거한 '인간과 지능형 기계의 접합체'로서의 포스트휴먼이다. 헤일스의 비판적 분석에 따르면, '휴먼의 사이보그화'는 사이버네틱스의 3단계 발전 과정을 거쳐 강화된 탈-신체화에 근거한다.

김재희는 인간 향상 모델인 트랜스 휴머니즘과 비판적 포스트휴머니즘을 종합한 시몽동의 개체초월적 인간기계 앙상블 모델을 진정한 포스트휴먼의 주체 모델로 제시한다.

시몽동은 '시스템'과 '정보'를 사이버네틱스와 다른 방식으로 정의하고, 개체와 환경 사이의 상호작용과 공진화를 탈-개체중심적으로 사유하며, 기술적 대상들을 매개로 소통하는 '개체초월적 집단성'을 발굴함으로써 포스트휴먼 주체성의 새로운 가능성을 보여준다.

시몽동은 기술적 대상들을 인간의 사용도구에 불과한 것으로 간주하지 않는다. 기술적 대상 고유의 발생과 진화를 인정하고, 인간과 기술적 대상의 관계를 존재론적으로 동등한 위상에서의 상호협력적 공진화로 이해한다. 시몽동의 관점에 따르면, 융복합적 네트워킹을 구축하며 '구체화하는 기술적 대상들의 앙상블'과, 이를 매개로 정서적 공감과 내적 공명을 실현해가는 '개체초월적인 인간 집단'이, 상호인과작용과 상호조정 속에서 공-진화하는 것이 포스트휴먼 사회의 모습일 수 있다.

〈과학기술과 인문학의 연결〉(김영식)은 오늘날 과학기술과 인문학이

상반되고 대립하는 것으로 인식되지만, 본성상 이 두 가지가 다르지 않으며, 실제 역사상으로도 그 같이 분리되지 않았음을 밝힌다.

과학과 인문학의 분리는 서양에서 과학혁명기에 시작되었다. 과학이 점차 전문화되면서 일반 지식인으로부터 유리되어, 19세기에 이르러서는 이 유리 상태가 심해지고 고착화되었다. 동양에서도 '문'과 '리'라는 개념의 구분은 있었지만, 그들은 서로 대립하는 것은 아니었다. 굳이 구분한다 해도 자연과학과 인문학을 구분하는 오늘날 이과와 문과와 성질이 다른 것이었다.

이런 역사적 전통에서 보면 과학기술이 발생시킨 문제들에 직면한 인문학의 과제는 과학기술을 반대하고 극복하고 회피하고 경쟁하는 것이 아니라, 포용하고 이해하고 사용하고 다루는 것이다. 또한 과학이 인문적 주제들로부터 격리된 이러한 상황은 자연과학의 본질적 속성에서 유래한 것이 아니라 서양 근대과학의 발전 과정에서 빚어진 특수한 역사적 상황이라는 것도 상기할 필요가 있다.

이제 문제는 이들을 어떻게 연결할 것인가이다. 김영식은 지금까지 시도했던 여러 가지 방안을 검토한다.

1) 인문학과 과학이 분리되지 않았던 과거의 상황으로 되돌아가기
2) 새로운 패러다임 찾기
3) 과학의 해설이나 모형, 관련된 퀴즈, 게임, 만화 등을 통해 과학기술을 쉽게 해설하기
4) 과학자와 인문학자들이 함께 연구하기
5) 개별 주제의 학제적 탐구 등

그렇지만 그는 이 모든 시도가 만족스럽지 못하다고 비판하면서 이들의 문제점은 과학과 인문학이라는 층위가 다른 영역을 대칭적으로 통합하려고 한 것이라고 해석한다.

〈정보사회, 새로운 유토피아냐 혹은 암울한 디스토피아냐〉(윤병렬)는 정보통신혁명은 세계를 하나의 지구촌으로 묶는 데 획기적인 변화를 가져왔으며, '유비쿼터스'나 '공간조정 기술'을 통해 지리적, 문화적 국경까지도 허물고 있다고 진단하면서, 이런 정보사회에 대해 다음과 같이 두 가지 평가가 있음을 설명한다.

하나는 정보사회를 유토피아로 보는 견해이고, 다른 하나는 디스토피아로 보는 견해이다. 유토피아는 우리가 추구하는 이상적 사회이고, 디스토피아는 생각할 수 있는 최악의 사회, 지옥 사회이다.

오늘날 과학기술 분야는 말할 것도 없고 예술과 의학의 분야, 산업이나 생활 주변에 이르기까지 컴퓨터화됨에 따라 지식에 대한 접근마저도 달라지고 있다. 현대인은 과학기술 문명과 마치 운명적인 관계인 것처럼 얽매이고, 지배하고, 또 지배받으면서 살 수밖에 없는 처지에 놓이게 되었다.

그렇지만 인간이 기계에 대해서 주체적 지위를 상실하지 않고 주인으로 존재할 때는 저 운명적 관계가 부정적이지 않을 것이다. 반대로 과학기술이 인간 위에 군림하거나 인간과 과학기술 사이에 주객전도 현상이 일어나면서 인간이 주체적 위치에서 과학기술의 아류로 떨어진다면, 인간은 과학기술 문명의 이기 앞에 노예로 전락할 것이다.

이런 관점에서 윤병렬은 정보사회에서의 주체개념을 복권해야 한다고 강력히 주장한다. 해체주의자들은 공공연히 '주체의 죽음'이나 '주체의 해체'를 말해왔다. 그렇지만 오늘날 정보사회에서 새로운 주체 개념이 나타난다. 이러한 주체는 근대적 주체도 아니고 권력지향적 주체도 아닌 실천지향적 주체, 의사소통적 주체이다. 말하자면 정보를 생신, 송신, 수신, 처리하는 당사자이며, 의사소통을 통해 공동체를 형성하고 타자와 세계에 열린 그런 인격적 주체이다. 그러므로 인간주체의 성숙도에 따라 과학기술 문명은 유토피아가 될 수도 있고 디스토피아가 될 수도 있다. 과학기술 문명은 그 자체로는 중립이지만, 인간이 어떻게 사용하느냐에 따라 약도 될 수 있고 독도 될 수 있는 파르마콘(Pharmakon)과도 같다.

〈제4차 산업혁명과 과학기술 거버넌스〉(손화철)는 4차 산업혁명의 특성을 논의하면서 과거에 등장한 신기술의 경우에 비해 긍정과 부정의 시선이 함께 공존한다는 점을 지적하면서 바람직한 과학기술 거버넌스를 제시한다.

4차 산업혁명은 인공지능, 사물인터넷, 빅데이터 등의 신기술을 통해 모든 사물이 연결되는 세상을 만든다. 이런 기술에 대해 낙관과 비관이 교차하지만, 손화철은 월터 옹이 제시한 '호모 파베르의 역설'에 기초하여 과학기술의 통제 가능성과 필요성을 주장한다.

호모 파베르의 역설이란 기술은 인공적이지만, 역설적으로 이 인공성은 인간에게 자연스럽다(본성적이다)는 것이다. 이 역설의 의미는 기술이 인간의 삶에 엄청난 영향을 미치지만 여전히 인간의 산물임을 보여주며, 기술의 발전을 개인과 집단이 손쉽게 통제할 수 없는 것은 사실이지만 기술의 발달과 그 결과를 평가하고 어느 정도 조절하는 것은 가능하다는 것이다.

여기서 과학기술 거버넌스가 등장한다. 이것은 과학기술의 개발 및 사용과 관련한 정책의 기조와 방향성의 결정에 일부 전문가나 기업 국가만이 아닌 시민 일반의 소통과 합의를 고려하는 것이다. 과학기술 거버넌스가 제대로 이루어지기 위해서는 다음과 같은 몇 가지 인식 전환이 필요하다.

1) 도구로서의 과학기술에서 삶의 형식으로서의 과학기술로
2) 과학기술의 경제에서 과학기술의 정치로
3) 전문가 신화로부터의 해방

동시에 손화철은 바람직한 과학기술 거버넌스를 위해 다음과 같은 실천적 방안들을 제안한다.

1) 과학기술 문해력(literacy)과 과학기술학 교육
2) 정부와 과학기술 개발 주체의 역할 분담
3) 시민 참여형 기술 담론의 활성화
4) 선제적인 법제도 마련을 위한 학제적 연구와 토론

〈자율적 도덕 행위자로서의 인공지능〉(신상규)은 일정한 요건을 만족시키는 AI에 대해서 인격성을 전제하지 않는 모종의 제한적인 (도덕) 행위자(agent) 자격을 부여할 수 있다고 주장한다. 이러한 주장을 뒷받침하기 위해, 먼저 기술적 존재의 행위자성에 대한 무어의 구분을 소개하고, 자율적 주체의 지위를 누릴 만한 행위자의 종류를 제한한다. 다음으로 도덕 행위자 개념을 AI에게 확장 적용하는 것에 대해서 예상되는

다양한 반론들을 검토하고, 그에 대응하는 근거들을 모색한다. 마지막으로 행위자로서의 AI에게 귀속 가능한 책임 혹은 책무성의 개념에 대한 하나의 모형으로서 '확장된 행위자' 및 '분산된 책임(책무성)'의 개념을 제안한다.

논의의 진행은 다음과 같은 주장들에 답하는 형식으로 되어 있다.

1) AI는 기본적으로 알고리듬에 의해 구동되는 결정론적 체계이기 때문에, 도덕 행위자에게 책임을 묻기 위해서 전제되어야만 하는 자유의지를 결여한다.
2) AI는 자신의 선택을 인간에 의존하고 있는 타율적 존재에 불과하기에, 결코 자율적 행위자가 될 수 없다.
3) 인간의 경우에 그 가치나 선호체계가 비록 역사적 과정이나 사회문화적인 요인에 의해 결정된다는 사실을 인정해도, 인간이나 다른 어떤 존재에 의해 의도적으로 조작되거나 조종되는 것은 아니며, 어디까지나 그것은 인간의 관점이나 자발적인 선택을 반영한다. 이와는 달리, AI의 가치나 선호체계는 전적으로 인간 프로그래머가 특정한 의도를 가지고 선택한, 인간들의 윤리적 데이터에 의해 조작되고 결정되며, 그런 점에서 그것은 AI 자신을 위한 AI의 윤리가 아니라 인간에 의한 인간을 위한 인간의 윤리이다. 따라서 AI는 인간과 달리 진정한 자율적 행위자일 수 없다.

AI를 기능적으로 진정한 윤리 행위자 혹은 도덕 행위자로 간주할 수 있는가라는 질문에 답하면서 우리가 주목해야 할 가장 중요한 특징은 '자율성'이다. 그런데 AI가 '자율적'이라고 말할 때 그 의도는 철학자들이 전통적으로 이 개념을 사용하던 방식과는 약간의 차이가 있다. 가령 구글의 자율 자동차에 대해서 '자율적'이라는 말을 붙이는 것은, 그것이 인간의 개입이나 판단과는 독립적으로 스스로의 행동을 '선택'하고 '결정'하기 때문이다.

이러한 논의 맥락을 감안한다면, AI가 도덕 행위자로 인정받기 위해서, 도덕적 행위자로서 인간이 갖는 모든 특성을 그대로 가져야만 한다고 주장하는 것은 인간 중심주의의 한 발현일 뿐이다. 지금 이 글에서 주장하고자 하는 바는, 일정한 조건을 만족시키는 AI의 경우에, 비록 인간과 동등한 수준은 아니지만, 기능적인 차원에서 제한적인 의미의 자율적 행위자성을 부여할 수 있다는 것이다. 이러한 주장의 밑바탕에 깔린 직관은, AI가 개입된 도덕적 상황에서 만약 AI의 행동이 자율적 인간 행위자가 수행하는 것과 상당히 유사한 방식으로 이루어진다면, AI를 자율적인 도덕 행위자로 인정하지 못할 이유가 없는 것이다.

윤리를 생각하는 기존의 지배적인 관점은, 행위자의 비윤리적 행위에 따른 결과에 대해서 어떻게 책임을 물을 것인가 고민하는 사후적인 처벌과 보상의 윤리학이다. 그런데 지금 우리에게 필요한 것은 행위자의 보편적 책무성과 그에 입각한 예방적 점검의 윤리학이다. 첨단기술의 급속한 발전 덕분에, 자연 세계에 대한 인간의 개입 능력이 그 어느 때보다도 강력해졌기 때문이다. 이러한 현실은 우리에게 도덕과 윤리를 새롭게 상상할 것을 요구한다.

〈섹스로봇의 현황과 그 규제에 대한 세 가지 입장〉(김수정)은 섹스로봇의 정의와 현황을 소개하고, 섹스로봇에 대한 적극적 환영을 표현하는 견해와 반대하는 견해 및 섹스로봇을 허용하지만 소아착취성애 로봇과 강간 모드의 섹스로봇은 규제해야 한다는 세 입장을 논의한다.

섹스로봇은 "인간의 형태를 갖고 있고, 인간과 유사한 움직임이나 행동을 하며, 성적으로 이용될 목적으로 만들어진 인공적 존재"이다. 이것은 인간의 외형을 하고 있다는 점에서 인간 몸의 특정 부분만을 딴 섹스토이와 다르며, 인공지능을 탑재하고 인터랙션이 가능하다는 점에서 섹스 인형과도 구별된다. 바로 이런 점들 때문에 섹스로봇의 사회적, 윤리적 문제가 제기된다.

섹스로봇이 갖는 보편적 위험은 지나치게 잔인하거나 폭력적 영상물이 초래하는 위험에 비유된다. 가상현실에서 게임을 즐기는 것은 이용자의 기호나 취향의 문제지만, 게임에서 행해지는 폭력이나 범죄가 현실에서 자행될 가능성이 있다면, 이는 게임과 무관한 사람에게조차 영향을 주는 심각한 사회문제가 될 수 있으며, 게임 프로그램은 검열과 교정의 대상이 될 수 있다는 것이다.

데이비드 레비는 우리가 반려동물에게 애착을 느끼듯이 전자물에게도 애착을 느끼게 됨을 언급하면서, 섹스로봇이 사랑하거나 사랑을 받을 상대가 없는 외로운 사람의 공백과 불행을 채워주는 세상은 더욱 행복한 곳이 될 것이라고 장담한다. 데비는 인간이 로봇과 사랑에 빠지는 세 가지 길을 소개한다.

1) 로봇이 인간의 외형이나 성격을 더욱 닮으면서 로봇을 사랑하게 되는 길
2) 기계와 기술 자체에 대한 사랑을 통하는 길
3) 인터넷상에서 형성되는 것과 유사한 감정으로, 즉 인간이 아바타로 변신하여 로봇과 사랑하는 길

캐서린 리처드슨은 데비의 주장이 완전히 잘못되었다고 비판하면서, 섹스로봇은 인간이 당면한 문제에 어떤 해결책도 될 수 없다고 주장한다. 그는 노인들이나 취약한 계층을 위해 개발된 소위 사회화된 섹스로봇은 결과적으로 사회적 네트워크를 약화시키고, 성범죄를 증가시킬 것이라고 본다.

존 다나허는 중간 입장을 취한다. 섹스로봇의 금지는 섹스로봇 기술의 잠재적 이득을 무시하는 것이며, 성공하지도 못할 것이라고 본다. 하지만 어느 정도의 규제는 필요하다고 본다. 예컨대 어린이 모습을 한 섹스로봇을 만들지 못하게 하며, 강간 판타지를 조장하는 행위를 금지해야 하며, 섹스로봇을 구매하는 연령을 제한하며, 특정인의 외모를 본뜨지 못하도록 섹스로봇의 외모를 규제할 수도 있다는 것이다.

김수정은 개인의 사생활을 보호하고 개인의 성적 선호와 취향의 자유를 존중할 필요가 있지만, 사용자의 반사회적 취향이나 욕망을 키우지 않도록 디자인, 제조, 유통, 판매, 소유, 사용 전 과정에서 적절한 규제가 이루어져야 한다는 결론을 내린다.

〈하이데거의 과학기술 문명 비판〉(강학순)은 근대 이후의 서구 과학기술 문명에 대한 비판에서 독창적이고, 선구적 위상을 차지하고 있는 마르틴 하이데거의 사상을 소개하면서 과학기술 문명의 미래 방향성을 성찰한다.

하이데거는 먼저 현대의 과학기술 문명이 그리스적 학문적 시원과 단절되어 뿌리가 뽑혀있다는 문제를 제기한다. 말하자면 모든 것이 기능화되고, 이 기능은 더 확장된 기능을 쫓는 상황에서 기술은 인간을 삶의 터전인 대지로부터 내쫓고 단순한 기술적 관계망 속에 존재하는 뜨내기로 만든다는 것이다. 이전에는 인간이 기술을 만들었지만, 오늘날은 기술이 인간을 만들고 있다. 이제 현대인은 자신이 근원적으로 속해 있는 세계를 거부한다.

하이데거는 과학기술 문명의 근본적인 문제를 존재망각에서 찾고, 그 망각된 존재를 상기시키는 것을 절실한 과제로 여긴다. 존재는 존재자를 성립시키는 근원이다. 과학적 인식은 인간의 실존적 삶의 체험에서 나온 존재이해에 바탕을 둔 파생적인 앎으로써 절대적이거나 우선적 인식이 아니다. 그것은 눈앞에 있는 사물을 표상을 통해 인식할 뿐이다. 실존분석의 관점에서 보면 과학적 인식은 사물화된 세계와 인간에 대한 파생적 고찰에 불과하다.

과학적 인식은 존재자를 표상하고, 분석하고, 계산할 뿐, 자신의 해석 지평으로서의 존재를 숙고하지 않는다. 그러나 존재는 풀리지 않은 채 자명한 것으로 남아있고, 오랫동안 망각되어 왔고 사유되지 않은 채로 있다.

하이데거는 기술의 가치중립성을 인정하지 않는다. 니체의 '권력에의 의지'는 오늘날 기술적 의지로 변질했다고 본다. 기술 시대에서 지구는 권력의 고양을 위한 공격의 대상이 될 수 있으며, 도처에서 자연은 기술의 대상으로 나타난다. 그렇지만 하이데거가 과학기술을 배제하거나 적대적인 것으로 규정하는 것은 아니다. 과학기술 자체는 어떤 식으로는 거부되지 않는다. 단지 과학기술의 오만한 요구, 즉 절대화를 향한 요구가 거부될 뿐이다. 그런데도 우리 시대의 운명이 되어버린 과학기술 문명을 적극적으로 해석하고 수용하려는 의지를 그에게서 찾아보기는 힘들다.

강학순은 하이데거의 이런 과학기술 문명을 소개하면서 과학기술의 힘과 시적 사유의 힘이 양립하는 가능성을 추구한다.

〈과학기술 문명 시대 학문의 위기〉(이남인)는 현상학자 에드문트 후설의 현대 문명과 학문의 진단에 기반하여, 과학기술 문명 시대 학문의 위기를 논의한 글이다. 후설의 진단은 현대인은 정신적으로 병들었고, 현대문화 역시 병든 문화이며, 현대인은 더 이상 참다운 인간으로서의 생존을 유지하기 어려운 위기 상황에 부딪혔다는 것이다. 그렇다면, 이런 위기는 어디에서 연유하는가?

현대학문이 병들어서 자신의 본래 기능을 상실한 데서, 그리고 최종적으로는 철학의 위기에서 그 일차적인 책임을 물을 수 있다. 학문이 병들었다는 것은 어떤 의미인가? 무엇이 철학의 위기인가?

후설과 마찬가지로 이남인은 개별 과학과 철학의 물리학적 실증주의화가 병이며 위기라고 진단한다. 물리학적 실증주의는 모든 대상을 자연적 인과관계의 망 속에서 존재하는 것으로 간주하면서 물리학적 방법을 대상 인식을 위한 유일한 방법으로 간주한다. 물리학적 실증주의는 근대 물리학의 비약적 발전에 고무되어 등장한 철학으로서 근대 과학이 출현한 이후 지속해 영향력을 발휘하였다.

이남인은 최근 논의의 대상이 되었던 에드워드 윌슨의 통섭 프로그램 역시 물리학적 실증주의의 한 유형으로 보고, 이 프로그램이 원칙적으로 불가능할 뿐 아니라 학문의 위기, 인류의 위기를 낳을 수 있는 그릇된 철학임을 논증하려고 한다. 윌슨의 통섭 프로그램이란 물리학적 탐구를 가능하게 하는 '인과적 설명'을 토대로 모든 현상을 남김없이 해명하려는 시도이다. 말하자면 모든 과학을 하나로 통일하려는 시도이다.

이남인은 다음과 같은 여러 이유를 근거로 이런 통섭이 원칙적으로 불가능하다는 주장을 전개한다.

1) 지식의 통일성에 대한 믿음은 궁극적으로 모든 정신 과정이 물리적 기초를 갖고 있으며, 뇌과학은 의식의 비밀을 남김없이 해명해 줄 것으로 보지만, 의식은 뇌과학을 통해서만 연구될 수 있는 것은 아니다.
2) 통섭 프로그램은 역사학이 진화생물학을 매개로 자연과학과 통섭될 수 있다고 주장하지만, 역사학에서는 '자연적 인과관계'가 아니라 '지향적 연관' 내지 '목적 연관' 속에서 살아가는 인간을 탐구하기 때문에 이들을 하나로 통섭하기는 어렵다.
3) 우리의 생활 세계는 미적 요소, 윤리적 요소, 종교적 요소 등의 수많은 요소가 혼재해 있는 세계이기 때문에, 물리적 인과관계의 망 속에서 이를 파악하는 것은 어렵다.

〈제4차 산업혁명과 인간의 행복〉(박찬국)은 각 시대의 기술은 그 시대를 지배하는 존재이해에 의해서 규정된다는 논의에 기초하여, 현대의 과학기술 문명의 도구적-인간학적 이해에서는 4차 산업혁명도 인간의 행복보다는 오히려 불행을 가중할 수 있다는 주장을 편다.

기술을 인간의 한계를 보완하는 중립적 도구로 보는 견해가 도구적-인간학적 이해이다. 모든 존재자를 계산 가능하고 변환 가능한 에너지원으로 보는 기술적 존재이해가 궁극에까지 관철되면 인간마저도 계산 가능하고 변환 가능한 에너지로 간주한다. 다만 인간의 에너지는 다른 존재자들의 에너지를 발굴하고 다른 에너지로 변화시킬 수 있는 성격을 갖는 에너지라는 점에서 인간은 다른 에너지와 구별될 뿐이다.

현대의 과학기술 문명은 이런 존재이해를 유일하게 타당한 것으로 인정한다. 그 결과 과학과 기술이 인간의 모든 문제를 해결할 수 있으리라는 과학기술에 대한 우상숭배에 빠지고 만다.

기술적 존재이해를 넘어서는 새로운 것이 시적 존재이해이다. 이것은 존재자들의 고유성과 성스러움을 중시하는 존재이해다. 이런 견해에서 보면 우리 시대의 근본적인 문제는 기술적 존재이해가 득세함으로써 존재자들의 성스러움이 은폐되는 일이다.

인간의 실존적 욕망은 이성적이면서도 건강한 방식으로 실현될 수도 있지만, 비이성적이고 병적인 방식으로 실현될 때가 많다. 진정한 행복은 이성적이고 건강한 잠재능력을 구현하는 경우에만 가능하다.

현대 과학기술 문명에서 실존적 욕망은 많은 경우 부정적인 방식으로 실현되고 있을 뿐만 아니라, 과학기술의 도움을 받아 극히 심각한 위기를 낳는 방식으로 구현되고 있다. 제4차 산업혁명이 디스토피아로 귀착되지 않고 인류의 행복에 기여하려면 지배 의지와 탐욕을 실현하는 수단으로서가 아니라 실존적 욕망들을 이성적이면서도 건강하게 실현하는 보조 수단으로 사용되어야 한다.

제1부

과학기술 긍정론

과학기술과 인간의 미래*

김승환**

21세기 들어 4차 산업혁명, 인공지능, 감염병의 세계적 유행 등 거대한 도전을 연이어 맞이하며 인류는 실존적 위기에 처했다. 또한 최근 과학기술과 정보통신 ICT의 기하급수적인 발전과 혁신의 가속화는 우리의 삶과 터전과 일상을 크게 바꾸고 있다. 이제 인간은 개인의 자발적 의지와 상관없이 지구촌 공동운명체의 일원으로서 첨단과학기술 문명의 패스트트랙에 올라타게 되었다. 따라서 우리는 점점 더 복잡해지는 현실 세상의 비예측적 격변과 미래의 점증하는 불확실성 속에서도 과학기술 혁신을 통해 새롭게 다가온 기회와 내재된 위험을 최대한 이해하고, 미래 지평을 올바르고 슬기롭게 열어가도록 다 함께 노력해야만 한다.

과학기술과 인류 문명

인류의 역사는 자연의 이해를 바탕으로 한 문명의 발전과 늘 궤적을

* 이 글은 《지식의 지평》 23호(대우재단, 2017)에 실린 것을 수정 보완했다.

** 포항공과대학교(포스텍) 물리학과 교수.

함께했다. 앞으로도 인류가 맞이한 당면 위기를 극복하고 미래의 지속적인 번영을 도모하려면 과학기술 혁신(science, technology & innovation, STI)과 함께할 미래를 기반으로 수많은 도전적 과제를 헤쳐나가야 한다.

우리가 사는 이 시대의 가장 위대한 도전은 무엇일까? 앞으로 과학기술은 인류 지식의 경계를 어떻게 계속 확장해갈 것인가? 인류는 세계와 함께 바이러스와 어떻게 슬기롭게 싸워 현재 그리고 미래의 공중보건 위기를 극복할 것인가? 인류는 어떻게 지구촌 전체를 위협하는 기후변화의 난제를 풀어갈 것인가? 우리는 핵기술의 위험과 혜택을 어떻게 균형 있는 대응으로 조율해갈 것인가? 특히 새롭게 펼쳐지는 우주, 극지, 심해 등 공동의 공간을 어떻게 탐험하고 집단으로 관할할 것인가? 그리고 궁극적으로 지구촌 전반에 높아지는 긴장과 다양한 갈등을 어떻게 극복하고, 미래 세상의 번영과 안전을 담보해나갈 것인가?

이러한 근원적인 질문과 그 해결을 위한 지구촌 전체의 다양한 노력의 기저에 과학기술이 자리하고 있다. 최근 세계를 강타한 팬데믹의 종식과 공중보건 위기의 극복, 그리고 미래에 대한 대비를 위해서도 신종 코로나바이러스의 규명뿐 아니라 백신과 치료제의 연구 개발 등 과학기술적 진보가 가장 큰 관건이다. 또한 우리가 사는 행성 자체의 미래도 큰 갈림길에 서 있다. 현재 기후변화의 가속화로 지구는 더 복잡하고, 빠르게 변화하며, 더욱 비예측적인 환경으로 진행 중이다. 따라서 인류가 직면한 거대하고 복합적인 도전을 해결하는 향후 여정에서 과학기술 혁신은 더욱 핵심적인 역할을 할 것으로 전망된다.

저명한 지구과학자 마리아 로마넬로(Maria Romanello)는 "우리가 대응을 늦추는 만큼 하루하루 상황은 더 나빠지고 있다는 엄중한 경고 신호이며, 이제 기후변화 영향에서 아무도 안전하지 않다는 것을 깨달아야 할 시점"이라고 한다. 수많은 과학자의 연구로 기후변화에 관해서는 명확한 과학적 증거들이 많이 축적되어 왔기 때문에, 다행히도 이제 더 많은 사람, 그룹, 사회 및 국가들이 이 글로벌 어젠다의 중요성을 이해하게 되었다. 특히 IPCC(Intergovernmental Panel on Climate Change, 기후변화에 관한 정부 간 패널)의 2021년 보고서에 의하면 산업혁명 이후 지구 표면의 평균온도가 섭씨 1.2도 상승했고, 이미 그 엄청난 파장을 세계적 기상이변 및 기후변화로 지구촌 전체가 체감하고 있다고 한다. 특히 IPCC에 따르면 지구의 평균온도가 섭씨 1.5도 이상 오르게 되면 지구 환경의 티핑포인트(Tipping point)를 넘겨 엄청난 글로벌 재앙이 초래될 수 있다고 한다. 따라서 이에 선제적으로 대처하려면 우리 모두 이산화탄소 배출량을 줄이는 한편 대기에서 이산화탄소를 제거하는 다양한 저감 방안들도 즉각적으로 가동되어야 한다. 현재 지구촌 전체의 목표로 부각된 탄소배출제로(carbon-zero)를 2050년까지 달성하려면, 우선 탄소저감 이행을 위한 명확한 로드맵부터 제시되어야 한다. 또한 길고 지난한 실행 과정에서 과학기술 혁신의 광범위한 활용과 적용이 예상되며 다양한 수준의 관련 정책 수립과 결정 과정에서도 과학적 근거와 자문의 활용이 더욱 더 중요해질 전망이다.

사실 팬데믹과 기후변화 등 초국가적 글로벌 어젠다를 이해, 대응, 해결하는 데 있어 과학기술의 역할이 중차대할 수밖에 없지만, 이는 과학기술자들에게도 쉽지 않은 난제이다. 과학기술은 오랫동안 규칙성, 질서, 평형, 불변성 등 확실성과 예측성을 기반으로 자연을 이해, 제어하려 노력해왔다. 하지만 팬데믹과 기후시스템 등 복잡계(complex system)에서는 내재된 비예측성과 불확실성이 발현된다. 이는 나비효과(butterfly effect)로 흔히 나타나기도 하는데, 나비의 미세한 날갯짓이 지구 반대편에서 폭풍우를 만들어낼 수 있다는 것이다. 즉, 초기의 미세한 변화가 기하급수적으로 증폭되면 마지막 현상 속에 거대한 차이를 만들어낼 수 있게 된다. 이 경우 우리는 비선형 시스템에 내재된 근원적인 비예측성, 특히 카오스 현상을 보인다고 한다.

이 복잡계 분야에서 2021년 기후변화와 연계되어 처음으로 노벨물리학상이 수여된 것은 매우 흥미로운 사건이었다. 노벨물리학상 수상자 조르조 파리시(Giorgio Parisi) 이탈리아 로마라사피엔자대학교 교수는 순수한 호기심 차원에서 유리, 새들의 군집, 브레인에 대해 연구했다. 물리학 이론을 기반으로 시작해 더 나아가 기후변화 지구시스템을 연구한 결과 다양한 수준에서 모델할 때 복잡계 패러다임이 적용될 수 있음을 보여주었다. 그와 함께 노벨상을 공동수상한 미국 기상학자인 슈쿠로 마나베(Syukuro Manabe) 미 프린스턴대학교 교수와 독일의 해양학자인 클라우스 하셀만(Klaus Hasselmann) 독일 막스플랑크연구소 연구원은 더 나아가 지구의 기후모델과 인류가 기후에 미치는 영향에 대해서도 더욱 심도 있게 연구하였다. 흥미롭게도 글로벌 난제 중 하나인 기후변화의 해결을 위해서는 기초연구뿐 아니라 다양한 학제간 과학기술적 연구성과의 진보가 선행되고 축적되어야 함을 보여주는 좋은 사례이다.

과학기술은 인류의 지속가능한 미래를 위한 근원적 이해와 혁신적 해결책을 제공한다. 그뿐 아니라 첨단과학기술 문명의 주춧돌로서 그 영향력은 더욱 커지고 있다. 특히 21세기에 들어서 글로벌 이동성과 상호작용이 한층 높아진 지구촌에서 과학기술의 역할은 더욱 막중해지고 있다. 왜냐하면 과학기술이 특유의 높은 자정 능력을 바탕으로 다양한 체제, 인종, 국가를 아우르는 중립적인 환경 속에서 상호합리적 소통과 글로벌 협업(global cooperation)을 촉진하고, 인류가 공통의 목표로 함께 나아가게 안내하는 최상의 플랫폼을 제공할 수 있기 때문이다. 사실 현대 첨단과학기술 문명이 우리의 삶 전반에 깊숙하게 침투해 있는 오늘날 어떤 나라도 과학기술 혁신이 없이, 또한 지구촌 전체를 관통하는 협업에 바탕을 두지 않고는 지속적인 번영과 안전을 도모할 수 없음이 자명해지고 있다.

과학자들뿐만 아니라 우리 호모사피엔스는 본성적으로 주변 세상에 대해 늘 궁금해한다. 예를 들면, 세상은 무엇으로 이루어지는가? 우리는 어디에 속해 있는가? 과연 인간이란 무엇인가? 이렇게 다소 형이상학적이지만, 누구나 제기할 수 있는 근원적인 질문들에 대한 해답을 찾아가는 과정에서 과학이 잉태된다. 자연과 세상에 대한 호기심 어린 질문들로부터 원자 및 소립자들의 미시세계, 태양계와 광활한 우주를 아우르는 거시세계, 생명의 기원과 뇌의 탐구라는 새로운 지평을 여는 긴 여정이 출발하는 것이다. 또한 여기서부터 시작한 수많은 연구자의 다양한 탐구들과 뜻밖의 발견들이 오랫동안 지속해서 축적되며 궁극적으로 과학기술의 거시적 진보와 혁신이 이루어진다. 사실 과학기술을 비롯한 첨단과학기술 문명 전체가 '거인의 어깨 위에 서서', 즉 이전에 이루어진 성과 위에 꾸준하게 축적되는, 오랜 진보의 결과물이다.

과학기술은 일반적으로 자연과학뿐만 아니라 수학, 공학 및 의학 등 이공계 분야 모두를 포괄한다. 하지만 최근 글로벌 난제와 사회문제의 해결을 위해 인문 및 사회과학 학문 분야도 폭넓게 아우르는 개념으로 진화하며 다양한 학제 간 융합 연구도 활발하게 이루어지고 있다. 사실 과학기술자들은 좁은 의미에서 각자 전문 분야에서 기초와 응용 연구를 수행하는 연구자이나, 창의적 사고의 소유자로서 다양한 페르소

나를 보여주기도 한다. 즉 넓은 의미에서는 실험실에서 활동하는 연구자(researcher) 또는 전문가(expert)라는 세간의 인식을 넘어, 창의적이고 폭넓은 사고를 바탕으로 과학교육(science education), 과학소통(science communication), 과학자문(science advice) 등 산업, 사회, 경제 전반을 관통하는 과학기술 엔터프라이즈(science & technology enterprise) 분야에서 다양한 교육, 봉사, 산학협력으로 경제·사회·문화 활동에 참여하기도 한다. 또한 과학기술은 창의적 사고를 기반으로 한 끊임없는 연구 개발(research & development, R&D) 및 응용·상용화 등 확산 과정에서 사람, 공간, 재정, 기타 자원 등에 대한 광범위한 접근성과 지원이 요구된다. 따라서 이러한 자원들을 최대한 적재적소에 과학기술자들에게 제공해 그들의 연구역량과 성과를 극대화하기 위해서는 국가적 연구 개발(R&D)의 중장기 정책 수립과 함께 충분한 예산의 확보 및 효과적인 배분·집행이 담보되어야 하는 것이다.

한편 과학은 일종의 보편적 언어라고도 볼 수 있다. 과학의 아이디어는 모든 현대적 문화의 틀에서 번역할 수 있는 것이다. 비슷한 맥락에서 과학은 현대 디지털문명의 핵심인 정보(information)의 언어로 해석되기도 한다. 과학은 데이터와 사실에 기초해 논리적으로 단계별로 진행되는 과정이 중요하며, 원칙적으로 중립성을 띠고 있다고 간주되기도 한다. 따라서 일반 대중들도 과학적 언어를 통한 폭넓은 소통과 합리적 판단이 가능하며, 과학적 사고라는 나침반을 통해 현실 세상과 미래의 불확실성(uncertainty)과 복잡성(complexity) 속에서도 적절한 해법을 찾아가는 데 도움을 줄 수 있다. 이처럼 본질적으로 열려 있고 투명한 과학의 저력은 다양한 이해당사자 간 증거에 기초한 소통 및 결정(evidence-based communication & decision making)을 통해 상호신뢰의 관계를 축적·지속할 수 있는 훌륭한 체계를 제공한다.

최근 과학기술의 급속한 발전은 간헐적으로 혁명으로 다가오기도 한다. 근대 과학기술의 혁명기는 16-17세기에 천체를 관측하는 망원경의 개발 등 과학탐구 방법의 혁신으로 촉발되었다. 그리고 18-19세기 산업혁명 시기를 거쳐서 20세기에 들어서는 기하급수적으로 발전하기 시작했다. 그 대표적 사례로 인간의 달 탐사, 마이크로프로세서(microprocessor)의 발명, 전자 및 ICT 혁명을 들 수 있다. 사실 현대 첨단기술 문명의 총아인 모바일 및 인터넷 혁명도 불과 30여 년밖에 되지 않았다. 또한 우리 모두 친숙한 휴대폰도 벽돌폰과 폴더폰을 거쳐 15년 전에야 비로소 아이폰을 필두로 한 스마트폰 시대가 열렸다. 세상에 선보인 지 몇 년 만에 스마트폰은 통화를 위주로 한 통신용 기기를 넘어 사진, 셀카 등 디지털카메라의 급속한 대체자가 되었고, 게임, 독서, 금융, 쇼핑, 비서 등 다양한 앱을 통해 우리 일상을 지배하는 대표적인 필수아이템이 되었다. 이렇게 첨단과학기술 발전의 가속화로 점점 더 작고, 편리하고, 똑똑해진 제품과 기기들이 더욱 빠른 속도로 우리 생활, 문화, 마켓 속에 깊이 침투해왔고, 공상과학영화 속에서만 꿈꾸던 것들이 어느새 현실로 다가오고 있다.

또한 최신 나노기술, 뇌연구, 3D 프린터, 5G 모바일 네트워크 등 첨단과학기술 혁신을 통해 그전에 상상도 못했던 것들이 구현되고 있다. 시스템 전체를 관통하는 파괴적 혁신도 불과 수년 만에 이루어지는 등 첨단과학기술의 접근성은 전방위적으로 들불처럼 번져나가고 있다. 누구나 새로운 제품과 서비스를 싸고 빠르게 발명·확산할 수 있으며, 모든 산업 분야에서 비즈니스 모델과 지형도가 급변하고 있다.

특히 21세기 들어서는 4차 산업혁명, 인공지능, 신종 코로나바이러스 팬데믹 등 실로 거대한 충격들이 우리를 연이어 강타해오고 있다. 한편 이로 인해 산업, 경제, 사회, 문화 전반에 걸친 거시적 패러다임의 전환이 이루어지고 있으나, 다른 한편으로 일자리의 감소, 양극화 심화, 인간성의 상실 등 극복해야 할 과제들도 부각되고 있다.

2016년 세계경제포럼(World Economic Forum, WEF)에서 클라우스 슈밥(Klaus Schwab)은 4차 산업혁명이란 화두를 던졌다. 1차 산업혁명은 증기기관에 의해 촉발되었으며, 사람 대신 기계가 일과 생산을 담당하게 되었다. 2차 산업혁명은 전기의 상용화 보급으로 가능하게 되었으며, 대량생산 및 대량소비로 대표되는 오늘날 산업사회의 기틀이 만들어졌다. 3차 산업혁명은 컴퓨터 및 인터넷 혁명 등으로 진행 중이며, 이로 인해 우리는 지식정보화 시대로 진입했다. 4차 산업혁명은 아직 정확하게 정의되지 않았지만, 가장 중요한 특징은 융복합이라고 할 수 있다. 특히 물리 세계와 사이버 세계가 융합된 사이버물리시스템(Cyber-Physical Systems, CPS)이 그 핵심을 이룬다. 이처럼 원자(atom)와 비트(bit) 상호작용을 통한 온-오프라인 세상의 융합은 무한한 새로운 조합을 가능하게 한다. 한 예로 세계 최대 택시 서비스 우버(Uber)를 들 수 있다. 우버는 택시를 직접 소유하지는 않고, 놀고 있는 자가용과 운전사들을 온라인을 통해 승객과 연결하는 융복합 플랫폼을 통해 소비자 생태계를 선점하고 있다.

융복합과 공유플랫폼 확대는 사물, 사람, 지구촌 전체를 망라하는 초연결 및 초지능화 혁명 확산의 핵심 동력이다. 특히 최근 인공지능(Artificial Intelligence, AI), 빅데이터, 사물인터넷, 가상현실, 로봇, 자율운행자동차 등 첨단과학기술과 ICT 혁신이 축적, 융복합되며 다양한 메타버스 플랫폼이 창출되고 있다. 4차 산업혁명으로 촉발된 혁신의 쓰나미는 산업과 경제를 넘어 사회, 문화, 교육의 전 영역에 있어 전방위적인 패러다임의 전환을 가져올 것으로 기대된다.

물론 4차 산업혁명 시대에도 일자리 감소, 불평등의 심화 등 그 그림자도 짙게 드리울 전망이다. 세계경제포럼이 내놓은 〈일자리의 미래〉(2016) 보고서를 비롯해 여러 기관의 연구가 앞다투어 미래 일자리의 큰 변화를 예견했다. 4차 산업혁명의 디지털 플랫폼 구축과 인공지능(AI)의 발달로 단순한 생산직뿐 아니라 화이트칼라까지 수많은 일자리가 사라진다는 예측이다. 특히 이들은 단순반복 작업뿐 아니라 낮은 수준의 지능이 요구되는 많은 일자리가 가까운 미래에 사라진다고 내다보았다. 따라서 AI 등 기술의 끊임없는 진화에도 대체할 수 없는 고도의 창의성과 사회성이 필요한 직업군의 창출과 이를 뒷받침할 창의융합형 인재양성이 더욱 중요해졌다. 또한 2020년 세계경제포럼은 코로나 시대를 맞아 숙련도 향상 및 신기술 개발 디지털화로 가상/화상회의, 원격근무, 자동화 등이 일상화되었다면서 조직 전환의 가속화, 임시 인력 전환 등 업무 및 고용 조건의 구조적인 변화가 일어날 것으로 전망했다.

한편 2016년 구글 인공지능 알파고(Google AlphaGo)가 우리 안방 서울에서 바둑 세계챔피언인 이세돌 프로기사를 꺾은 것은 세계적으로 큰 충격을 주었다. 반세기 전 천재 수학자 앨런 튜링(Alan Turing)의 "인간처럼 생각하는 기계" 구상이 현실화하고 있다는 것을 진짜 체감하게 된 것이다. 이 바둑게임용 인공지능은 진화를 멈추지 않았고, 이듬해 차세대 알파제로(AlphaZero)는 아무런 사전 지식이 없어도 스스로 학습할 수 있는 역량을 갖추고, 학습을 시작한 지 48시간 만에 알파고를 100:0으로 압도적으로 눌러버렸다. 이러한 인공지능 아키텍처(architecture)와 딥러닝(deep learning) 알고리듬은 게임을 넘어 보편적으로 적용될 수 있어 의료진단, 법률 조사 등 다양한 분야에서 활용되고 있다. 사실 인공지능의 진화와 무한한 가능성에 주목한 세계적 IT기업들 사이에 지금 총성 없는 연구 개발 및 상용화 전쟁이 치열하게 벌어지고 있다.

더 사람 같고, 더 똑똑해진 인공지능과 로봇이 우리 삶을 깊숙하게 침범해오고, 스스로 주행하는 차량과 지능적으로 협업하는 사물 및 기기들의 군단이 일상에서 보편화될 전망이다. 실로 점차 기계는 인간을 닮아가고, 인간도 필요에 따라 기계로 스스로 보완, 강화하고 있다. 이미 인공지능과 기계가 더 많은 영역의 업무에서 인간을 대신하며, 인간은 단순 반복 및 위험한 업무에서 점차 배제되고 있다. 이대로 가면 조만간 기계와 인간과의 모호한 경계가 무너지고 그 중간지대에서 새로운 협력과 경쟁의 관계를 형성해야 할지도 모른다. 이렇게 끊임없이 진화하고 발전하는 인공지능이 컴퓨터, 로봇, 사물인터넷 등과 결합하기도 하고 원격진료, 쇼핑, 금융, 법률 등 다양한 분야에서 도입·확산할 것이다. 앞으로 기계와 인공지능(AI)에 의해 인간이 담당했던 일자리가 대체되기 시작하면, 일자리의 구조적 변화 등 노동시장의 대격변이 일어나게 된다. 이와 함께 미래세대의 창의적 교육을 위한 패러다임의 근본적인 대전환도 모두 함께 고민하고 만들어가야 할 것이다.

4차 산업혁명은 단순한 기술혁명만은 아니며, 이러한 미래가 장밋빛 유토피아만은 아닐 것이다. 하지만 우리는 이 혁명을 어떻게 올바른 방향으로, 좀 더 나은 세상으로 이끌지에 대한 주도적인 성찰이 필요하다. 팬데믹 이후 포스트코로나 세상에서 인간의 설 자리는 더욱 좁아질 것으로 전망되고, 현재 인간은 정체성의 위기를 겪고 있다. 이러한 실존적 위기를 극복하고 인간은 미래 변화를 주도할 수 있을 것인가? 또한 신혁명의 그늘에서 승자 독식으로 인한 소득불균형, 부의 독점적 재분배로 인한 양극화의 심화 등 사회문제는 어떻게 해결할 것인가? 인류가 올바른 미래를 설계하고 열어가려면 4차 산업혁명 관련 기술의 기하급수적인 발전과 사회적 패러다임 전환에 필연적으로 수반되는 법, 제도, 윤리, 도덕 분야의 주요 이슈들을 미리 점검하고 그 해결 방향에 대한 사회적 공감대를 만들어나가야 할 것이다.

포스트코로나, 새 시대의 지평을 올바른 방향으로 열기 위해 과학기술자들과 같은 전문가 집단들뿐만 아니라 다양한 이해당사자를 폭넓게 아우르는 소통과 참여, 공감대 형성을 통해 더욱 단단한 사회적 유대 관계의 형성과 지속적인 신뢰 자산의 축적이 요구되고 있다. 이런 측면에서 과학기술자들의 유목민(nomad)적 특성에도 주목할 필요가 있다. 이들은 본성적으로 자신만의 편안한 둥지(comfort zone)를 박차고 나와 과감한 도전 정신과 높은 이동성으로 새로운 영역을 끊임없이 개척한다. 특히 이들은 자신의 영역을 넘어 글로벌 무대로 나아가 다양한 개인 및 집단들과 폭넓은 열린 네트워크를 구축하고 소통을 확산하는 경향이 크다. 특히 과학기술자들은 태생적으로 증거에 기초한 설득력과 세계 시민으로서의 경험 등을 바탕으로 문제 해결을 위한 소통 및 참여에 적극적으로 나서는 등 글로벌 협업과 연대를 적극적으로 추구하는 핵심적인 집단을 이룬다. 이들과 같은 주파수를 공유하고 과학기술에 대한 보다 더 깊은 이해와 폭넓은 소양을 바탕으로 개방된 정보 및 데이터에 입각한 합리적인 판단을 할 수 있다면, 누구나 상대방에게 더욱 큰 설득력과 두터운 신뢰 형성을 가능하게 하는 강력한 소프트파워 자산을 보유할 수 있다. 최근 이러한 맥락에서 과학적 소통을 매개로 한 과학커뮤니케이션, 더 나아가 과학기술을 공공외교의 전략, 도구

및 전술과 결합하는 과학기술 외교(science diplomacy)가 대중의 마음을 얻고 글로벌 무대에서 매력을 발산하는 데 적극적으로 활용되고 있다.

팬데믹 시대 그리고 그 이후의 과학기술 혁신

21세기 지구는 인간의 활동이 지배하고 있다. 인류 문명이 빠르게 발전하며 사람들의 집적과 도시화도 급속하게 진전되었다. 또한 교통 및 이동 수단의 혁명적인 발전으로 사람들, 국가들, 사람들과 야생동물들 사이의 공간적, 시간적, 사회적 거리가 크게 좁혀지고 있다. 그 결과 엄청나게 압축된 지구촌에서 극지와 오지 등으로 선구자들의 탐험과 지식의 확산이 활발해지고 있지만, 신종 코로나바이러스 등 새로운 감염병에 노출될 확률이 높아지는 등 다양한 위험 상황도 많아지고 있다. 한편 점차 가속화되는 과학기술 정보통신 혁신과 4차 산업혁명으로 세계는 바야흐로 초연결, 초지능의 시대로 접어들고 있다. 이에 따라 최근 인공지능(AI), 5G, 반도체, 로봇뿐 아니라 양자공학(quantum engineering), 6G, 우주, 바이오(bioengineering), 에너지 등 미래 기술을 선도하고 신성장 동력 분야들을 선점하기 위해 우리나라를 포함한 세계 각국이 엄청난 규모의 연구 개발과 투자를 수행하고 있으며, 글로벌 첨단기술 기업 간에 치열한 경쟁과 합종연횡이 펼쳐지고 있다.

사실 엄청난 과학기술의 발전에도 아직 인류가 선사시대부터 제대로 풀지 못한 과제 중 하나가 감염병(infectious disease)이다. 감염병은 세균, 바이러스, 기생충 등 다양한 병원체에 의해 감염되어 발병하는 질환이다. 우리 몸의 면역체계가 제대로 작동하면 감염은 대부분 스스로 퇴치된다. 그러나 병원체의 수가 많거나 독성이 강력한 경우, 면역체계가 약화된 경우에는 특정한 감염 증상을 보이고, 심한 경우 발병에 이르게 된다. 하지만 다행히도 감염병 대부분을 페니실린 같은 항생제로 치료할 수 있으며, 독감 같은 일부 감염병의 경우 백신으로 예방할 수도 있다. 그러나 이러한 과학기술적 대응에도 한계가 있으며, 항생제와 백신의 경우 내성, 오남용 및 부작용 등 약물의 효과와 안전성에 대한 논란이 일기도 한다. 사실 바이러스 등 병원체는 돌연변이를 통해 끊임없이 자신을 바꾸고 위협에 대응한다. 이러한 과정에서 코로나바이러스처럼 전파력과 독성이 매우 강한 신종 바이러스가 새롭게 출현할 수도 있다. 특히 초연결·초압축 세상은 이러한 신종 감염병에 대한 노출과 빠른 확산에 더욱 취약해, 자칫 잘못 대처하면 지구촌 전체가 순식간에 팬데믹 재난을 반복적으로 겪게 될 수도 있다.

세계적 위기가 닥치면, 특히 과학기술의 역할이 더욱 중요해진다. 사실 팬데믹만큼 과학기술의 역할과 자문의 필요성이 글로벌 무대에서 공통분모가 되던 때가 없었다. 특히 신종 감염병의 경우 증거가 불확실하고, 경제사회뿐 아니라 안보적 판돈도 매우 커졌을 뿐 아니라 이념과 가치논쟁까지 그 파장이 확산되기도 한다.

우선 공중보건 위기의 단기적인 극복을 위해서는 백신과 치료제의 빠른 개발과 공평한 분배가 중요하다. 현재 세계 주요국들은 감염병의 (재)확산 방지에 주력하는 한편, 코로나19 치료제 및 백신의 긴급 개발 및 보급을 위한 협업체제를 구축하고 있다. 특히 이번 위기를 계기로 각국은 신종 감염병 분야 등 공공 연구 개발 분야의 투자를 확대하고 있다. 또한 포스트코로나 시대의 미래 대비와 중장기 성장 동력의 확보 차원에서도 빅데이터, 인공지능 등 디지털 경제 부문의 투자 확충과 양자공학, 우주, 에너지, 첨단 바이오 등 분야의 선도 기술 선점에 앞다투어 나서고 있다.

사실 백신은 넓은 의미로 공공재로 볼 수 있다. 따라서 백신의 연구개발뿐 아니라 백신의 분배에 있어 공공성의 확보도 매우 중요한 과제이다. 하지만 이번 공중보건 위기에서 선진국을 포함한 일부 국가들이 백신 선점 전쟁을 벌이는 등 백신민족주의가 불거지기도 했다. 따라서 국제사회에서 저개발국 및 소외계층도 백신 혜택을 볼 수 있도록 배려해야 한다는 목소리가 높았다. 또한 일부 바이오 선진국에 집중된 글로벌 제약기업과의 공조, 백신 생산 및 글로벌 공급망 취약성의 극복, 더 효과적인 지구촌 전체의 팬데믹 준비, 대응체계 등 다양한 과제가 노정되고 있다. 따라서 최대한 저개발국, 소외계층 등과 함께 공중보건 위기를 극복하고 글로벌 어젠더에 공동대응할 수 있도록 우리나라를 포함한 세계의 선진국들이 과학기술과 외교적 수단을 적절하게 연계, 활용하며 지구촌 협업과 연대에 나서야 한다.

최근의 팬데믹의 위기는 인류에게 불확실성의 확장과 갈등의 확산을 가져왔다. 블랙스완(Black Swan)처럼 다가온 세계적 재앙으로 수백만 명 이상이 사망하고, 수많은 가족과 커뮤니티가 황폐화했다. 팬데믹을 겪으며 직업의 물리적 속성으로 인한 일자리 변화와 함께 이로 인해 촉발된 디지털 전환의 가속화는 포스트코로나 시대에도 지속될 가능성이 커졌다. 또한 팬데믹으로 인해 지구촌 전체에 산업, 경제, 사회뿐 아니라 국가 간 정치 동역학이 붕괴했다. 이전에도 신종질병의 가능성이 예측되었고, 팬데믹의 가상 시나리오도 있었지만, 그 파괴적 잠재력의 폭과 깊이에 대한 전체적 윤곽이 이 정도일 줄은 누구도 미처 예상하지 못했다. 특히 다양한 국가사회 시스템의 회복력(resilience)과 적응력(adaptation)에 대한 우리의 오랜 가정이 깨어지며, 경제, 거버넌스, 지정학 정치뿐 아니라 과학기술 영역에서 새로운 불확실성이 생겨났다.

이번 공중보건의 위기가 지나면 어떤 트렌드가 살아남고, 어떤 트렌드가 가속 내지 감속하고 있을까? 또한 이러한 트렌드가 보다 근원적, 시스템적인 변화를 겪을 가능성이 클까? 팬데믹에 의한 일시적 붕괴를 넘어 미래를 바꿀 새로운 동력이 촉발될 수 있을까? 한 가지 확실한 것은 이번 팬데믹 이후 우리는 단기뿐 아니라 중장기적으로 광범위한 변화를 겪고 있으며 겪을 것이라는 점이다. 다만 어떤 분야에서 어떤 규모가 될지에 대한 불확실성은 증대되고 있다. 우리는 팬데믹의 교훈에 보다 깊은 성찰을 바탕으로 기존 시스템과 가정들에 대한 담대한 도전과 질문들을 통해 '예측할 수 없는 것을 예측'할 수 있는 역량을 함양해야 한다.

또한 팬데믹은 지구촌 세계, 사회, 인간의 지속성에 대한 보다 근원적인 도전과 질문을 던지고 있다. 전혀 예상하지 못한, 경험하지 못한 미래에 대응하려면, 미래의 글로벌 트렌드를 미리 읽고 기존 사고와 경직된 시스템을 벗어나 새로운 환경적 변화와 불확실성의 미래에 대처할 수 있어야 한다. 팬데믹의 중요한 교훈은 현 시스템의 취약점과 높은 수준의 상호의존성에 내재된 위험에 대한 노출이다. 더욱 강력해지고 자주 겪게 될 것으로 예상되는 글로벌 도전으로 인해 기존 시스템의 회복력이나 적응성이 반복적으로 시험대에 들게 될 것으로 전망된다. 예를 들어 기후변화, 감염병, 와해성 기술(disruptive technology) 등 글로벌 난제의 해결 과정에서 과학기술은 더욱 자주, 강력하게 영향을 줄 것으로 예상된다. 특히 지구온난화, 빙하 해빙, 극한 기상재난 등 기후변화의 물리적 영향이 격렬해질 것이며, 2050년까지 탄소제로(carbon-zero) 달성을 위한 에너지 관련 기술과 적응 정책, 위험관리 등의 난제를 정부, 사회, 민간이 함께 풀어나가야 할 전망이다. 탄소중립에 어떻게 얼마나 빨리 도달하는가를 두고 경제, 산업, 사회적 변화의 속도, 불공평한 부담, 그리고 지구공학의 핵심 도전과 불확실성으로 전지구적으로 불안정과 갈등이 더욱 증폭될 수도 있다. 특히 각 관련 주체들에게 다양한 입장에서 매우 어려운 선택과 행동이 요구될 전망이다.

한편 팬데믹과 함께 찾아온 기술패권 경쟁의 시대에 기술지배(Tech Supremacy)를 위한 인적자원, 지식, 마켓 등의 선점과 신기술 리더 또는 기술 헤게모니를 쟁취하기 위한 글로벌 경쟁이 더욱 가열될 것으로 예상된다. 사실 기술지배 경쟁은 폭넓은 미중 대결구도 및 진화하는 지정학적 정치와 서로 풀릴 수 없이 엮여 있다. 특히 신국제경제 질서의 진화 과정, 공급망 재편 등 더 복잡하고, 파편화된 무역환경, 첨단 및 신흥기술 경쟁 등 초국가 과제의 문제를 해결하는 한편 미래 일자리 대체 및 창출을 위해 과학기술은 핵심적 요소로 간주되고 있다.

최근 세계적으로 선진국 간 다자주의와 국제 규범과 규칙이 강조되는 가운데서도 앞서 언급된 기술 민족주의 경향의 심화도 뚜렷해지고 있다. 특히 미중 기술패권 경쟁으로 인한 기술 블록화 및 탈동조화에 대응하는 기술주권 확보도 중요한 이슈로 떠오르고 있다. 최근 선진국들도 기후변화 및 팬데믹 같은 글로벌 난제 해결을 위한 전환적 혁신, 미중 전략경쟁 속에 과학기술 분야에 대한 과감하고 전략적인 투자, 첨단산업 및 글로벌 공급망의 재구조화 및 배타적 동맹 강화를 추진하고 있다.

특히 미국은 중국과의 기술패권 경쟁을 위해 전략기술의 육성 및 보호정책을 추진하며, 자국 내 기술혁신 촉진, 공급망 안정화, 그리고 대중국 견제를 추진하고 있다. 반면 중국은 과학기술 혁신지원과 핵심산업 자립, 관련 인재양성 등 기술주권 확보를 향한 전략을 추진하며 미국의 견제와 포위에 대응하고 있다.

또한 미국 등 우주 선진국들을 중심으로 우주 공간에 대한 새로운 규범과 질서, 협력 체계가 추진되고 있다. 특히 최근 스페이스엑스(SpaceX) 등 민간기업의 선도로 민간우주 시대가 활짝 열렸다. 21세기 들어와 우주는 소수 선진국 정부나 국가 기관의 전유물에서 벗어났으며, 우주 산업은 민간 분야를 중심으로 꾸준하게 성장하고 있다. 과학기술의 혁신적 발전으로 위성 및 발사체의 소형화, 로켓의 재활용 등 발사 비용의 저렴화로 벤처나 중소기업 등에게 우주산업의 진입 문턱이 낮아지고 있다. 최근 우주인터넷, 우주관광 등 민간 차원에서 진행되는 지구 밖 공간에서의 활발한 상업적 활동과 함께 세계 각국의 우주 협력을 통해 야심 차게 화성 등 행성 탐사가 추진되고 있다. 그 반면 우주쓰레기, 우주자원 소유권, 우주안보 등 새로운 과제와 도전도 제기되고 있다.

앞으로도 과학기술 발전의 속도와 범위는 더욱 빨라질 전망이며, 우리의 예상보다 더 광범위하게 인간 경험과 역량을 변혁시킬 수 있다. 한편 팬데믹 대응의 경험은, 현재 그리고 미래의 초국가적 도전의 규모에 비해 기존의 파편화된 시스템과 구조가 수많은 작동 단계에서 잘못(mismatch)된 대응을 낳게 될 가능성이 크다는 것을 보여준다. 그 결과 심각한 불균형의 확산으로 커뮤니티, 국가, 국제사회 사이의 분쟁을 낳고 전반적인 긴장, 분열과 경쟁 양상은 더욱 심화할 수 있다.

2019년 국가 과학기술 혁신역량 평가에서 우리나라는 세계 7위로 최상위권을 유지했다. 전체적으로 긍정적인 평가를 받은 우리나라의 과학기술 혁신 역량에도 고급 연구 인력, 조직 및 지식 자원의 수준은 아직 선진국들에 비해 낮은 수준에 머물러 있다. 그러나 포스트코로나 시대에 우리나라가 진정한 선진 강국으로 도약하려면 보다 긴 안목으로 탁월한 인적, 지적 자원을 확보, 축적해나가는 일관성이 있는 정책이 중요하다. 사실 '선진국이 되는 것도, 강국이 되는 것도 모두 문명국으로 가는 길'이다. 특히 기초과학은 문명국으로 가는 길목이다. 당장 유용하게 써먹어야 하는 응용과학과 기술을 위해서라도 기초과학이 늘 뒷전으로 밀리지 않도록 신경 써야 한다.

경제협력개발기구(OECD)에 따르면 기초연구란 "특정한 응용을 염두에 두지 않고 현상이나 관찰 가능한 사실의 근본원리에 대한 새로운 지식을 습득할 목적"으로 수행된다. 그런데 지금 당연시되는 많은 첨단기술도 역으로 추적해보면 이러한 연구로 귀결된다. 이젠 일상화된 반도체, 컴퓨터, 레이저, 줄기세포, 백신, 그리고 유전자가위 분야 등은 근본적인 연구를 통한 지식의 축적이 기술개발의 근원이 되었다. "기초연구의 토대 없이 지속적 혁신은 없다."

한편 과학기술은 응용을 위해서만 탐구하는 학문이 아니라, 인류 문명의 정수로서 더 높은 가치가 있다는 사실도 명심해야 한다. 한 예로 19세기 중반 영국의 저명한 물리학자 마이클 패러데이(Michael Faraday)가 발견한 전자기학의 기초 원리는 곧이어 전기에너지의 대량 상용화에 의한 제2차 산업혁명을 촉발했다. 또한 1947년 세 명의 물리학자 윌리엄 쇼클리(William Schockley), 월터 브래틴(Walter Hower Brattain)과 존 바딘(John Bardeen)이 개발한 트랜지스터가 1960년대 이후 반도체 시대를 열었다. 이 반도체가 오늘날 정보통신(Information and Communication Technologies, ICT) 및 첨단과학기술 문명 시대의 핵심이자 총아로서 우리나라의 대표적 첨단산업이자 먹거리가 될 줄 그 누가 짐작했을까? 이런 측면에서 현재 과학기술의 기하급수적인 발전이 가까운 미래에 어떤 문명을 만들어내는 데 기여할지 아무도 가늠할 수 없다. 특히 현재 진행 중인 팬데믹뿐 아니라 앞으로 지구촌에 대한 다양한 위협과 중첩된 위기를 인류가 슬기롭게 극복하고 지속적인 번영을 구가해나가려면, 우리는 근본적인 과학기술 투자의 범위와 폭을 넓히는 데 늘 소홀해서는 안 될 것이다.

한편 세계는 기후변화뿐 아니라 미세먼지, 우주, 에너지, 그리고 지속가능발전목표(SDG: Sustainable Development Goals) 등 중장기적으로 풀어야 할 숙제들을 직면하고 있다. 이러한 난제들도 매우 복잡하고 글로벌 한 성격을 띠고 있어 효과적 해결을 위해서는 과학적, 통합적 접근과 글로벌 협업이 요구된다. 하지만 미국과 중국 간 전반적인 패권 경쟁의 양상은 체제 차원의 대립으로까지 확전되고 있어, 향후 글로벌 개방과 활발한 인적교류를 기반으로 하는 과학기술 국제협력과 연대에 크게 영향을 끼칠 것으로 예상된다. 따라서 앞으로 포스트코로나 시대의 세계는 경쟁과 협력, 고립과 글로벌화의 세력 간 치열한 암투 속에서 진영화 및 블록화가 강화될 가능성이 크다. 이 경우 우리나라의 미래 과학기술 투자 및 지속가능한 발전 전략과 관련되어 국제사회에서 어려운 선택을해야 할 수도 있다. 하지만 한 가지 명심해야 할 사실은 냉전 시대에도 과학기술을 기반으로 한 글로벌 협업이 끊이지 않고 이루어졌다는 것이다. 미래 세상은 더 많이 연결되고, 서로 더 깊게 의존할 수밖에 없다. 따라서 우리나라를 포함한 어느 나라도 세계 무대에서 완전한 탈동조화(decoupling)를 성취하기는 쉽지 않다. 특히 불확실성이 높아지고 갈등이 확산되는 세상에 과학기술이 우리 인류의 미래를 올바른 방향으로 설계하는 데 기여할 수 있도록 기초와 공공 분야에서 특히 두디운 글로벌 연대와 협력을 주도적으로 수행해야 한다. 특히 우리나라는 세계와 전략적 개방성을 견지해나가는 한편 인류가 공동으로 추구하는 가치를 실질적으로 증진하는 데 기여해나가야 할 것이다.

팬데믹의 위기는 공중보건의 위기를 넘어 지구촌 전체를 강타한 인류에 대한 거대한 도전이었다. 전대미문의 상황에서 인류는 현 위기의 독특한 성격을 정확하게 간파하고 더 창의적으로 더 빠르게 더 협력적으로 대응해야만 했다. 팬데믹의 가장 큰 교훈은 어느 나라도 혼자서 이 위기를 극복할 수 없다는 사실이다. 인류는 현 위기 앞에서, 그리고 앞으로 다가올 수많은 위기에 앞서 공동의 책무의식(shared responsibility)을 가지고 행동에 나서야 한다. 모든 나라가 개인, 민간, 공공 차원의 협업의 중요성에 대한 인식을 위기의 시작부터 함께 가져가야 한다. 혼자서, 지역적으로, 한 국가가 전지구적 위기의 규모나 복잡성에 대처할 순 없다. 팬데믹의 또 하나의 교훈은 가장 큰 위험에 처해 있고 더 큰 타격을 받은 사람과 계층, 국가들을 도와야 한다는 것이다. 복잡계 과학에 의하면 '우리는 가장 약한 고리만큼 강한 것'이다.

따라서 앞으로 지구촌 사회는 과학기술적 인식과 리더십을 바탕으로 과학적 연구, 선도 기술, 데이터 자원의 최신 진보를 활용하는 공통 비전과 계획을 함께 세워나가길 기대한다. 또한 세계는 공동의 책무의식을 기반으로 초국가적 과제에 한정된 자원을 배분하고 투자하는 데 있어 더욱 더 과학기술 기반의 협업을 증대해야 한다. 이번 팬데믹이 주는 교훈에 대한 깊은 성찰을 토대로 인류의 대응 의지와 공동의 책무분담이 한 단계 더 높아질 수 있다면 현 팬데믹 위기는 다음 위기가 닥쳤을 때 단편적인 위기 극복 차원을 넘어 오히려 더욱 포용적이고 지속가능한 인류의 미래를 담보할 수 있는 이정표가 될 것이다.

과학기술, 인간과 미래

〈우리는 어디에서 왔는가? 우리는 누구인가? 우리는 어디로 가는가?(D'où Venons Nous /Que Sommes Nous /Où Allons Nous)〉 후기 인상파 화가 폴 고갱(Paul Gauguin)이 타이티에서 마지막 유인처럼 그린 대작의 제목이다. 호모사피엔스인 우리 모두가 궁금해하는 질문이기도 하다. 과연 우리는 무엇을 위해 사는가? 우리는 남아있는 시간, 미래를 위해 어떻게 살아가야 하는가? 지금까지 살아온 각자 삶의 궤적은 달랐지만, 복권에 반복해서 당첨될 확률보다 더 기막힌 우주적인 우연으로 우리는 이 순간 지구상 같은 공간에 함께하고 있다. 그런데 바로 저 모퉁이에서 미래가 우리 문을 두드리는 것이다. 미래가 우리를 향해 다가오는지, 우리가 미래를 향해 달려가는지, 어찌 되었건 생각보다 더 빨리 서로를 마주하게 될 것이다.

불확실성과 비예측성이 증대되는 미래를 예측한다는 것은 불가능에 가까운 난제이다. 그런데도 누구나 미래를 상상하고 예측하고 가능한 한 미리 대비하려고 시도한다. 미래의 위험(Risk)을 효과적으로 관리하고 대응해나가려면 과학기술 혁신에 대한 보다 높은 이해뿐 아니라 인간 자신에 대한 더욱 깊은 성찰도 필요하다. 특히 4차 산업혁명, 알파고, 팬데믹과 디지털 전환, 기술패권 경쟁을 겪게 되면서 과학기술과 인간이 함께하는 지속가능한 미래를 열기 위한 효과적인 대응체제에 대한 우리의 고민도 더욱 깊어졌다. 인류의 지속가능한 번영과 안전을 담보하기 위해 미래에 대한 정보를 다양한 경로로 수집하며 지구촌 전체를 관통하는 미래 비전과 전략을 공유하는 것은 국가적으로나 지구촌 전체로서 매우 중요한 과제로 대두되고 있다.

4차 산업혁명은 지금까지 우리가 경험했던 것보다 더 빠른 속도, 더 큰 영역, 더 센 힘의 변화를 가져오고, 인간 경험의 본질에 영향을 줄 것이다. 사실 팬데믹 이전부터 예견되던 변화는 우리가 원하든 원치 않았든, 갑작스럽게 다가왔다. 사람들은 학교와 직장에서 이전에는 과감하게 도전하지 못했던 온라인 수업, 재택근무 등 새로운 비대면 삶의 일상에 익숙해지며, 일찍이 예견되었던 디지털 미래 세상의 전환을 직접적으로 체감하고 있다. 우리가 맞이한 새로운 디지털 세상의 몇몇 변화는 포스트코로나 시대에도 여전히 우리 곁에 남을 것으로 전망된다. 앞으로도 인공지능은 인간보다 똑똑하고 효율적으로 다양한 업무를 수행하며 수많은 사람의 일자리를 대체하고, 궁극적으로는 기존의 사회질서와 경제구조를 무너뜨릴 것이다. 또한 팬데믹으로 인한 글로벌 가치사슬의 붕괴, 고립주의와 패권 경쟁의 격화로 세계의 경제와 국제질서는 새로운 블록으로 개편되고 우리도 그 일원으로 편입되길 요구할 것이다.

사실 과학기술은 각국의 산업과 경제성장을 견인하고 현재의 첨단 문명을 일군 핵심 원동력으로 자리매김해왔다. 하지만 아직 지구촌의 많은 사람이 과학기술의 혜택에서 소외된 것이 현실이기도 하다. 이와 관련하여 인공지능, 디지털화, 비대면, 인간소외, 양극화 등 미래 사회의복합적인 난제들은 사회구성원들이 함께 고민하고, 소통하고 합의점을 모색해나가야 한다. 미래 과학기술자들도 사회의 구성원으로서 마땅히 공동의 책임의식을 가지고 과학기술 혁신의 과실 분배에 대한 소통과 포용적 해결 방안의 모색에 더욱 적극적으로 참여하고, 적절한 역할을 수행해야 할 것이다.

앞서 언급했던 마이클 패러데이는 1860년부터 영국왕립협회에서 진행된 〈크리스마스 강연〉을 주도하며, 성탄절에 왕족, 귀족뿐 아니라 소외계층도 한자리에 모아 과학의 진보를 나누었다고 한다. 과학은 문화이다. 당시 영국의 빅토리아 여왕이 "당신의 전기장치와 전선들은 대체 왜 필요합니까?"라고 물었을 때, 그는 조금도 주저하지 않고, "지금은 잘 모르겠습니다. 하지만 언젠가는 그것들에 세금을 물릴 수 있을 것입니다"라고 답했다. 1881년 전기의 상용화는 2차 산업혁명의 동력이 되었다. 또한 패러데이 교수는 과학자로서의 올바른 자세와 숭고한 정신에 대해 늘 강조해온 것으로도 유명하다. 그는 〈양초의 과학〉이라는 강연에서 "양초는 어둠 속에서 빛을 발하지만, 다이아몬드는 불꽃이 없다면 빛날 수 없습니다. 양초는 스스로 다른 것을 위해 빛을 내는 것입니다"라고 설파하기도 했다.

4차 산업혁명으로 상징되는 기하급수적 미래 변화와 팬데믹 이후 우리 삶의 속도가 늦추어진 이 갈림길에서 모두 잠시 걸음을 멈추고, 더 깊게 사유해보자. 미래가 복잡하고 불확실하지만 생각하는 것보다 더 빠르게 더 가까이 다가오고 있다는 것도 엄연한 사실이다. 4차 산업혁명과 포스트코로나 시대에 더 많은 파괴적 혁신과 패러다임의 전환이 일어나게 될 것이며 이에 따라 발생한 문제들을 해결하는 것도 오롯이 우리의 몫일 수밖에 없다는 것도 자명하다. 따라서 포스트코로나 시대의 산업, 경제, 사회, 문화, 교육, 다양한 관계의 대전환과 과학기술 혁신의 빛과 그림자에 대해서도 보다 근원적인 질문들을 던져볼 수 밖에 없다. 과학기술의 발전이 일부 사람들에게만 혜택을 가져다주지 않았는가? 과학기술과 함께 열어갈 미래 세상에서 당신이, 우리가 함께 설 자리는 있는가? 포스트코로나 시대, 첨단과학기술 문명의 미래에 과연 인간이란 어떤 존재이고, 어떻게 행복해질 수 있을 것인가?

인간이 배제되지 않는 미래의 비전과 목표가 세워지고, 이를 함께 달성하기 위해선 소수 전문가를 넘어서야 한다. 사회를 구성하는 다양한 이해관계자들 간 실행 전략의 수립과 수행 과정에서 우리 사회, 더 나아가 지구촌 사회가 광범위한 소통, 참여, 합의를 이끌어낼 수 있어야 한다. 이 대목에서 '과학기술'이 경계를 넘나드는 다양한 소통과 협업의 수단이자 인류가 직면한 위기와 근원적인 도전에 대한 혁신적이고 효과적인 해법을 창출하는 훌륭한 플랫폼으로서, 뉴노멀(new normal)을 찾아 떠나는 호모사피엔스의 흥미로운 여정에 있어 든든한 동반자가 되기를 기대한다.

우리는 어떻게 포스트휴먼 주체가 될 수 있는가?*

김재희**

'포스트휴먼'은 어떤 문제에 대한 해답으로 사유되어야 하는가? 포스트휴먼의 등장 배경은 크게 두 가지다. 하나는 구조주의와 포스트구조주의가 전통적 휴머니즘과 휴먼 주체에 대한 비판적 해체를 시도한 이후 새로운 주체성의 모색이 긴급하게 된 상황이고, 다른 하나는 첨단 기술과학이 구체적인 인간 삶의 환경적 조건으로 침투하면서 새로운 주체화의 조건으로 급부상하게 된 것이다.

모래사장에 그려진 얼굴처럼 '인간'이란 것도 곧 지워질 것이라고 주장한 미셸 푸코는 '안티-휴머니즘'의 기본적인 문제틀을 제공했다. 즉 인간주체는 절대적인 것이 아니며, 특수한 역사적 상황에서 구축된 담론적 힘들의 관계 속에서 단지 '생산된 것'에 지나지 않는다는 것이다. 푸코를 비롯한 포스트구조주의 철학은 '이성적이고 자율적인 주체'가 어떻게 타자의 구성과 배제를 통해 구축되었고 동시에 그 타자에 의해

* 이 글은 《철학연구》 제106집(철학연구회, 2014. 9.)와 《디지털 포스트휴먼의 조건》(갈무리, 2021. 6.)에 수록된 논문이며 여기에는 약간의 수정을 거쳐 재수록하는 것이다.

** 을지대학교 교양학부 교수.

생산된 효과에 지나지 않는 것인지를 파헤쳤다. 따라서 '합리적이고 자율적인 개인'이라는 자유주의적 휴머니즘의 주체는 더 이상 인간중심주의를 고집하며 자연 안의 특권화된 주체로 자처할 수 없게 되었으며, 사회 변혁과 역사를 이끌어가는 실천적 원리로서의 자격도 주장하지 못하게 되었다. '로고스-남근-서구-인간중심주의'에 불과한 것으로 밝혀진 근대의 자유주의 휴머니즘에 대한 비판적 해체는 '인간주체'의 범주 바깥으로 배제되었던 타자들(인간종 안에서 인간-이하로 취급되었던 젠더, 인종, 장애인뿐만 아니라, 인간종 바깥에서 비-인간으로 다루어졌던 다른 생명체들과 기계들)에 대해 전면적인 재-성찰을 제기했고, 이 타자들과 공존-공생-공진화할 수 있는 새로운 주체성의 발명을 촉구했다.

게다가, 오늘날 기술은 더 이상 인간의 통제 아래 야생의 자연을 다루는 단순 도구의 수준에 머무르지 않는다. 인간 신체의 안과 밖에서 인간과 접속된 기술적 기계들은 인간 자신의 물리·생물학적 조건들을 변형시키면서 인간 삶의 근본적인 존재 조건으로 급부상하였다. 특히 정보기술에 근거한 GNR(유전공학, 나노공학, 로봇공학) 혁명은 자연적인 것(살아있는 것, 유기적인 것)과 인공적인 것(살아있지 않은 것, 기계적인 것)을 하나의 시스템으로 결합하는 사이보그화 작업을 다양한 분야(의료, 상업, 군사 등)에서 촉진하고 있다. '인간-기계 복합체'나 '사이보그'의 존재 형태는 더 이상 새로운 것이 아니다. 생물학적 특이성이 무차별화하는 정보시스템의 일반적 모델 안에서 인간종의 특권을 상실한 '휴먼'은 그동안 주목하지 못했던 인간과 기술의 관계를 긴급하게 재고할 필요성을 갖는다. 왜냐하면 단지 개인의 선택과 책임이라고만은 할 수 없는, 인간의 인간 자신에 의한 탈-휴먼화 과정과 기술 매개의 존재론적 진화가 과연 또 다른 소외와 예속화의 길로 나아갈지, 아니면 새로운 휴머니즘을 창출할 주체화의 길로 들어서게 될지, 기술정치적으로 중요한 실천적 문제를 제기하기 때문이다.

따라서 포스트휴먼이 감당해야 할 문제는 복합적이다. 어떻게 포스트구조주의의 안티-휴머니즘적인 문제제기와 인간주체의 해체를 수용하면서, 동시에 사이버네틱스 정보기술 과학의 탈-휴먼화 역량을 새로운 휴머니즘을 창출하는 포스트휴먼 주체화의 가능성으로 연결시킬 수 있는가? 나는 이러한 문제의식에서 현단계 포스트휴먼 주체의 모델들을 비판적으로 살펴보고 가능한 대안을 모색해보고자 한다. '사이보그(사이버네틱스와 유기체의 결합)'는 SF 상상력과 결합된 가장 대중적인 포스트휴먼의 표상이다. 트랜스휴머니즘의 '인간 향상' 모델이 사이보그를 적극 수용한다면, 비판적 포스트휴머니즘의 '재현-분산 시스템'은 이를 비판적으로 대체하고자 한다. 나는 이 두 모델이 여전히 '인간 개체의 심-신 변형 수준'에서 기술과의 관계를 사유하고 있어서 인간중심적-개체중심적 휴머니즘을 극복하고 새로운 주체성을 생산하는 데 불충분하다고 생각한다. 나는 사이버네틱스를 넘어서 시스템과 정보, 기술과 인간의 관계에 대해 다시 사유해보고자 하며, 사이보그 모델로 환원되지 않으면서도 기술과학적 환경이 마련한 조건 속에서 휴머니즘의 한계를 극복할 수 있는 포스트휴먼 주체의 새로운 가능성을 질베르 시몽동(G. Simondon)의 '개체초월적 인간-기계 앙상블' 모델에서 찾아보고자 한다.

트랜스휴머니즘의 '인간 향상' 모델

막스 모어(Max More)에 따르면, 트랜스휴머니즘(Transhumanism)은 "생명-향상 원리와 가치들에 의해 인도되는 과학과 기술을 수단으로 현재의 인간 형태와 인간 한계들을 넘어서 인간의 지능적인 생명의 진화를 계속 이어가고 가속화하고자 하는 생명의 철학"이며, "응용된 이성을 통해 특히 인간의 지적, 물리적, 심리적 능력들을 상당히 향상시키고, 노화를 제거하기 위해 기술공학을 폭넓게 사용하게 하고 발전시킴으로써, 인간 조건을 근본적으로 향상시키고자 하는 가능성과 바람을 긍정하는 지적이고 문화적인 운동"이다.[1] 트랜스휴머니즘은 '트랜스-휴머니즘(trans-humanism)'으로서 그 '수단과 목적'에서 계몽적 휴머니즘을 넘어가며, 이 전통적 휴머니즘의 'human'을 넘어서는 '트랜스-휴먼(trans-human)'으로서의 '트랜스휴먼-이즘(transhuman-ism)'을 주창한다. "휴머니즘이 인간 본성을 향상시키기 위해서 교육적이고 문화적인 개선에 배타적으로 의존하고자 한다면, 트랜스휴머니스트들은 우리의 생물학적 유전적 유산에 의해 부과된 한계들을 극복하기 위해 기술공학을 적용하고자 한다. 트랜스휴머니스트들은 인간 본성을 그 자체로 목적으로서, 완전한 것으로서, 우리의 충성을 요구하는 것으로서 간주하지 않는다. 오히려 그것은 단지 진화론적인 진행에서 하나의 지점일 뿐이고, 우리는 우리 자신의 본성을 우리가 바람직하고 가치 있다고 여기는 방식으로 고치는 걸 배울 수 있다."[2]

따라서 트랜스휴머니즘의 '포스트휴먼'은 인간의 물리생물학적 조건에서 덜 바람직한 측면들과 한계들이 극복된 '더 향상되고 더 진화된 휴먼'을 의미한다. 포스트휴먼은 질병이나 노화를 겪지 않을 수 있고, 더 광범위한 물리적 능력과 형태 변형의 자유, 더 큰 인지적 능력과

1 More, Max and Vita-More, Natasha ed, *The Transhumanist Reader*, Wiley-Blackwell, Oxford, 2013, p. 3.

2 More, 같은 책, p. 4.

개선된 정서들을 가질 수 있다. 이 포스트휴먼 주체는 첨단기술 과학을 효과적으로 이용함으로써 '휴먼'의 역량을 확장시키며 '휴먼'의 영구적인 진보를 실현하고자 한다. '트랜스-휴머니즘'임을 강조함에도 트랜스휴머니즘의 철학적 뿌리는 여전히 계몽적 휴머니즘에 있다. 대표적인 트랜스휴머니스트 닉 보스트롬(N. Bostrom)에 따르면, "포스트휴머니즘은 그 뿌리를 합리적 휴머니즘에 둔다."[3] 즉 초자연적 힘이나 종교적 신념에 의해서가 아니라, 기술공학과 과학적 방법에 의거해서 합리적 판단에 따라 더 나은 미래를 창조하려는 개인의 선택과 책임, 진보에 대한 가능성을 긍정한다. 트랜스휴머니스트들은 기술을 활용하여 자신의 신체를 자유롭게 변형할 수 있는 개인의 자유를 위해서 인간 본성에 관한 낡은 종교적 형이상학적 이해들과 싸우며 '합리성'에 호소한다는 점에서 여전히 '계몽적'이다. 따라서 트랜스휴머니즘이 과연 전통적 휴머니즘을 넘어선다고 할 수 있는지, 나아가 트랜스휴머니즘의 포스트휴먼 주체가 진정 '포스트휴먼'이 감당해야 할 문제들에 대해 적절한 해답을 제시할 수 있는지 의문이다.

우선 첨단기술 과학에 대한 낙관적 선호는 기술에 대한 도구주의적 이해(인간 향상을 위해 기술을 잘 활용하면 된다)와 기술결정론적 태도(기술과학의 진보가 결국 인간의 진보를 결정한다)를 함축한다. 그러나 인간이 과연 기술 독립적으로 존재하면서 자기 주도적으로 기술을 활용하고 제어할 수 있는 것인지, 도구나 보철물의 수준을 넘어서 기술의 자율성이 야기할 수 있는 예측 불가능한 효과들에 대해 단지 '신중하고' '조심스러운'

3 Bostrom, Nick, "A History of Transhumanist Thought," *Journal of Evolution and Technology* 14, no. 1., 2005, p. 2

태도만으로 대처 가능한 것인지 의문이다. 자연에 대한 인간의 정복과 인간의 자유를 위한 기계들의 노예화를 전제하는 테크노크라시즘의 기술만능주의적 열망이 트랜스휴먼적 사이보그화의 동력은 아닌지 검토해볼 필요가 있다. 명확하게 분리되지 않는 '기술, 자연, 인간'의 복잡한 3자 관계에 대한 본질적인 성찰이 '인간의 영역'을 넘어선 전체의 관계망 안에서 재고되어야 한다. 트랜스휴머니즘에서 기술과학에 의한 탈-휴먼화 효과는 여전히 포스트구조주의의 안티-휴머니즘에 의해 해체된 휴머니즘의 자장 안에 머물러 있다. 이는 기술에 대한 인간중심적 태도, 개인의 자유를 위한 자연 정복과 기계들의 노예화를 정당화했던 자유주의 휴머니즘을 전제한다.

그다음 인간 향상 모델은 생물학적 뉴런들을 인지적 기능이 동일한 인공물로 대체할 수 있다는 기능주의적 물리주의를 함축한다. 인지적 기능을 수행하기 위해 타고난 생물학적 신체를 고집할 필요가 없으며, 모라벡(H. Moravec)과 커즈와일(R. Kurzweil)이 주장하듯이 비-생물학적 실체인 컴퓨터 '안'에 마음을 '업로드'하는 것도 가능하다.[4] 따라서 포스트휴먼 주체는 탈-생체화된 사이보그, 또는 자유롭게 신체를 대체할 수 있는, 애니메이션 〈공각기동대〉의 사이보그들로 표상될 수 있다. 생물학적 신체는 추상적인 정보 코드로 환원될 수 없다며 이들의 데카르트적 이원론을 비판한 캐서린 헤일스(K. Hayles)에 대해 모어는 "이원론과 기능주의를 혼동하고 있다"고 반박한다.[5] 하지만 기능주의적 사이보

4 cf. Moravec, Hans, *Mind Children: The Future of Robot and Human Intelligence, Harvard* University Press, 1990. Kurzweil, Ray, *The Singularity is Near: When Humans Transcend Biology*, The Viking Press, 2005.

5 More, 앞의 책, p. 7.

그 모델은 생물학적 신체의 말소 가능성을 함축하는 '인공적 신체로의 대체가능성'을 주장한다는 점에서, 신체를 과소평가하는 데카르트적 로고스중심주의를 기꺼이 수용하고 있다고 할 수 있다.

마지막으로, 트랜스휴머니즘은 포스트휴먼이 도달해야 할 절대적 본성이나 최종적 완성태를 상정하지 않으며 영속적인 변화와 개선만을 상정한다고 주장한다. 그러나 단지 '변화 가능성'만을 주장하는 것이라면, '휴먼'으로부터 '포스트휴먼'으로의 이행에 대해 과연 '향상' '진보' '발전'이라는 말을 쓸 수 있을지 의문이다. 뿐만 아니라 '휴먼' 안에서 '제거되어야 할 것'과 '향상시켜야 할 것'을 선별할 수 있다는 믿음 자체가 이미 휴먼 또는 포스트휴먼의 지적 정서적 신체적 본질을 상정하고 있는 것은 아닌지 묻고 싶다. 합리적인 것과 비합리적인 것, 정상과 비정상, 건강한 것과 병리적인 것, 좋은 것과 나쁜 것 등의 분리와 선별이 어떤 조건에서 생산되어 어떤 특성이 보편성을 자처하게 되었는지에 대한 안티-휴머니즘의 계보학적 분석과 비판적 반성이 고려되고 있지 않다. 무엇보다 트랜스휴머니스트들은 "개체로서, 유기체로서, 종으로서 우리의 진보와 가능성들을 구속하는"[6] 생물학적, 심리학적, 문화적, 정치적 제한들을 제거하고자 한다. 무한히 연장될 수 있는 수명, 더 많은 지성과 지혜, 정서적 심리적 개선을 위해 '신체에 관한 자기-변형의 자유로운 실현'을 허락받고자 한다. "진정한 트랜스휴머니즘은 우리 각자가 인간 신체를 변화시키고 향상시킬 수 있기를 추구하며, 형태학적 자유를 위해 싸울 수 있기를 추구한다. 신체를 거부하기보다 차라리, 트랜스휴머니스트들은 신체의 형태를 선택하기 원하며

6 Bostrom, 앞의 글, p. 5.

가상 신체들도 포함해서, 다른 신체들에, 거주할 수 있기를 원한다."[7] 탈-신체화와 신체 변형의 자유에 대한 트랜스휴머니스트들의 욕망에는 '우리' 중심의 강력한 인간중심주의와 자유주의적 개인주의가 전제되어 있다. 여기에는 안티-휴머니즘이 제기했던 '인간' 자신에 대한 반성, 즉 '합리적이고 자율적인 개체로서의 인간'이 어떤 조건에서 구성되고 생산되었는지에 대한 고려, 따라서 그러한 '인간'의 구축을 가능하게 하면서 동시에 배제되었던 '비-인간(sub-human or non-human)' 타자들에 대한 고려가 반영되고 있지 않다. 트랜스휴먼이 포스트휴먼이 되기 위해서 씨름해야 하는 것은 기술의 자기 변형적 활용에 반대하는, 소위 '타고난 인간 본성을 훼손해선 안 된다'는 후쿠야마(Fukuyama)식의 본질주의-생명윤리주의자들이 아니다. 왜 '휴먼'을 향상시키고, '휴먼의 가치'를 강화해야 하는가? 나는 이러한 안티-휴머니즘의 궁극적인 문제제기에 대해 트랜스휴먼으로서의 포스트휴먼 개체들이 깊이 고민할 필요가 있다고 생각한다.

비판적 포스트휴머니즘의 '체현-분산 시스템' 모델

비판적 포스트휴머니즘은 안티-휴머니즘의 문제의식을 계승하며, '휴먼'과 그 바깥의 '타자(인간 이하로 배제된 젠더와 인종, 다른 생명체, 기계 등)' 사이의 상호작용 관계에 주목한다. 대표 주자 캐서린 헤일스는 사이버네틱스의 역사 속에서 포스트휴먼의 계보를 추적하면서 '우리가 어떻게 포스트휴먼이 되었는지' 설득력 있게 보여준다. 헤일스가 말하는 '포스트휴먼'은 이중적이다. 한편으로는 탈-인간적이고 탈-신체화된

7 Bostrom, 앞의 글, p. 15.

'사이보그'로서의 포스트휴먼이고, 다른 한편으로는 신체화된 실재에 근거한 '인간과 지능형 기계의 접합체'로서의 포스트휴먼이다. 전자의 사이보그 포스트휴먼은 전통적인 자유주의적 휴머니즘과 깊이 연루되어 있으며, 포스트휴먼화에 의한 인류의 멸종이라는 묵시록적 공포 아래 자유주의적 휴먼 주체의 몰락을 감추고 있다고 비판된다. 반면, 후자의 포스트휴먼은 사이보그 모델과 자유주의적 휴머니즘의 주체성을 대체하는 것으로서 헤일스가 긍정적으로 제시하는 모델이다. 즉 자유주의적 휴머니즘의 '휴먼'이 타인의 의지로부터 자유로운 개인으로서 자기 능력(의지, 욕망, 인식 등)의 소유자이자 환경 독립적으로 자기-조직화된 닫힌 경계의 자율적 개체를 의미한다면, "포스트휴먼 주체는 혼합물, 이질적 요소들의 집합, 경계가 계속해서 구성되고 재구성되는 물질적-정보적 실재다."[8] 이 포스트휴먼 주체는 코기토의 자율적 의지를 '분산된 인지(distributed cognition)'로, 정신의 보조시스템인 신체를 '체현된 실재(embodied entity)'로, 자연을 지배하고 제어하는 인간주체를 '인간과 지능형 기계의 역동적 제휴'로 대체한다. 헤일스는 포스트휴먼의 대중적 표상인 사이보그 모델이 사이버네틱스의 정보과학 담론 안에서 어떻게 구성되었는지 그 개념적 근거와 정치적 함축을 드러내 보여주면서, 동시에 이런 사이보그 모델과는 다른 방식으로 어떻게 우리가 (이미) 현실적이고 긍정적인 포스트휴먼일 수 있는지를, 역시 사이버네틱스와 연동된 현대과학(분자생물학, 인지과학, 진화심리학 등)의 근거 안에서 찾아내고 있다.

8 Hayles, Katherine, *How We Became Posthuman: Virtual Bodies in Cybernetics, Literature, and Informatics*, Chicago: University of Chicago Press, 1999, p. 3.

헤일스의 비판적 분석에 따르면, '휴먼의 사이보그화'는 사이버네틱스의 3단계 발전 과정을 거쳐 강화된 탈-신체화에 근거한다.

1단계 사이버네틱스는 노버트 위너(N. Wiener), 클로드 섀넌(C. Shannon), 존 폰 노이만(J. v. Neumann), 워렌 매쿨럭(W. McCulloch), 윌리엄 애슈비(W. Ashby) 등이 주축이 되어 사이버네틱스의 기초를 정립하던 '메이시 컨퍼런스'(Macy Conference, 1946년-1954년)를 중심으로 이루어진다. 사이버네틱스의 혁신적 아이디어는 '피드백 과정을 통해 정보를 순환시키고 제어하는 시스템'이라는 점에서 인간을 포함한 생명체나 기계가 본질적으로 동일하다고 보는 것이다. 생명체와 기계는 엔트로피가 증가하는 열역학적 우주 안에서 국지적이고 일시적이나마 그러한 구조적 시스템에 의해 질서와 조직을 유지하며 우주의 최종적 열사(熱死)에 저항하는 반(反)-엔트로피의 지대를 이룬다. 초기 사이버네틱스의 논의 초점은 이러한 시스템의 안정적 유지와 관련된 '항상성'과 무질서의 '제어'에 있었다.

이 단계에서부터 헤일스가 비판적으로 주목한 것은 '탈-물질화된 정보' 개념의 수립과 '항상성' 개념이 함축하는 자유주의적 휴머니즘이었다. 여기서 정보는 물질적 실재성과 구분되는 수학적 논리적 패턴이다. "정보는 현존이 아닌 패턴이며, 메시지를 구성하는 부호화 요소의 확률분포에 의해 정의된다."[9] 생명체와 기계가 동일한 '정보 처리 시스템'이 되면서 신체화된 물질성의 차이는 지워지고, 생명체의 신체는 물질적 현존이 아니라 추상적인 정보 패턴이 된다. 이탈-물질화된 정보 개념이, 마음을 다운로드한 모라벡의 컴퓨터와 〈공각기동대〉의 '인형사'

9 Hayles, 같은 책, p. 25.

가 모두 신체 없이 정보 패턴만으로도 '살아있는 존재'를 자처할 수 있게 만들어주었다. 게다가 탈-물질화되고 탈-신체화된 정보 처리 시스템으로서의 인간과 기계는 모두 자유주의적 휴머니즘의 자율적이고 자기-조절적인 주체의 이미지에 부합하는 것이었다. "위너에게 사이버네틱스는 자유주의적 휴머니즘을 전복시키는 것이 아니라 확장시키는 수단이었다."[10] 매체의 질료성보다 수학적 논리적 형식을 강조하는 '탈-물질화된 정보' 개념은 플라톤적 형상중심주의의 반영일뿐만 아니라, 차이의 표식(젠더, 인종, 민족성 등)을 신체성과 더불어 말소시킬 수 있게 함으로써 데카르트적 이성중심주의를 보편화하고 이에 기초한 자유주의 휴머니즘의 주체성을 강화시켰다.

2단계 사이버네틱스(60-80년)는 폰 푀르스터(H. v. Foerster), 마투라나(H. Maturana), 바렐라(F. Varela), 베이트슨(G. Bateson), 루만(N. Luhmann) 등을 중심으로 시스템의 인식론적 '재귀성(reflexivity)'과 '자기 생성(Autopoiesis)'을 둘러싸고 전개된다. '재귀성'이란 관찰되는 시스템 바깥에 있다고 여겨졌던 관찰자가 오히려 그 시스템의 일부가 되는 현상으로, 주/객 이분법에 근거한 객관적 인식의 불가능성을 함축한다. 마투라나의 자기 생성 이론은 시스템의 자율성과 개체성이라는 주요 특성을 유지하면서도 재귀성을 벗어날 수 있는 방법론으로 제시되었다. "모든 생명체에게 현실은 오로지 유기체 자신의 조직화에 의해서 결정되는 상호작용 과정을 통해서만 존재한다. (……) 신경체계의 내부에서 결정된 작용이 일어날 때 외부세계는 그것을 유발시키는 역할밖에 하지 않

10 Hayles, 같은 책 p. 7

는다."[11] 인지의 자기조직성을 강조하면서 과학적 객관주의와 재현적 인식론을 전복시킨 자기 생성 시스템 이론은 그러나 유기체의 조직적 폐쇄성, 자율성, 개체성을 강조하고 환경의 역할을 약화시키면서 환경과 시스템 사이의 정보 소통을 주목하지 않게 만들었다. 헤일스는 자율적 주체성의 근거가 '자기 소유'에서 '폐쇄성'으로 이동했을 뿐 이 단계에서도 여전히 자유주의적 휴머니즘의 가치가 유지되고 있다고 비판한다.

헤일스는 자기 생성 이론의 한계를 지적하고 마투라나와 결별한 바렐라의 행보에 주목하며, '체현된 마음(embodied mind)' 개념을 통해서 탈-물질화된 정보 개념으로 인해 말소된 물질적 신체성의 회복 가능성을 포착한다. 그녀는 신체(body)와 체현(embodiment), 기록(inscription)과 체화(incorporation)를 구분하고, '신체'와 '기록'이 관념적 추상성과 보편적 규범성을 띤다면 '체현'과 '체화'는 구체적인 시공간적 맥락 속에서 물질적으로 실현되는 특수성과 차이를 보존한다고 주장한다. 가령 '신체'가 플라톤적 형상에 해당한다면 '체현'은 구체적인 차이들의 예화다. 따라서 "신체는 아무 저항 없이 정보 속으로 사라질 수 있지만, 체현은 특정 상황과 인간이라는 환경에 구속되기 때문에 정보 속으로 사라질 수 없다."[12] '체화' 역시, 추상적 개념을 재현하는 '기록'과 달리, 특정 맥락에서의 직접적 동작과 행동에 의한 표현을 의미한다. 수영을 배우기 위해서는 이론적 앎만으로는 불가능하고 직접 물에 들어가서 몸을 허우적거려 봐야 하듯이, 헤일스는 환경과의 상호작용 속에서 구

11 Hayles, 같은 책, p. 136.

12 Hayles, 같은 책, pp. 197-8.

체적인 삶을 살아가는 생명체의 체현과 체화를 강조하며, 포스트휴먼은 탈-신체화된 사이보그가 아니라 새로운 기술 환경 속에서 휴먼과 다른 방식으로 체현되고 체화된 주체라고 주장한다.

3단계 사이버네틱스(80년 이후)는 오늘날의 '인공 생명(Artifical Life)' 연구와 관련된다. 인공 생명 연구는 주로 임의의 환경에 있을 수 있는 생명의 형태를 컴퓨터 프로그램으로 시뮬레이션하여 시간이 흐름에 따라 어떻게 변화하는지 관찰하는 것이다. 자기 생성 이론의 약점이었던 창발적 진화의 문제를 컴퓨터 시뮬레이션을 이용해서 해결해보려는 것이다. 헤일스는 자연 생명체의 행동 특성을 모방한 컴퓨터 시뮬레이션을 또 하나의 생명(실리콘에 기반한 생명 형태)으로 간주하는 인공 생명 연구의 경향에 대해 "유기체의 논리적 형태를 물질적 기반과 분리할 수 있으며, 살아 있다는 특징은 물질적 기반이 아니라 논리적 형태에서 발견될 것이라는 가정"이 전제되어 있다고 지적한다.[13] 이는 컴퓨터 시뮬레이션이든 생물학적 신체든 모든 것이 탈-물질화된 정보 패턴이라는 사이버네틱스의 근본 가정이다. 헤일스는 진화심리학적 접근에 의거해서, 지능을 가진 기계의 체현은 인간의 체현과 다르다고 주장한다. 인간의 신체는 컴퓨터에는 없는 진화의 역사에 의해 한계와 가능성이 형성된 물리적 구조이며, 의식은 환경과 상호작용하면서 형성된 이런 체현에 의존하여 창발한 속성이지 감각운동 경험과 독립적인 논리작용이 아니라는 것이다. 따라서 사이보그 모델이 인간 주체성을 의식과 동일시하고, 또 의식을 논리작용으로서의 인지와 동일시하면서, 결국 인간을 컴퓨터와 동일시한다면, 헤일스는 정보 패턴으로 추상화될 수

13 Hayles, 같은 책, p. 231

없는 체현의 구체적 차이성을 고려하면서 인간과 지능형 기계의 동일화는 불가능하다고 주장한다.

사이보그 모델을 옹호하는 한스 모라벡은 단백질에 기반을 둔 생명형태가 실리콘에 기반을 둔 생명으로 교체될 것이며 인간은 곧 낡은 것이 되리라고 주장한다.[14] 그러나 헤일스는 포스트휴먼이 된다는 것이 곧 인간종의 소멸이자 인간의 컴퓨터화는 아니라고, 포스트휴먼 주체가 반드시 사이보그일 필요는 없다고 주장한다. "포스트휴먼은 특정한 인간 개념의 종말, 개별 작인과 선택을 통해서 자신의 의지를 실행하는 자율적 존재로서 스스로를 개념화할 부와 권력, 여유를 가진 극히 소수의 인간에게만 적용될 수 있는 개념의 종말을 의미한다. 치명적인 것은 포스트휴먼이 아니라 포스트휴먼을 자유주의적 휴머니즘 관점에 접합하는 것이다. 〈당신〉이 컴퓨터에 자신을 다운로드하는 것을 선택해서 기술적 지배를 통해 불멸이라는 궁극적인 특권을 얻는다고 모라벡이 상상할 때 그는 자율적인 자유주의 주체를 버리는 것이 아니라 주체의 특권을 포스트휴먼 영역까지 확장시키는 것이다. 그러나 포스트휴먼은 자유주의 휴머니즘으로 회복될 필요도 없고, 반-인간으로 구성될 필요도 없다."[15]

헤일스는 포스트휴먼의 결정적인 특징을 비-생물적 요소의 존재 여부가 아니라 주체성이 구성되는 방식에서 찾는다. 그녀는 탈-신체화된 자율적 의식의 자유주의적 휴머니즘의 주체가 아니라, 체현의 물리적 구조에 의거하여 인간 행위자와 비-인간 행위자가 함께 작동하는 "분

14 Moravec, 앞의 책, pp. 1-5.

15 Hayles, 앞의 책, pp. 286-287.

산 인지 시스템(distributed cognition system)"을 포스트휴먼 주체의 모델로 제시한다. 포스트휴먼 주체는, 마치 중국어 방에 앉아 있는 써얼(J. R. Searle)처럼, 컴퓨터 정보과학기술이 마련한 환경 속에서, 전자 점화 자동차, 전자레인지, 와이파이로 전송되는 팩스 기계, 스마트폰, 사물인터넷, 구글안경 등 수많은 지능형 기계들과 연합된 채 살아간다. 복합적인 컴퓨터 기반시설에 근거하고 있는 인지의 기술적 분산은, 굳이 생물학적 신체의 변형이 포함되지 않더라도, 인간을 충분히 포스트휴먼화 한다는 것이다. 여기서 "주체성은 주어지는 것이 아니라 창발적이고, 의식에만 존재하는 것이 아니라 여러 곳에 분산되어 있으며, 혼돈스러운 세상과 동떨어진 지배와 제어의 위치를 갖는 것이 아니라 바로 혼돈스러운 세상에서 나아서 그 세상과 통합된다."[16]

이상에서 살펴보았듯이, 트랜스휴머니즘과 탈-신체화된 사이보그 모델이 자유주의 휴머니즘의 연장선에서 인간중심주의를 포기하지 않았다면, 헤일스의 체현되고 분산된(embodied-distributed) 포스트휴먼 모델은 사이보그로 환원될 수 없는 '인간-비인간 네트워크' 안에서 주체성을 사유하면서 자유주의 휴머니즘을 '벗어나는 것처럼' 보인다. 그러나 과연 그러한지 의문이다.

우선, '탈물질화된 코기토(dematerialized cogito)'로부터 '물질적 체현(material embodiment)'으로 주체화의 조건을 이동시키긴 했지만, '체현되고 분산된 주체'는 코기토가 담당했던 주체성의 역할을 신체적 감각운동성으로 전환시켰을 뿐, 여전히 인간 개체이 자기동일성을 그 체현(생체와 지능형 기계의 접속으로 확장된 물질적 체현)으로부터 보장받는다. 오히

16 Hayles, 앞의 책, p. 291.

려 두뇌에 전자칩을 심고 컴퓨터와 연결된 모라벡의 사이보그야말로 개체 동일성을 유지하던 심신 경계를 해체하고 네트워크 안에서 집단화함으로써 자유주의 휴머니즘이 함축하는 개인주의를 넘어선다고 할 수 있다. 따라서 '물질적-정보적 실재'인 헤일스의 포스트휴먼은, 어떻게 이 '체현되고 분산된 인지'를 수단으로, 자유주의 휴머니즘의 개인주의를 넘어서는 포스트휴먼 주체성을 산출할 수 있는지 궁금하다.

그다음 포스트휴먼을 인간과 지능형 기계의 역동적 제휴라고 정의할 때, 그 '제휴'가 전제하는 '체현과 정보'의 관계를 좀 더 명확히 할 필요가 있다. '탈물질화된 정보'와 '정보화될 수 없는 체현된 실재' 사이의 차이는 지능형 기계와 인간 생명체를 분리하고, 기계와 인간의 관계를 인간의 시선으로 바라보게 한다. 결국 '기계를 사용하여 자유를 확장하는 인간'이라는 자유주의 휴머니즘의 고전적인 사이보그 이미지로 되돌아갈 수 있다.

따라서 나는 사이버네틱스의 과학적 시선을 넘어서, 탈신체화(Disembodiment)와 신체화(Embodiment)의 대립을 넘어서 포스트휴먼 주체의 생산 조건으로 작동하는 인간과 기술의 관계를 좀 더 근원적인 존재론적 관점에서, 인간 개체의 시선을 넘어서는 전체론적 시각에서 접근할 필요가 있다고 생각한다. 질베르 시몽동의 개체화론과 기술철학은 이와 관련하여 유용한 개념적 도구들을 제공한다. 시몽동은 개체의 본성을 원자적 실체성이 아닌 준안정적 관계성으로 파악하고, 인간 개체들 사이에 전(前)개체적(preindividual) 자연의 공통된 실재성에 근거하는 개체초월적인(transindividual) 관계의 회복을 강조한다. 그리고 그는 인간과 기술적 대상들의 관계를 존재론적 본질의 차원에서 비-인간중심적으로 재조명하면서, 기계들이 어떻게 인간과 자연, 인간과 인간 사이의 소통과 공명을 가능하게 하는 매개체로서 작동할 수 있는지 보여준다. 포스트휴먼 주체화를 사유하기 위해서 시몽동의 이러한 철학적 시선이 필요한 이유는, 무엇보다 자본과 결탁된 자유주의 휴머니즘이 인간의 파편화와 기술의 도구화를 강화하고 있기 때문이다. 인간중심적-개체중심적-기술도구적인 사이보그 모델이 자유주의 휴머니즘의 자장 안에 머물러 있다면, 이를 극복하려는 포스트휴먼 주체의 가능성은 시몽동이 보여주고자 한 것처럼, 기술적 대상들과 인간, 모두의 자연스런 본질이 자본에 의해 왜곡되지 않고 소외 없이 발현될 수 있는 조건 속에서야 실현될 수 있을지 모른다.

사이버네틱스를 넘어서: 시몽동의 '개체초월적인 인간-기계 앙상블' 모델

시몽동은 '시스템'과 '정보'를 사이버네틱스와 다른 방식으로 정의하고, 개체와 환경 사이의 상호작용과 공진화를 탈-개체중심적으로 사유하며, 기술적 대상들을 매개로 소통하는 '개체초월적 집단성'을 발굴함으로써 포스트휴먼 주체성의 새로운 가능성을 보여준다.[17]

시몽동은 '개체'보다 '개체화 작용'에 주목하며, 개체를 독립적 실체가 아니라 주변 환경과 분리될 수 없는 관계적 실재로 이해한다. 인간을 포함한 생명체나 기계는 모두 자기 존재의 기반이 되는 내적 외적 환경 전체와의 관계 속에서 개체화된 시스템이다. 이때 중요한 것은 그 시스템의 항상성, 폐쇄성, 자율성이 아니라, '준안정성(metastability)'이

17 시몽동의 기술철학과 포스트휴먼 논제의 관계에 대해서는 다음에 자세히 해명되어 있다. 김재희, 《시몽동의 기술철학: 포스트휴먼 사회를 위한 청사진》, 아카넷, 2017

다. 왜냐하면 개체는 개체화 작용의 산물이면서 또한 새로운 개체화 작용의 매체로서, 시간적으로 또는 위상학적으로, 전체와의 관계 속에서 '변환' 작용을 하기 때문이다. 사이버네틱스의 시스템이 안정과 불안정의 이원 대립 안에서 자연의 엔트로피적 경향(무질서와 해체, 불안정화)에 맞서는 네겐트로피적 경향(질서와 구조의 조직화, 안정화)을 가졌다면, 시몽동의 시스템은 연속적이거나 불연속적인 상태 변화의 준안정성을 강조함으로써 시스템의 변화와 도약 가능성을 개방한다.

시몽동에 따르면, '개체화(individuation)'는 개체화되기 이전의 전(前)개체적인 존재 양상으로부터 개체들의 발생을 통해 개체화된 이후의 존재 양상(개체와 그 연합환경으로 분할이 이루어진 것)으로 존재 자체가 상전이(phase-shift)하는 작용이다. 존재는 자기 동일적 단일성을 지닌 부동불변의 안정적 실체가 아니라 퍼텐셜 에너지로 충전되어 있는 "단일성 그 이상이자 동일성 그 이상"의 준안정적 실재다.[18] 이 준안정적인 존재는 금방이라도 결정체를 산출할 수 있는 과포화 용액을 닮았다. 과포화 용액은 일정 온도 및 압력에서 지닐 수 있는 한계(용해도) 이상의 많은 용질을 포함하고 있는 용액이라서, 용질의 결정 조각을 넣어주면 곧바로 과잉되어 있던 용질이 결정(結晶)으로 석출되면서 안정된 포화용액으로 변한다. 과포화 용액의 이런 결정화(crystallization) 작용이 존재의 개체화 작용을 유비적으로 드러낸다. '전(前)개체적 실재'는 양립불가능하고 불일치하는 것들이 서로 소통되지 않은 채 과포화되어 있는 긴장 상태다. 개체화는 이런 내적 갈등이 포화 상태에 이를 때 이를 해

18 Simondon, Gilbert, *L'individuation à la lumière des notions de forme et d'information*, Grenoble: Millon, 2005, p. 26.

결하기 위한 해(解)로서 일어난다. 마치 서로 불일치한 왼쪽 망막 이미지와 오른쪽 망막 이미지가 어느 쪽도 아닌 새로운 차원에서 통합된 하나의 이미지를 산출하듯이, '개체'는 양립불가능하고 불일치하는 것들 사이에 소통과 공존을 가능하게 하는 새로운 관계를 어떤 구조나 형상으로 창조하면서 발생한다. 이런 개체의 출현을 통해서 내적 분할로 긴장되어 있던 존재 시스템 전체는 안정적 균형 상태(시스템의 내적 공명)를 다시 취하게 된다. 액체상(相, phase)의 물질이 온도가 증가하면 끓는점에서 액체상과 기체상이 공존하다가 점차 기체상의 물질로 상전이 하듯이, 개체화는 이전 체제 안에서의 내적 분할과 긴장을 새로운 체제로의 변환적 이행을 통해 해결하는 것으로서 전(前)개체적 존재 양상에서는 나타나지 않던 상이 출현하는 것과 같다. 물리적 개체화, 생명적 개체화, 심리-집단적 개체화, 기술적 개체화 등 실재의 각 영역에서 일어나는 개체화의 상이한 양상들은 이전 개체화의 결과물들을 연합환경으로 삼아 이전 개체화에서 해결하지 못한 문제들을 새로운 수준에서 해결하는 방식으로 전(前)개체적 존재 안에서 분화되어 나온다. 이때 전(前)개체적 실재의 퍼텐셜 에너지는 각각의 개체화로 인해 완전히 소진되지 않는다. 각 수준에서 발생된 개체들은 여전히 전(前)개체적 실재에 연합되어 있으며 전(前)개체적 실재로부터 받는 어떤 하중(荷重)을 실어나른다. 개체들이 운반하는 전(前)개체적 에너지는 새로운 개체화를 출현시킬 수 있는 미래의 준안정적 상태들의 원천이다. 존재는 이렇게 전(前)개체적인 것과 개체화된 것의 양상들로 존재하며, 개체화를 통해서 분화하고 다층적으로 복잡화하면서 불연속적인 도약과 연속적인 자기 보존의 준안정성을 유지한다.

질료형상론이 수동적이고 타성적인 질료와 능동적으로 결정하는 형상 사이의 위계질서를 전제하고 이미 실체화된 '형상'에서 개체의 본질을 찾는다면, 시몽동의 개체화론은 질료와 형상 사이의 상호조절 작용으로 점차 형상이 갖추어지는 '준안정성'에서 개체의 특성을 찾는다. 시몽동에게 형상은 안정적인 실체로서 미리 결정된 것이 아니라, 양립 불가능하고 불일치하는 것들 사이의 소통과 긴장된 관계를 구조화하고 있는 준안정적인 것이다. 예컨대, 식물의 싹(생명체-개체)은, 크기의 등급이 불일치하여 서로 소통할 수 없던 태양계의 빛에너지(거시물리적 수준)와 화학적 원소들(미시물리적 수준) 사이에서 양자의 소통 가능한 관계를 중간 수준의 구조화된 형상으로 표현하고 있는 것이다. 또한 수력발전기의 일종인 갱발(Guimbal) 터빈(기계-개체)은 서로 양립불가능한 기술적 환경(전기의 발생)과 자연적 환경(바닷물의 이용) 사이의 불일치를 새로운 기술-지리적 환경(수압관 속에 들어가 작동할 수 있는 발전기의 조건)과 구조적 형태(물과 기름이 상호협력적-다기능적으로 작동할 수 있는 구조)를 동시에 발명함으로써 발생한 것이다.

이와 같은 시몽동의 개체화론에서 주목할 점은 우선 생명체든 기계든 개체의 특징은 폐쇄적인 자기 조직화가 아니라, 크기의 등급이 다른 것들과 소통하는 매체로서의 관계적 기능이라는 점이다. 또한 환경의 영향력보다 개체의 자기주도적 구성과 변경을 강조하는 자기생성 시스템과 달리, 시몽동의 준안정적 시스템은 개체와 환경의 분리 불가능한 동시 발생과 오히려 환경의 역량을 강조한다는 점이다. 점진적인 결정화 작용에서 과포화용액과 결정체의 관계처럼, 환경(과포화용액)이 아직 개체화되지 않은 퍼텐셜 에너지의 저장고라면, 여기 잠겨있는 개체(결정체)는 새로운 개체화(결정화)를 촉발하는 씨앗으로 작동하며, 자신에게 연합되어 있는 환경의 잠재력을 다른 수준으로 운반한다. 이것은 개체와 환경 사이의 분리 불가능한 상호작용뿐만 아니라 자기 생성 이론에서 특히 약화되었던 환경의 잠재력을 강화시킨다. 따라서 시몽동의 준안정적 시스템은 다층적인 소통과 창발적 진화를 가능하게 하는 열린 매개체로서 닫힌 개체중심주의를 벗어난다.

시몽동은 생명체-사회체-기계를 통합적으로 설명하려는 사이버네틱스의 통합과학적 사유를 받아들이면서도, 사이버네틱스를 사로잡고 있는 질료형상론과 형상중심주의를 비판한다. 시스템의 준안정성을 소통과 관계의 측면에서 이해하는 시몽동은, 자기동일적 실체인 플라톤-아리스토텔레스의 형상(form) 개념을 전혀 사이버네틱스적이지 않은 새로운 '정보(information)' 개념으로 대체한다. 헤일스가 지적했듯이, 사이버네틱스 정보 개념은 탈 물질화된 수학적 논리적 패턴(형상)이다. 그러나 시몽동은 정보에 물질성을 회복시키고 그 발생 조건을 차이와 불일치에 놓으면서 시스템의 변화가능성과 준안정성으로 정보 개념을 갱신한다.[19]

시몽동에 따르면, 개체화는 곧 정보 발생 과정이다. 양립불가능하고 불일치하는 것들이 서로 소통적 관계를 맺을 때 정보가 성립하며 개체가 발생한다. 정보는 개체화 이전에 정해져 있는 것이 아니라, 개체화와 동시에, 개체화를 촉발하면서 성립된다. 따라서 정보는 논리적 패턴으로서의 추상적인 메시지가 아니며 개체화 작용을 겪는 물질적 매체와 분리되지 않는다. 섀넌-위버(Shannon, C. E. & Weaver, W.)의 표준 모델처럼 정보는 미리 정해진 의미(메시지)를 노이즈의 방해를 뚫고 송신자

19 사이버네틱스를 넘어서는 시몽동의 정보철학에 대해서는 다음에 자세히 해명되어 있다. 김재희, 〈시몽동의 정보철학: 사이버네틱스를 넘어서〉, 《철학연구》 제130집, 철학연구회, 2020.

로부터 수신자로 정확하게 전달하는 데서 성립하는 것이 아니다.[20] "정보는 불일치한 두 실재 사이의 긴장이다. 그것은 개체화 작용이, 불일치한 두 실재가 시스템을 생성할 수 있는 차원을 발견하게 될 때, 솟아나게 될 의미작용이다. (……) 정보의 단일성과 동일성이란 없다. 왜냐하면 정보는 하나의 항이 아니기 때문이다. (……) 해결되지 않은 시스템의 양립불가능성이 바로 그 정보에 의해서 해결되면서 조직적인 차원이 되게 하는 것이다."[21]

따라서 정보의 소통은 수신자를 송신자에 단순히 동기화시키는 것이 아니다. 가령 '구조화하는 결정씨앗'과 '준안정적 장으로서의 과포화 용액'이라는 불일치한 두 실재가 '결정체'라는 개체의 발생으로 서로 관계 맺을 때, 바로 그때 소통으로서의 정보가 성립한다.

여기서 주목해야 할 것은, 정보는 형상/패턴처럼 미리 정해져 있지 않다는 것, 또한 특정한 결정씨앗을 정보송신자로 만들어주는 것은 오히려 정보수신자인 과포화용액의 비결정적 역량에 달려있다는 것이다. 요컨대 사이버네틱스의 정보 개념이 추상적인 메시지의 전달과 피드백 교정을 통해 시스템의 항상성과 자율성을 유지하고자 하는 것이라면, 시몽동의 정보 개념은 준안정적 시스템의 변화가능성과 문제해결 역량을 의미한다. 이렇게 정보의 물질성, 비결정성, 상호작용성을 강조하면서, 시몽동은 정보를 탈-신체화나 가상화가 아니라 새로운 구

20 김재희, 같은 책, 196쪽/ Shannon, Claude E. and Weaver, Warren, *Mathematical Theory of Communication*, University of Illinois Press, 1971. 이에 따르면 정보는 0과 1로 이루어진 신호이며, 정보 소통 과정은 송신자(Source)-부호화(encoding)-채널(Channel)-해석(decoding)-수신자(Receiver)로 표준화된다.

21 Simondon, 앞의 책, p. 31.

조나 형상의 발명으로 사유할 수 있게 한다.

그런데 정보 소통에 의한 시스템의 변화가능성은 단지 개체 수준에서 신체적 기능의 확장(수명 연장이나 분산 인지처럼)에 그치는 것이 아니다. 준안정적 시스템의 개체화와 정보화는 개체초월적인 수준으로 '양자적 도약'을 함으로써 전(前)개체적 실재성을 상향 증폭시키는 '변환작용'이기도 하다. '변환(transduction)'은 불일치하는 두 망막 이미지가 제3의 새로운 차원에서 종합된 이미지를 산출하듯이, 또는 중계확장기가 작은 소리를 입력 받아 큰 소리로 증폭하여 출력하듯이, 양립불가능하고 불일치하는 것들 사이의 갈등을, 양자의 공존과 소통이 가능한, 크기의 등급이 더 큰 상위 차원에서의 구조화로 해결하는 과정이다.

시몽동의 정보와 변환 작용은 결국 문제해결 역량과 같은 것으로서, 준안정적 시스템이 어떻게 다른 차원으로 진화할 수 있는지를 설명해준다. 개체중심주의를 벗어나서 새로운 주체화의 가능성을 산출할 수 있는 조건이 바로 여기서 주어진다. 포스트휴먼은 인간과 환경 사이의 양립불가능성과 불일치를 새로운 개체초월적 차원에서 해결하려는 정보화의 변환적 결과물인 것이다.

시몽동에 따르면, 인간이 생명체로서의 인간 개체성을 넘어서 주어진 사회적 시스템을 변형시키면서 자기 안에 내재하던 근원적인 자연의 퍼텐셜을 개체초월적 방식으로 실현하는 주체로 설 수 있는 것은, 오로지 다른 개체들과 연합하여 상호협력적 앙상블을 이룸으로써만 가능하다. 그런데 미약한 인간 개체들을 개체초월적 수준에서 소식화해주는 것, 새로운 개체화의 동력으로 묶어주는 것, 그것이 바로 '기술적 대상들'이다. 기술적 대상들의 중개를 통해서 개체초월적 관계가 창조된다.

'개체초월성(transindividuality)'은 생명적 개체화를 통해 산출된 준안정적 생명체들이 생명적 수준에서는 해결되지 않는 문제들을 해결하기 위하여 새로운 심리적-집단적 개체화를 실행할 때 성립한다. 즉 개체들 안에 거주하는 전(前)개체적인 실재가 개체들을 가로질러 직접 서로 소통함으로써 개체 수준에서 해결되지 않던 문제들을 개체초월적인 집단적 수준에서 해결할 수 있게 하는 것이다. 마치 연결망의 각 고리가 자신의 개성을 무화시키지 않으면서도 다른 고리들과 소통하듯이, 개체초월적인 것은 개체들을 '가로지르면서 넘어가는(through and beyond)' 진정한 집단성을 의미한다. '개체초월적인 것'은 이미 분리된 개인들 간의 사회적 유대에 해당하는 '상호개인적인 것(interindividual)'이 아니다. 개체초월적 집단은 분리된 개체들 사이의 상호개인적 관계만으로는 해결할 수 없는 존재론적 문제를 해결하기 위해서, 개체들에게 소진되지 않고 있던 전(前)개체적 실재성이 개체들 사이의 소통과 내적 공명을 통해 새롭게 집단화하면서, 개체들의 수준을 '넘어서는' 상위 차원에서 현실화되는 것이다. 인간이 생물학적 종의 차원에 머무르지 않고, 또 기존의 사회적 질서에 종속되지 않으면서, 새로운 집단적 관계를 창조할 수 있는 가능성이 바로 이 개체초월성 개념에서 나타난다.

시몽동은 기술적 대상들을 인간의 사용도구에 불과한 것으로 간주하는 것이 아니라, 기술적 대상 고유의 발생과 진화를 인정하고, 인간과 기술적 대상의 관계를 존재론적으로 동등한 위상에서의 상호협력적 공진화로 이해했다. 무엇보다, 사용과 이윤의 관점에서 벗어나서, "자신의 본질에 따라 이해된 기술적 대상, 즉 인간주체에 의해 발명되었고, 사유되었고, 요구되었고, 책임 지워졌던 것으로서의 기술적 대상은, 우리가 개체초월적이라 부르고자 하는 관계의 표현매체이자 상징이 된다."[22] 특히 기술적 대상들이 어쩔 수 없이 인간의 동력에 의존하는 도구나 개체 수준을 넘어서 자율적인 앙상블 수준의 집단적 연결망을 실현할 수 있게 되었을 때, 이러한 기술적 앙상블이야말로 '개체초월적 집단성'을 구축하는 데 결정적인 매개로 작동할 수 있다. 예를 들어, '아이폰'이나 '아이패드' 같은 탁월한 기술적 대상들은 단순한 도구의 수준을 넘어서, 기존의 폐쇄적인 사회적 질서와 경계들(사회적 지위, 빈부, 나이, 지역 등)을 가로지르는 정보의 소통과 내적 공명(우애, 우정, 사랑 같은 정서적 공감)을 실현하며 새로운 집단적 관계를 창출하는 데 기여했다. 요컨대, 새로운 기술적 대상의 발명은 단지 뛰어난 개인의 역량이라기보다 전(前)개체적 자연의 퍼텐셜을 실현하는 개체초월적 역량이며, 발명된 기술적 대상들은 인간과 환경의 관계 전체를 새로운 차원으로 변환시킨다. 이때 발명하는 '주체'는 단지 개체화된 존재로서 사는 데 그치는 것이 아니라 자기 안의 전개체적 퍼텐셜을-기술적 대상들에 대해서만이 아니라 사회적 시스템에 대해서도-문제해결을 위한 새로운 구조의 발명으로 실현할 줄 아는 존재다. 시몽동에게 발명가-기술자는, 예술가와 마찬가지로, 사회의 가장자리에서, 세계에 대한 다른 관계 방식, 즉 세계를 새롭게 경험할 수 있도록 세계와의 다른 접속지점들을 확립해보고자 노력하는 자이다.

무엇보다, 시몽동은 '노동-자본' 프레임에 가려져 어둠 속에 남았던 '기술적 활동(기계의 발명, 활용, 개선, 조절, 작동에 대한 주의 등을 포함)'을 주체화의 조건으로 발굴해냈다. '노동'은 기술적 대상과 인간의 관계가 신

22 질베르 시몽동, 김재희 옮김, 《기술적 대상들의 존재양식에 대하여》, 그린비, 2011, 354쪽.

체적 접속을 통해 연속성을 지니며 인간이 연장들의 운반자로서 기술적 개체의 역할을 대신하고 있을 때나 적합했던 개념이다. 반면 '기술적 활동'은 이런 노동으로 축소될 수 없으며, 인간으로부터 독립한 기술적 개체와 기술적 앙상블의 수준에 맞추어 인간과 기술적 대상의 관계를 재정립할 수 있는 보다 상위의 개념이다. 노동은 개체초월성이 아니라 상호개인성에 해당한다. 노동 안에서, 인간 존재자는 자연의 전개체적 무게를 실어나르는 운반자로서의 '주체'로서 집결되지 않으며, 노동자들 사이의 상호개인적 관계는 인간종의 자연에 대한 관계에 지나지 않는다. 여기서 개체초월적인 것은 포착되지 않는다. 이와 달리, 기술적 발명의 활동은 개체초월성의 모델인 인간관계의 토대를 제공한다. 다시 말해, 기술적 활동은 양립불가능하고 이질적이고 불일치하는 것들 사이에서 소통과 관계를 조절하는 작용이다. 기술적 활동은 인간과 기술적 대상 사이의 상호협력적 관계만이 아니라, 이 기술적 대상들을 통해 소통하는 인간과 인간 사이의 상호협력적 관계도 상정한다. 기술적 활동의 인간-기계 앙상블은 '지배-예속'의 패러다임을 '상호협력적 공존'의 패러다임으로 전환시키고, 근원적 자연의 전개체적 퍼텐셜을 실현하는 개체초월적 관계를 실현한다.

결론적으로, 시몽동은 인간이 자신의 물리생물학적 조건을 넘어설 수 있는 가능성을 인간 개체의 심신 변형 차원에서가 아니라, 보다 더 근본적으로, 인간 개체 안에 내재하는 '전(前)개체적인 자연의 하중'과 이를 소통시키는 '기술적 대상들의 변환 역량'에서 찾는다. 가령, 사이보그 모델에서는 인간과 기계의 관계가 '결여와 보철'의 관계이고, 기계적 요소들이 인간 생명체의 부족한 부분들을 보완하거나 대체하면서 특정한 요소들을 강화한 포스트휴먼을 탄생시킨다. 반면, 시몽동의 관점에서 인간과 기계의 관계는 새로운 개체초월적 관계를 산출하기 위한 상호협력적 앙상블로서 '퍼텐셜 에너지와 실현 변환기'의 관계다.

따라서 정보와 체현 사이의 '역동적 제휴'가 단순히 기술을 활용한 개체의 심신 기능 확장('수명 연장'이나 '분산 인지')에 머무르지 않고 선(前)개체적 퍼텐셜을 개체초월적으로 실현하는 관계가 될 수 있다면, 자유주의적 개인주의의 휴머니티를 넘어서 공감과 연대를 실현하는 포스트-휴머니티의 다른 가능성을 볼 수 있을지 모른다. 인류의 존재론적 상(phase)은, 자유주의 휴머니즘이 지배적일 수밖에 없었던 시절, 즉 기술적 도구를 활용하여 자연을 지배하고 제어하는 '노동하는 인간' 개체로부터, 기술적 앙상블과 상호협력하면서 개체초월적 집단성의 수준에서 세계(자연과 인간)와의 관계를 조절하는 '기술적 활동의 포스트휴먼'으로 상전이할 수 있을 것이다. 만약 우리가, 기계의 생산자, 사용자, 관리자가 동등한 자격으로 만나 정보를 소통하고 공유하는 기술적 활동이 실현될 수 있는, 그리고 기술적 대상들과 인간들이 억압과 소외 없이 각자의 본질을 실현할 수 있는, 그런 사회적 경제적인 양식을 발견할 수 있다면 말이다.

맺음말

휴먼의 포스트휴먼화에 대한 사유는, 첨단과학기술에 의한 인간종의 변화나 인간 개체의 심-신 변형을 둘러싼 사이보그화 문제로부터 좀 더 확장될 필요가 있다. 휴먼의 잠재력을 기술적 변환을 통해 향상시키고자 한 트랜스휴머니즘의 열망은, 인간과 비-인간의 네트워킹으로 체현되고 분산된 네오사이버네틱스적 포스트휴먼의 조건을 기반으로, 더 높고 큰 차원에서 인간 이외의 타자들과도 공존-공생-공진화를 모색할 수 있도록, 휴먼의 문턱을 넘어서는 양자적 도약으로 증폭될 수 있어야 한다. 따라서 어쩌면, 기술이 무엇을 할 수 있느냐가 아니라, 오히려 기술이 할 수 있는 것을 못하게 하는 것이 진정 무엇인가에 주목해야 할지 모른다.

시몽동의 관점에 따르면, 융복합적 네트워킹을 구축하며 '구체화하는 기술적 대상들의 앙상블'과, 이를 매개로 정서적 공감과 내적 공명을 실현해가는 '개체초월적인 인간 집단'이, 상호인과작용과 상호조정 속에서 공-진화하는 것이 포스트휴먼 사회의 모습일 수 있을 것이다. 전개체적인 것, 개체초월적인 것, 기술적인 것의 상호관계를 단절시키고 왜곡하는 것에 대한 비판적 해체 작업과 더불어, 기술적 대상들의 본래적 역량을 매개로, 자본과 개인의 욕망이 아니라 전(前)개체적 퍼텐셜에 근거한 개체초월적 관계를 실현할 수 있을 때, 아마도 우리는 포스트휴먼 주체가 될 수 있을 것이다.

과학기술과 인문학의 연결*

김영식**

오늘날 과학기술과 인문학은 흔히 상반되고 대립되는 것으로 인식된다. 이 같은 인식은 '문과'와 '이과'를 엄격히 구분하고 그 사이 단단한 장벽이 가로막고 있는 우리나라에서는 더욱더 심해서 과학기술과 인문학의 분리, 대립이 당연한 것으로 여겨지기까지 한다.[1] 그러나 과학기술과 인문학의 본질상, 반드시 두 가지가 그렇게 상반되거나 대립해야 하는 것은 아니다. 역사상으로도 두 가지가 그같이 분리되어 있지 않았다. 과학기술과 인문학 사이의 이러한 엄격한 구분과 분리 상태는 16, 17세기 서양의 과학혁명 이후 근대과학의 전문화 및 실용화 과정에서 생겨나고 그 후 점차 심화되어 굳어진 것이다. 그 이전에는 서양이나 동양 양쪽 모두 이러한 분리가 없었다.

* 이 글은 한국히비드센싱학회와 과학기술정책연구원의 공동학술대회(2010.10.1.)에서 발표한 내용을 정리한 것으로 많은 부분 다음 내용에 바탕했다. 김영식, 《인문학과 과학—과학기술 시대 인문학의 반성과 과제》, 돌베개, 2008.

** 서울대학교 동양사학과 교수.

1 김영식, 〈한국 사회에서의 문과·이과 구별의 심각성과 그 폐단〉, 《과학과 철학》 제4집, 과학사상연구회, 1993, 20-34쪽; 김영식, 《과학, 인문학 그리고 대학》, 생각의나무, 2007, 125-148쪽.

실제로 많은 위대한 학자들이 인간 지식 모든 분야에 관심을 지녔다. 과거의 위대한 학자, 사상가들이 철학, 역사, 신학, 자연과학 등 모든 분야에 두루 관심을 가지고 깊은 조예를 지닌 경우를 많이 보게 된다. 예를 들어 뉴튼과 보일 등 과학자들이 신학과 철학에 깊은 관심을 지녔으며 데카르트, 라이프니츠, 볼테르 등 철학자, 문인들이 과학에 깊이 관심을 가졌다. 동양에서도 주희나 이황, 이이 같은 유학자가 천문역법과 같은 분야에 깊은 관심을 두고 공부했다. 사실 이는 인간과 세계의 여러 문제에 폭넓은 관심을 가진 진지한 학자들로서는 당연한 일이었다고 할 수 있다. 명색이 학자이자 지식인이라는 사람이 인간 지식의 대상 중 한 부분인 자연 세계를 자신의 관심에서 제외하는 것은 지극히 이상한 태도이기 때문이다. 다만 인문학과 과학기술이 상반되는 것으로 생각하는 경향이 오늘날 너무나 널리 퍼져 그 이상한 태도가 당연한 것으로 느껴지는 것일 따름이다.

물론 오늘날 과학기술이 고도로 전문화되어 이해하기 어려운 것은 사실이다. 그 어려움은 주로 과학기술 지식(개념, 내용)의 전문성에 기인하는데, 특히 과학이 수학적 전문성을 요하고 과학의 용어가 전문화된 것이 일반인들이 과학기술을 이해하기 어려운 상황을 빚어냈다. 그러나 이는 과학기술 분야에만 국한된 상황이 아니다. 따지고 보면 과학기술 이외의 다른 많은 학문 분야들이나 예술 분야들도 고도로 전문화되어 일반인들이 이해하기 어렵기는 마찬가지이다. 예를 들어 오늘날 철학, 경제학이나 문학비평, 시(詩), 추상미술 등이 모두 일반인들의 수준에서 쉽게 이해하기 어렵다. 과학기술은 문화의 다른 영역과 별개라는 편견과 선입견을 제거한다면, 과학기술의 어려움이 다른 분야들의 전문화된 어려움과 크게 차이 나는 것은 아니다. 따라서 유독 과학기술 분야만 일반 지식인들의 관심에서 제외해야 할 이유는 없는 것이다.

사람 중에는 어느 한 분야만 탐닉하고 다른 분야들에는 무관심하거나, 또는 어느 한 분야만 자질을 지니고 다른 분야에서는 그렇지 못한 경우도 있는 것이 사실이다. 그러나 특이한 예일뿐, 대부분 사람에게는 여러 가지 분야의 적성들이 함께 존재한다. 여러 학자가 다양한 영역에서 높은 수준의 지식을 지니고 있었던 것이 이를 뒷받침해주는 증거가 되겠다.

오늘날처럼 인문학에 속하는-나아가서는 이른바 '문과'에 속하는-모든 사람이 과학기술에 대해 철저히 무지, 무관심하고 그것을 당연하게 여기는 것은 지극히 이상하다. 이 글에서는 이 같은 상황에 이르게 된 배경으로 동서양의 역사를 살펴본 후 이에 대처할 방법을 생각해보기로 한다.

동양과 서양 역사 속 과학기술과 인문학

전통적으로 동양과 서양 양쪽 모두에서 자연 세계와 과학지식에 대한 탐구가 더 넓고 깊은 인문적 추구의 일부로 포함되어 있었다. 서양의 학문체계 속에서 과학지식은 빼놓을 수 없는 일부였다. 고대에서부터 르네상스 인문주의자들에 이르기까지 서양의 학자들은 자연 세계나 과학을 자신들의 지적 관심에서 배제하지 않았다. 동양에서도 텍스트(text)에 대한 인문학 연구에서 과학기술이 제외된 적은 없었다. 동양의 유학자들은 경전(經典)이나 정사(正史)들에서 자연 세계와 과학지식에 대해 다루는 구절들을 피하지 않고 자세히 공부했다. 그들에게는 그렇게 하는 것이 '천리(天理)'의 추구를 통해 성인(聖人)에 이르는 과정이었다.

동양 전통에서 문과-이과 구분이 없었다는 점을 '문(文)'과 '리(理)'라는 두 개념이 중국 전통문화에서 지녔던 의미를 통해 생각해볼 수 있다. 이 두 개념은 양쪽 다 오랜 역사를 통한 진화의 과정을 거쳤고 정확히 정의할 수는 없지만, 대체로 '문'은 '문화' '전통' 같은 것들을 가리키는 데 반해 '리'는 '근본 원리'나 '원칙' 같은 것을 지칭했다고 말할 수 있다. 따라서 '리'는 '문'보다는 더 분석적이고 철학적인 개념으로 생각되었다. '문'이 대체로 정신, 가치, 사회, 문화 등 인간 세계의 것을 주된 대상으로 한 데 반해 '리'는 '천(天)' '지(地)' '만물(萬物)'을 포함한 자연 세계까지도 망라하는 것으로 볼 수 있다. 그렇다면 이 두 개념의 차이가 오늘날의 문과-이과 구분과 얼마간은 통한다고 생각할 수도 있겠다.

그러나 중국 전통에서 '문'과 '리'는 대립하는 개념이 아니었고 근본적으로 서로가 포함할 수 있었다. 물론 송대에 '리'라는 개념이 신유학의 핵심 개념으로 자리 잡는 과정에서 주희는 소식(蘇軾) 같은 사람이 '문'에 치중함으로써 제대로 '리'를 추구하지 못했다고 비판했다. 주희의 머릿속에는 '문'과 '리'의 대립 비슷한 것이 있었다고 볼 수 있고, 이 같은 '문'에 대한 비판은 주희의 영향이 매우 컸던 조선 시대 성리학에서도 퍽 널리 퍼진 경향이었다. 그러나 '문'에 대한 주희의 비판은 전통, 멋, 아름다움 등 '문'의 가치에 지나치게 경도됨으로써 도덕적 삶의 궁극적 원리인 '리'를 게을리한 데 대한 것이었을 뿐, 인간 세계와 자연 세계의 구분과는 관계가 없었다. 사실 '문' '리' 양쪽 모두가 인간 세계와 자연 세계 전체를 포괄하는 개념이었고, 특히 '리'는 많은 경우 자연 세계보다는 주로 인간과 사회의 문제에 대한 것이었다. 결국 동양 전통에서 '문'과 '리'라는 개념들은 서로 대립하는 것이 아니었다. 굳이 구분한다고 해도 자연 세계 분야들을 한쪽에 놓고 그 외의 모든 분야를 다른 쪽에 놓아 구분하는 오늘날의 문과-이과 구분과는 전혀 성질이 달랐다.

서양 전통에서도 문과-이과 구분 비슷한 것이 있었다. 그러나 우리나라에서만큼 그 정도가 심각한 것은 아니었다. 서양에서 '문과'와 '이과'에 해당하는 말들이 있다면 아마도 '인문학(humanities)' 또는 '인문주의(humanism)', '과학(science)' 또는 '과학기술'일 것이다. 이는 서양에서 과학혁명기에 시작되었는데 과학이 점차 전문화되면서 일반 지식인들로부터 유리되었던 것이다. 로크(John Locke)는 하위헌스(Christiaan Huygens)에게 자신이 이해할 수 없던 뉴튼《프린키피아(The Principia)》의 수학적 내용이 제대로인지 물었다. 이 일은 과학지식이 일반 지식인들로부터 유리되는 시작을 보여주는 상징적인 예라고 할 수 있겠다. 그러나 아직 유리 상태가 완전히 고착되지는 않았기에 로크가 그 같은 관심을 보였던 것이라고 할 수 있으며, 실제로 18세기를 통해 전문화되는 과학지식에 대한 일반 지식인들의 관심은 지속되었다.

19세기에 이르러서 유리 상태가 심해지고 차츰 고착화했다. 그리고 고착과 함께 과학과 인문학 양쪽에 종사하는 사람들 사이의 대립 비슷한 것이 생겨났다. 당시 새로 부상하던 과학기술이 지적인 우위와 실용적 가치를 내세우는 데 반해 인문학 또는 인문주의가 고전과 교양 위주 교육의 도덕적 우위를 선언한 것이 예였다. 과학기술에 대한 전통적 인문학자들의 우월감과 반감이 표출된 것이라고 볼 수 있는데, 인문학자들에게서 이와는 상반되는 태도도 찾아볼 수 있다. 과학지식에 대해서 인문학자들은 과학자들의 전문성을 존중했다. 그러나 이와 같은 존중은 다른 한편으로는 일반 지식인들이 과학기술자들에게만 전문 과학지식을 맡기고 자신들의 관심 대상으로부터 제외한 채 무시해버리는 효과도 빚어냈다.

이렇게 보면 양쪽의 구분과 대립, 그리고 한쪽이 상대에 대해 느끼는 우월감, 반감, 때로는 열등감 같은 것들은 이때쯤부터 서양의 전통에서 시작되었다. 이것이 어떤 면에서 문과, 이과 구분과 비슷한 것으로 볼 수도 있겠다. 그러나 자세히 살펴보면 이 역시 문과-이과 구분과는 본질적으로 다르다. 여기서 특히 주목해야 할 것은 이렇게 과학기술과 대비된 것이 '문과'가 아니라 그보다는 훨씬 좁은 범주의 '인문학'이었다는 것이다. 인문학이 대항했던 것은 과학기술만이 아니라 실용성, 전문성을 중요시하는 당시 문화와 교육의 새로운 조류 전체였다. 굳이 양쪽으로 나누자고 들면 우리가 문과에 소속시키는 대부분의 사회과학 분야들이나 직업학문 분야들도 당시로서는 인문학의 반대쪽에 속했다. 실제로 고전 언어 위주의 인문학 교양 교육에 대항해서 이 시기에 주창된 새로운 교육은 실용적 과학기술과 아울러 현대 언어들의 교육을 강조하기도 했다. 인문학과 과학기술의 차이 및 대립 역시 교육의 목적과 강조점의 차이를 나타내는 것이었을 뿐 학문 전체를 양쪽으로 나누는 문과, 이과 구분과는 본질적으로 달랐다. 또한 일반 지식인들에게서 과학기술이 유리된 상태가 오늘날 우리 사회에서처럼 심하게 나타난 것도 아니었다. 과학기술의 유리 상태가 심했던 영국에서도 케임브리지 대학교의 교과과정에서는 수학이 큰 중요성을 점하고 있었으며, 대정치가나 문인들이 과학실험과 연구에 종사한 것을 자주 찾아볼 수 있다.

결국 동서양 양쪽의 전통에서 문과, 이과와 비슷해 보이는 구분이 없었던 것은 아니지만, 어느 쪽도 오늘날 우리 사회에서 보는 경직된 성격의 구분과는 관계가 없었다.

인문학을 과학기술과 어떻게 연결시킬 것인가?

과거 동서양 사회에서 과학지식이 처했던 상황, 즉 과학적 주제들이 비록 가장 중요한 부분은 아니었지만, 학문체계의 당연한 일부로 포함되었던 상황은 오늘날 우리에게 시사하는 바가 크다. 왜냐하면, 현대사회와 문화를 지배하는 과학기술이 야기한 문제들에 직면한 오늘날 인문학의 과제는 과학기술을 반대하고 극복하고 회피하고 격리하거나 경쟁하는 것이 아니라, 포용하고 이해하고 사용하고 다루는 것이기 때문이다. 또한 과학이 인문적 주제들로부터 격리된 상황이 자연과학이라면 본질적으로 그래야만 할 상황이 아니라 서양 근대과학의 발전 과정에서 빚어진 특수한 역사적 상황이라는 것도 상기할 필요가 있다. 역사상 대부분 그러한 분리 상태는 존재하지 않았으며, 그렇다면 그렇게 분리되지 않는 것이 더 자연스럽고 당연하다.

게다가 현대의 사회, 문화에서 과학은 엄청난 중요성을 지닌다. 오늘날 과학은 모든 영역에서 중요한 요소가 되었고 큰 영향을 미치고 있다. 과학은 특히 기술을 통해서 중요한 역할을 하고 있다. 당초 자연 세계에 대한 지적 추구의 중요성 때문에 지식인의 관심 대상에 포함되었던 과학이, 이제는 기술을 통해 현대인 생활의 필수적 부분, 관심의 필수적 부분이 되었다. 이렇게 둘러싼 세상은 온통 과학기술의 세상이 되어가고 있는데도, 오늘날 많은 인문학자가 현대사회, 현대문화의 가장 특징적인 과학기술을 제외하거나 무시하고 있음은 지극히 안타까운 일이다.

한편 인문학 분야들 자체도 과학 분야들처럼 전문화되고 이미 전문화되었다. 처음에 자연과학 분야들이, 이어서 사회과학 분야들이 그랬듯이, 이제 인문학 분야들도 전문 지식화되는 것이다. 이에 따라 대부분의 인문학 연구자들이 분야별 전문가 집단을 형성하면서 그 속에서 전문적인 연구, 토론, 경쟁에 몰두하고 있다. 흔히 '군자불기(君子不器)'라고 하여 인문학은 '기(器)'를 다루는 과학기술 분야들과는 달리 '도(道)'를 다룬다고 생각하는데, 이런 면에서는 인문학 분야도 과학기술처럼 '기(器)'가 되어버렸다고 할 수 있다. 인문학이 이런 형편에 있는데도 과학기술이 인간을 황폐화하고 있다고 주장하는 인문학자들이 많다. 오히려 이런 인문학자들이 인문학을 황폐화시키고 있는 것은 아닐까? 과학기술과의 연결을 통해 그렇게 황폐화되는 인문학을 구제해서 다시 '도(道)'의 수준으로 올라가야 하는 것이 아닐까?

과학기술과 관련해서 인문학이 수행해온 기능 한 가지는 과학기술이 가져온 폐해를 지적하는 일이었다. 실제로 그동안 인문학자들이 과학기술과 관련해서 해온 일은 주로 여기에 집중되어 있었다. 예를 들어 과학기술의 발전이 환경오염, 생태계 파괴, 에너지 고갈을 야기했고 생명의 존엄성에 대한 도전이었으며 국가 간 계층 간 불평과 인간의 기술에의 종속 등을 빚은 점에 대해 많은 인문학자가 지적하고 비판하고 분석, 해석해왔다.

물론 과학기술의 발전이 야기한 폐해와 인간 종속 상태의 실상을 제대로 이해하는 것은 중요하며 그런 이해가 문제를 해소하는 데도 도움이 될 것이다. 그러나 그것으로 끝날 수는 없다. 위에서도 보았듯이 과학기술의 순기능과 과학기술이 가져다준 이익이 있기 때문이다. 때로는 한 분야 과학기술의 발전 때문에 다른 분야의 과학기술이 가져온 폐해에 대해 알 수 있다. 예를 들어 오존층의 존재와 오존층에 생긴 구멍의 폐해를 알게 해준 것도 과학기술 연구였다. 또한 과학이 자연 세계와 인간에 대해, 그리고 자연과 인간의 관계에 대해 더 깊은 이해를 제공해줌으로써 환경, 생태계, 자원 등의 문제에 관한 균형 잡힌 시각을 지니는 데 기여하기도 한다. 사실 근래에는 기술의 상황도 변하고 그에 따라 기술에 대해 사람들이 지니는 관념도 변화했다. 이에 따라 기술과 인간의 관계도 복잡해져서 인간이 기술을 '통제'하거나 '이용'하는 관계만으로 환원되지 않게 되었다.

이런 상황에서 인문학이 과학기술에 저항하거나 외면할 수는 없다. 현대사회와 문화에서 가장 중요한, 가장 특징적인 요소인 과학기술과 인문학의 연결이 필요한 것이다. 그러면 인문학을 과학기술과 어떻게 연결시킬 것인가? 이는 '과학기술 시대'인 오늘날 인문학에 주어진 과제이자 도전이라고 할 수 있다.

물론 이것은 우리나라만 접한 도전, 문제는 아니며, 우리만 해결해야 하는 것도 아니다. 현대의 인문학, 전 세계 인문학의 문제이다. 많은 방식이 제시될 것이고 결국은 누군가가 해결할 것이다. 그리고 우리는 그렇게 해서 해결방식을 받아들이게 될 것이다. 그렇다고 그냥 기다리기만 할 것인가? 우리도 이 도전에 우리의 방식을 제시해야 하는 것이 아닌가?

사실 요즘 우리나라 인문학계에서 '인문학의 위기'에 대한 해결방안으로 많은 것들이 제기되고 시도된다. 우리 사회의 많은 인문학자가 새로운 대상에게 새로운 방법론을 많이 시도하고 있다.[2] 물론 인문학이 이런 일들을 하는 것은 중요하다. 그러나 그렇다고 새로운 주제, 새로운 방법론만으로 치닫는 것은 바람직하지 못하다. 특히 최근 들어 두드러져 보이는, 화려하고 색다르고 흥미 있는 것만을 향하고 기본적이고

2 한국학술진흥재단의 지원으로 2007년도에 시작된 인문한국(HK)지원사업의 주제들이 이와 같은 상황을 잘 보여준다

전통적인 것을 제외하는 경향은 우려스럽다. 또한 외국 학계의 새로운 경향들, 특히 사회과학의 새로운 개념틀이나 방법론들을 무작정 추종하는 일도 바람직하지 못하다. 기본은 지키고 포함하면서 새로운 것을 추구해야 할 것이다. 그러나 반대로 기존의 전통적 틀, 방법, 대상에만 안주하는 것 또한 문제임이 사실이다. 과연 어떻게 해야 할 것인가?

통합이나 융합이 아닌 연결

우선 인문학과 과학이 분리되지 않았던 과거의 상황으로 되돌아가는 것은 비현실적이고 불가능한 일이다. 이미 분리의 과정을 겪은 인문학과 과학기술이 그 과정을 통해 일어난 변화, 그 결과로 자리 잡은 주위의 상황은 그대로 둔 채 그냥 과거로 돌아갈 수는 없다. 변화를 겪고 그 같은 성격을 지니게 된 인문학과 과학기술이 이제는 변화된 상황에서 변화된 성격을 지닌 채 다시 만나고 연결되어야 한다. 설사 이전의 상황으로 돌아갈 수 있다고 해도, 그 상황에서 인문학과 과학기술의 연결이 의미 없어져버릴 수도 있고 굳이 그 같은 연결을 시도할 이유가 없어질 수도 있다.

또한 새로운 '틀' 즉 '패러다임(paradigm)'을 찾아야 한다고 말할 수 있겠지만 그런 원론적 주장은 구체적 연결의 방법이 되지 않는다. 사실 그간의 연결 시도들은 구체적 방법보다는 더 근본적 차원에서의 일반적인 방향을 제시하는 데 치중했다. 특히 근래 기술이 인간사회에 미친 영향의 부정적 측면이 주목되면서 기술(또는 과학기술)과 인간(인문학)과의 공존과 화해를 제시하는 경우가 많다. 그러나 구체적으로 어떻게 해야 할 것인가 하는 문제에 해답이 제시되었던 것은 아니다.

그렇다면 구체적인 방법이 있는가? 먼저 인문학과 과학 사이에 있을 수 있는 여러 종류의 만남과 연결들에 대해 생각해보자.

우선 과학의 해설이나 모형, 과학기술과 관련된 퀴즈, 게임, 만화 등을 통해 과학기술을 쉽고, 흥미롭게 해주는 작업이 있다. 그러나 이것을 우리가 찾는 진정한 연결이라고 할 수는 없다. 더구나 이런 식으로 과학기술을 쉽고, 재미있게 해주는 데는 한계가 있을 수밖에 없다. 이미 전문화되어버린 과학기술이 지니는 본질적인 어려움 때문이다. 결국 정공법을 택해서 아무리 어렵고 이해가 힘들더라도 과학기술과 정면으로 맞닥뜨려야 한다. 과학기술이 현대사회, 현대문화에서 지닌 역할이 워낙 중요하기 때문에 쉬운 방법을 찾아 회피하거나 제쳐두거나 무시하고 외면할 수 없는 것이다. 이를 위해서는 과학기술이, 그 내용과 활동이 그렇게 어렵고 힘들다는 것을 분명히 인식하고 받아들이는 것이 중요하다. 그리고 일단 그러한 인식에 바탕해서 과학기술에 맞닥뜨려 이해하려고 노력해야 한다. 염두에 두어야 할 것은 다행히도 일반 지식인들이, 또는 인문학자가 전문가가 되어 첨단 수준에서 활동하고 경쟁해야 하는 것이 아니라는 점이다.

다른 한편, 흔히 보게 되는 '인문학과 과학의 만남' '과학과 예술의 만남' 같은 모임에서 과학자와 인문학자들의, 과학자와 예술가들의 글자 그대로의 '만남'이 있을 수 있다. 그러나 여기서 우리가 원하는 과학기술과 인문학의 연결을 이루어주기를 기대할 수는 없다. 물론 인문학과 과학기술이 일단 분리와 장벽을 걷어내고 소통하고 교류를 갖는 것은 바람직한 방향으로의 움직임이 분명하지만, 이러한 '만남'을 통해 이루어내는 '연결'에는 한계가 있을 수밖에 없기 때문이다. 또한 그러한 만남을 추진하는 배경에는 여전히 과학자들과 인문학자들이 자신의 영역을 지키면서 각각 별개로 활동하다가 그런 장(場)에서 만나서 상대방과 무엇인가 필요한 것을 주고받을 수 있다는 손쉬운 생각이 보인다. 더구나 거기에는 과학자들이 과학적 대상을 인문학적으로 소화할 수 있도록 작업하고 인문학자들은 그냥 받아들이겠다는 생각 같은 것까지 보이기도 한다. 마치 인문학자들이 과학적 대상을 제외하는 것이 당연한데 이런 '만남'을 통해서 접하기라도 하는 대단한 일인 듯한 느낌이 담겨있는 것이다. 이런 면에서는 과학과 인문학의 '융합'을 표방하고 진행되는 이런 만남의 시도들이 오히려 둘 사이의 구분을 기정사실화하고 강화하는 측면도 지니고 있음을 볼 수 있다. 당연히 이런 만남은 진정한 만남이 될 수 없다. 개인 인문학자, 개인 과학자의 지식과 학문은 그대로 서로 격리된 채로 이들이 만나서는 제대로 된 연결이 이루어질 수 없기 때문이다.

결국 개인 안에서 연결이 이루어져야 하는 것이다. 특히 인문학자 자신들이 연결의 전체 작업을 실제로 수행해야 한다. 그 작업에는 과학의, 과학지식의 얼마만큼을 받아들이고 얼마만큼을 이해할 것인가, 과학의 어떤 측면을 중요시할 것인가 같은 문제들에 대한 검토와 선택들도 포함해야 할 것이다. 이런 일들이 이루어지면 아마 굳이 '만남'의 장을 만들 필요 없이, 개인 학자들의 작업에서 개별 주제나 분야들의 토론이나 발표장에서 연결이 이루어질 것이다.

또다시 '어떻게'라는 질문이 나온다. 과연 인문학이 과학기술을 어떻게 받아들여야 할 것인가? 역시 여러 종류, 여러 수준의 '받아들임'을 생각할 수 있다. 우선 인문학이 과학을 받아들인다는 것이 상궤에서 벗어난 특이한, 심지어는 비정상적이기까지 한 일로 느껴질 수 있지만, 사실은 전혀 그런 것이 아님을 인식할 필요가 있다. 당연히 인문학의 일부인데도 인문학이 배제하고 있고 배제해왔던 것을 포함하자는 것이지, 인문학의 바깥에서 이질적인 무엇을 찾아 받아들이자는 것이 아니다. 물론 그렇다고 해서 손쉬운 방법이 있을 수는 없으며, 따라서 어려움을 인식하는 것도 중요하다. 그러면 이제 더 구체적인 방법을 이야기해보자.

인문학이 과학기술을 받아들이는 가장 초보적 수준은 인문학자가 컴퓨터, 인터넷을 사용하는 경우이다. 물론 이것도 연결이지만, 이렇듯 과학기술의 결과물을 단순히 '사용'하는 것이 인문학과 과학의 제대로 된 연결이 아님은 분명하다. 또한 소설가, 예술가가 과학기술을 소재로 하는 경우도 생각할 수 있다. 주로 소설이나 예술작품에 과학기술자나 기계 등이 등장하고 이에 따라 과학기술 지식이 사용되는 경우이다. 음악, 미술 등의 창작 과정에서 과학기술의 기법을 사용하는 경우도 근본적으로는 같은 성격이다. 이런 예들은 워낙 분명하고 흔한 것이어서 어쩌면 현대사회에서의 인문학(또는 예술)과 과학기술 연결의 가장 눈에 띄는 표현일 수 있고, 누구도 부정하지 못할 연결의 증거가 되기도 한다. 그러나 인문학과 과학기술 연결의 추구가 이 수준에서 만족할 수는 없는 것이 아닌가 하는 의혹을 떨칠 수 없다.

인문학자가 과학기술의 개념, 지식을 원용(援用) 또는 전유(專有)하는 경우는 위의 예들과는 다른 성격, 다른 수준의 연결이라고 할 수 있지만, 이것 역시 충분하다고 할 수 없다. 특히 고립된 지식, 단어, 물체만을 그냥 가져다 쓰는 피상적인 수준에 그쳐서는 큰 의미를 지니기 힘들다. 사실 오늘날 인문학에서 제대로 이해 안 된 과학기술 용어들을 가져다 쓰는 일이 잦다. '엔트로피(entropy)' '상대성' '양자(quantum)' '불확정성(uncertainty)' 등이 좋은 예이다. 그러나 심오하고 난해한 물리학 용어들을 고립적으로 사용-대부분 오용(誤用)-하는 것보다는 이해하기가 비교적 쉬운 생물학, 환경학의 지식을 폭넓게 이해하고 자신의 사고 속에 용해하는 것이 더 높은 수준이다. 사실 분자생물학 지식의 핵심 내용은 얼핏 위에서 말한 물리학 용어들보다 더 어렵고 생소하게 느껴지겠지만 사실은 주의를 기울이고 노력만 하면 고교생도 충분히 이해할 수 있는 수준이다.

인문학이 과학기술을 대상으로 학문적으로 다루는 경우, 즉 인문학자가 과학기술을 연구주제로 연구하는 경우도 인문학과 과학기술의 연결 형태로 들 수 있다. 어떤 면에서는 앞에서 언급한 경우들보다 한 단계 더 나아간 수준의 연결이다. 과학사와 과학철학을 대표적 예로 들 수 있는 이 분야들은 20세기를 통해 꾸준히 성장해서 이제는 확립된 전문 학문 분야가 된 경우들이다. 과학기술이 사회와 문화에 어떤 영향을 주고 사회와 문화의 요소들이 과학기술에 어떤 영향을 주는가, 과학 지식의 특성이 무엇이고 그것이 지식으로 받아들여지는 근거가 무엇인가 같은 질문들이 이 분야에서 다루는 대표적 주제들에 속한다. 한편, 다루는 주제의 필요에 따라 인문학과 과학기술이 만나고 연결되는 경우들이 있고 그 같은 연결을 통해 생겨난 '학제적' 분야들이 있다. 인지과학 또는 뇌과학, 진화생물학 등이 대표적인 예들로, 이 분야들은 대부분 성공적으로 학문 세계에 자리 잡았다. 그러나 이들이 자연과학에 속하는 분야들과 인문학의 만남과 연결인 것은 사실이지만 어디까지나 일정한 주제, 영역, 문제들의 필요에 의한 몇몇 개별 분야들의 만남과 연결에 그친다. 인문학과 과학 연결의 확실한 한 가지 유형임은 사실이고 연결을 통해 그간 이루어낸 학문적 성과가 뚜렷하기에 자주 언급되고 중요시되지만, 이러한 성격의 연결만으로 충분하지는 않다.

이쯤에서 우리나라에서 널리 유행하고 있는 '통섭(統攝)'이라는 말을 생각해볼 만하다. 당초 'consilience'라는 영어 단어의 역어(譯語)로 제시된 이 단어는 최재천이라는 탁월한 해설자를 통해 널리 소개되고 받아들여져 이제는 생소한 느낌이 들지 않는다.[3] 그리고 '통섭'이라는 말을 사용해서 분리된 학문들의 융합을 주장하는 논지는 나무랄 데가 없다. 그러나 '통섭'을 화두로 해서 유행하고 있는 지금까지의 논의들에 석연치 않은 점이 있기에 잠깐 지적할 필요가 있다. 윌슨(Edward O. Wilson) 자신은 "세계가 정말로 지식의 통섭을 장려하게끔 작동한다면…자연과학과 인문학은 21세기 학문의 거대한 두 가지가 될 것이다"라는 말로 자연과학과 인문학의 분리를 일단 현실적인 것으로 받아들이면서 둘 사이의 통섭을 주장한다. 문제는 모든 정신 과정이 궁극적으로 물리적 기초를 지니고 있다고 믿는 윌슨은 인문학과 자연과학 사이의 '통섭'은 결국은 인문학을-그리고 모든 학문을-자연과학으로 환원하는 방식으로 일어나야 한다고 주장한다는 것이다. "모든 현상-예컨대, 별의 탄생에서 사회조직의 작동에 이르기까지-들이 비록 길게 비비 꼬인 연쇄이기는 하지만 궁극적으로는 물리 법칙들로 환원될 수 있다는 생각"인 것이다.

이는 물론 인문학과 자연과학을 연결 짓는 가능한 방식의 하나이다. 그리고 여러 이유에서 이 방식을 혐오하고 강력히 반대하는 사람들이 있지만 이 방식이 필요함도 사실이다. 그러나 나는, 그리고 나뿐만이 아니라 수많은 사람이, 이러한 '통섭'에 만족하지 못한다. 불가능하리라거나 그렇게 하는 것이 옳지 않다는 것이 아니라, 그것으로는 만족하

3 Wilson, Edward O. *Consilience: The Unity of Knowledge*, New York: Alfred A. Knopf, 1998. 번역본은 다음을 참조. 최재천, 장대익 역, 《통섭-지식의 대통합》, 사이언스북스, 2006.

지 못한다는 것이다. 가령 인간의 감정, 도덕, 가치와 사회, 문화의 모든 문제를 물리적 기초-유전자, 진화 등-를 통해 설명해낼 수 있는 만큼 설명해냈다고 하자. 그렇더라도 과연 우리가 거기에 만족할 수 있을 것인가? 역사학을 두고 윌슨은 "인간의 역사 과정을 물리적 역사 과정에서-그것이 별의 역사든 아니면 생물의 역사든-분리할 만한 근본적인 차이는 존재하지 않는다"라고 이야기한다.[4] 나는 이에 동의하지 않는다. 윌슨이 말하는 것처럼 완전히 물리적 역사로 환원된 역사학이 가능하다고 하더라도, 너무나 황량한 역사학이 될 것이라는 느낌을 피할 수 없다. 굳이 한쪽을 택하자면 오히려 반대 방향으로 인문학이 자연과학까지를 종합해야 한다고 생각한다.

어쨌든 지금까지 이야기한 여러 가지 수준과 성격의 연결이 현재 추진되고 있고, 이 노력과 작업들은 계속 진행되어야 한다. 그러나 이것들은 만족스러운 연결이 되지는 못한다. 구체적인 대안이 있는 것은 아니지만 현재 분리 상태의 심각함을 생각한다면, 현대사회, 문화에서의 과학기술의 위치를 생각한다면, 과학기술과 인문학 사이에 지금까지 살펴본 것보다 더 깊은 수준의 연결이 필요하다고 느낀다.

이와 관련해서 한가지 생각해 볼 점이 있다. 그간 제시되고 있는 여러 연결 방식에 공통된 기본 입장은 과학과 인문학의 관계를 대립관계로 보기보다는 상호보완 관계로 보는 것이다. 이는 근본적으로 옳은 입장이지만 문제점이 깔려있다. 과학과 인문학의 관계를 대립관계로 보는 경우에 그렇듯이 상호보완 관계로 보는 입장에서도 과학과 인문학

4 윌슨은 이어서 "천문학, 지질학, 진화생물학 역시 일차적으로 역사적인 분과들이다. 하지만 그것들은 통섭을 통해 자연과학의 다른 분야들과 연결되어 있다"라고 이야기한다.

두 가지를 같은 층위에 두고 보는 면이 있다. 그러나 사실 과학과 인문학은 층위가 다르다. 어느 한쪽이 우위라는 면에서가 아니라, 두 가지가 서로 다른 수준, 차원, 성격의 것이어서 서로 대칭적인 통합이 불가능하다는 의미이다.

그렇기에 필요한 것은 '통합'이 아니라 '연결'이다. 그리고 연결을 위해서는 서로 층위가 다른 두 가지를 대칭적인 것으로 보고 생겨난 경계, 구획, 장벽을 제거하는 일이 중요하다. 역사상으로도 과학과 인문학이 대등한 지위에 있으면서 서로 대립하고 영향을 미치고 관계를 맺어온 것이 아니다. 당초 철학과 신학의 부차적인 일부였던 과학이 독립, 분리되어 중요해지면서 큰 영향을 미치고 모델이 되고 하는 관계가 된 것이다. 이런 점을 인식하게 되면 과학기술과 인문학을 단순히 만나게 하고, 통합이나 융합시키는 것이 아닌 다른 성격의 작업이 필요함을 느끼게 될 것이다.

인문적 정신이란 무엇인가? : 아우르고 포괄하는 인문학

지금까지 이 글에서 과학기술 시대 인문학이 추구해야 할 바를 논의하면서 막상 구체적 연결 방법이나 해결책을 제시하지 않았다. 물론 과학과 인문학의 연결을 표방하는 몇몇 시도를 이야기했지만, 주로 불만을 토로하고 비판하기만 해왔다. 위에서 말한 것 중 어느 것도 내게는 만족할 만한 해결책이 되기에는 충분하지 않아 보이기 때문이었다. 사실 이 문제를 두고 나는 때로 지극히 비관적인 기분에 빠지기도 하고, 그럴 때는 오늘날 우리가 처한 과학기술의 분리, 장벽, 소외의 상황에 출구가 없는 것이 아닐까 의혹이 들기도 한다.

뚜렷한 방법, 출구가 현재 안 보인다는 측면에서는 절망적이지만, 그렇다고 연결이 끝내 이루어지지 않으리라고는 생각하지 않는다. 일말의 희망의 근거는 사실 가련할 정도로 미약하고 어쩌면 무책임하다고까지 할 수 있을 것이다. 사람들이, 사회가, 분리 상태에 안주하기가 철저하게 불가능해졌고 따라서 분리 상태가 결코 지속될 수 없다는 것이 나의 희망의 근거이다. 불만에서 동력을 얻어 결국은 누군가, 어떻게 해서인가, 연결을 이루어낼 것이라고 믿는 것이다.

해결책이 되어줄 연결의 방법이 구체적으로 어떠하리라는 것을 지금 예측할 수는 없다. 아마도 그동안 제시된 것들이 아닌 새로운 해결책이 나올 수도 있을 것이지만, 다른 한편 오늘날 제시되고 있는 것들 중 어느 것이 오랜 시간 후에 주도적인 해결책이 될 수도 있을 것이다. 다만 역사상의 학문, 사조의 커다란 흐름이나 변화들이, 특히 몇 세기만에 나오는 큰 규모의 변화들이 어떤 상황에서 어떤 식으로 진행되었는가 검토해봄으로써 우리가 찾는 해결책이 어떤 종류의, 어떤 성격의 것이 되리라고 짐작할 수는 있다. 아마 완전히 새로운 것, 제시될 당시에는 나중에 가서 받아들여지는 해결책이 될 것이라고 미리 짐작할 수 없는 것일 가능성이 크다. 어쩌면 위와 같은 문제들을 인식하지도 않고, 그 해결을 모색하는 일과는 아무 관계도 없이 이루어진 시도가 뜻하지 않게 해결책을 마련해주게 될 수도 있다. 따라서 해결책을 얻어내는 것을 목표로 의도적으로 조직적인 프로젝트를 구성해서 체계적인 활동을 벌여 얻어지는 것은 아닐 것이다. 물론 그렇다고 갑자기 뚝 떨어지는 것도 아닐 것이다. 위에 제시한 방법들을 포함해서 여러 가지를 계속해서 시도하는 가운데 그중에서 어느 하나의 해결책이 부상할 것이다.

그렇다면 위에서 말한 것과 같은 과학과 인문학의 '만남'과 '연결'을 겨냥한 의도적인 시도들보다 더 중요한 것은 과학과 인문학이 분리된 현재 상황이 문제임을 인식하는 것이 되겠다. 이런 면에서 근래에 들어 문제의 인식이 얼마만큼 이루어져 있음은 다행이다. 근래 과학과 인문학, 예술, 문화 등의 '만남' 시도나 '통합' '융합'의 주장이 많아졌다는 사실 자체가 이러한 인식이 널리 퍼지고 있음을 보여준다. 그렇지만 훨씬 더 철저한 인식이 필요하다. 과학과 인문학이, 과학과 문화 일반이 서로 분리된 현재 상황이 얼마나 심각한 문제이고 그것을 해결하는 것이 얼마나 중요한지에 대한 철저한 인식, 그리고 해결한다는 것이 지극히 어려움에도 반드시 해결되어야만 하고 결국은 해결되고 말 것이라는 인식이 필요하다.

한편 이러한 해결책을 제시해주는 것이 반드시 인문학일 것이라거나 인문학이 반드시 해내야 한다고 말할 수는 없다. 어쩌면 사회과학이 해낼 수도 있다. 사실 월러스틴(Immanuel Wallerstein) 같은 사람은 "두 문화"의 문제를 이야기하면서 "역사적 사회과학(historical social science)"이 해낼 것이라고 말하기도 했다.[5] 인문학과 과학이 모두 사회과학에 포괄되어 사회과학화함으로써 그 같은 일이 일어난다는 것이다. 당초 사회과학이 인문학과 과학 양쪽의 성향 사이에서 마찰을 겪었던 것을 생각하면 흥미로운 생각이다.[6]

그러나 만약에 인문학이 그것을 해내게 된다고 하면, 해결책을 제시

5 Wallerstein, Immanuel, *The Uncertainties of Knowledge*, Philadelphia: Temple University Press, 2004. 번역본은 다음을 참조. 이매뉴얼 월러스틴, 유희석 옮김, 《지식의 불확실성》, 창비, 2007.

6 초기에 사회과학은 과학적임을 내세우기도 하면서 다른 한편으로는 자연과학으로부터의 독립, 분리를 추구했다. 전자의 경우에는 일반화된 법칙을 추구하는 반면 후자의 경우에는 개별 사회현상의 특수성을 강조했다.

해주는 그 무엇을 '인문학'이라고 부를 수 있을까? 있을 법한 시나리오, 생겨날 법한 상황은 '인문학'이란 한 분야가 존재하지는 않으리라는 것이다. 사실 현재에도 우리가 '인문학'이라고 부르는 것은 그냥 여러 인문학 전문 분야들의 합, 심지어는 인문대학에 속한 분야들의 합을 지칭하는 이름일 뿐 실체가 있는 것인가는 의문스럽다. 물론 '자연과학'도 여러 전문 분야의 합이라고 할 수 있지만 그렇다고 실체가 없다고 하기 힘들다. 이런 면에서 인문학에 해당하는 영어 단어가 'humanities'라는 복수 형태인 점은 생각해볼 만하다. 자연과학도 'sciences'라는 복수 형태지만 'science'라는 단수 형태가 있는 데 반해, 'humanities'를 단수로 만들면, 'humanity'로 뜻이 달라져버려서 '인간성' '인간다움' '인간애' 등이 되고, 혹은 이런 모든 것들을 아우르는 말로 '인문정신'과 같은 의미를 지니게 된다.

그렇다면 우리가 추구해야 할 것은 인문학 분야들의 합이 아니라 모든 학문 분야-현대에 와서 전문화되어버린-를 아우르는 '인문학', 전문 지식에 머물지 않고 인간 삶의 여러 가지 문제에 의미 있는, 도움이 되는 방식으로 이런 분야들을 포괄하는 '인문학'이 아닐까? 물론 어떻게 '아우르고' '포괄할' 것인가 하는 질문은 계속 제기될 것이다. 그러나 분명한 것은 이렇듯 아우르고 포괄하면서 과학기술을 제외한다는 생각은 할 수도 없다는 것이다.

결국 우리가 찾는 인문학은 '학'이라기보다는 '방법' '정신'이다. 이것이 사실은 복수인 'humanities'보다는 단수 'humanity'라는 단어의 뜻과 더 부합된다. 그리고 명사로서보다는 형용사로서 기능하는 말인 것 같다. 모든 학문 분야-오늘날 인문학에 속하는 분야들을 포함해서-는 전문화되어 갈 것이지만, 그럼에도 모두를 아우르는 '인문적'(이제는 형용사로서) 정신과 방법은, 그리고 그 같은 정신, 방법에 대한 필요와 욕구는 남을 것이다. 이것이 바로 '인문학'이 추구하는 바가 될 것이고 그 추구에서 새로운 해결책이 나올 것이다. 과거에는 '인문학'에 해당하는 윤리학이 유용한 것으로 인식되었고 자연에 대한 탐구는 실용성이 없다고 생각되었다. 현재는 이와는 정반대의 상황이다. 자연에 대한 탐구인 과학은 유용한 것으로, 윤리학을 포함한 인문학은 실용성이 없는 학문으로 인식된다. 그렇다면 바로 '인문적' 정신과 방법의 추구가 과거 인문학이 지닌 유용성을 회복할 수 있는 길이 아닐까?

제2부

과학기술 중립론

정보사회, 새로운 유토피아냐 혹은 암울한 디스토피아냐

윤병렬*

과학기술의 발전과 정보통신의 혁명은 지구촌을 세계화하는 데에 획기적인 역할을 한 것이 틀림없다. 무엇보다도 정보통신의 혁명은-미래학자 토플러(Alvin Toffler)가 "제3의 물결"이라고 하고 또 네이스비트(John Naisbitt)가 "대혁명(megatrends)"이라고 한 만큼-세계를 하나의 지구촌으로 묶는 데 획기적인 변화를 가져왔다. 인터넷은 세계 어디든 통신망이 연결된 곳에서는 접속이 가능하며, 정보교류 또한 가능한 것이다. '유비쿼터스(ubiquitous)'나 '공간 조정 테크놀로지'를 통해 지리적 문화적 국경까지도 허무는 상황이다.

물론 과학기술 문명의 발전이 꼭 인류의 미래를 유토피아로 끌고 가는 것이 아니라는 지성의 반성 또한 만만치 않다. 그래서 인류는 과학기술 문명이 인류를 유토피아로 이끌지 혹은 그와 반대 방향인 위기로 이끌지 하는 심각한 물음 앞에 놓이게 되었다. 과학기술 문명 자체를 중립으로 둔다고 해도, 인간주체들이 어떻게 이 문명을 이끌어가느냐

* 홍익대학교 교양과 교수 역임, 현 초빙교수.

에 따라 유토피아가 될 수도 있고 디스토피아가 될 수도 있다.

정보통신기술과 매체문화

현대 사회에서의 변화된 세계상으로 우선 정보통신기술의 놀라운 발전을 꼽을 수 있다. 기술의 뒷받침이 따르지 못했다면 오늘날 정보사회에 이르고 매체문화가 꽃피지도 못했을 것이다. 반도체 메모리(디스켓에서 CD와 USB메모리 및 외장하드에 이르기까지, 또 공학과 산업 분야로 광범위하게 확대된 첨단기술)와 정보통신기기(각종 소형 핸드폰에서 고성능의 전자기기에 이르기까지) 및 디지털기술과 나노기술에 이르기까지 기술 발전의 변화속도는 상상을 초월할 정도다. 이러한 변화의 속도로 사회적 갈등이 야기되기도 하는데, 이를테면 현대인은 정보사회의 주요 요인들인 정보통신기기와 정보통신기술 및 각종 매체로부터 (원하건 원치 않건) 벗어나기도 또 따라가기도 어렵다.

특히 정보통신기기 중에서 가장 지배적인 매체라고 할 수 있는 것은 컴퓨터이다. 현대인과 컴퓨터의 밀착관계를 마이클 하임은 다음과 같이 규명하고 있다. "컴퓨터 기술은 우리의 사고 처리에 너무나 유연하고 융통성 있게 들어맞기 때문에 우리는 곧 그것이 외부적인 도구라는 생각을 덜하게 될 것이고, 제2의 피부나 심적인 인공보철물처럼 여기게 될 것이다."[1]

오늘날 과학기술의 분야는 말할 것도 없고 예술과 의학의 분야, 나아가 산업이며 현대인의 생활 주변에 일어나는 모든 것에 이르기까지 컴퓨터화됨에 따라 지식에 대한 접근법마저도 상당히 변모된 양상을 보

1 마이클 하임, 여명숙 옮김, 《가상현실의 철학적 의미》, 책세상, 1997, 115쪽.

인다. 이를테면 간단한 워드 작업부터 정보통신 작업, 저축과 상거래, 시장을 보고, 공부하며 예술(그림 그리기, 음악 활동)을 비롯하여 각종 취미와 직업 활동에 이르기까지 등등.

이토록 현대인은 과학기술 문명과 미치 운명적인 관계인 것처럼 얽히고, 지배하고 또 지배받으면서 살 수밖에 없는 처지에 놓였다. 그렇지만 우리는 이러한 운명을 애써 외면하거나 부인할 필요는 없다. 냉철하게 숙고해볼 때 이러한 운명적 관계가 과학기술을 재료로 문명을 만들고 개척하며 디자인하는 인간의 태도에 달려있기 때문이다.

> 과학이든 과학기술이든 어디까지나-후설의 후기현상학에서도 명백하게 드러나듯[2]-"생활세계(Lebenswelt)"의 토내 위에서 탄생된 것이고 또 인간주체들로부터의 상호주관적 이해의 산물인 것이다. 그리하여 인간이 기계에 대하여 주체적 위치를 상실하지 않고 주인으로 존재할 때는 저 운명적 관계가 부정적이지 않을 것이다. 그러나 만약 본말이 전도되어 인간이 오히려 과학기술 전체주의의 시종 노릇을 하게 되면 '위기(Krisis)'의 상황에 놓이게 되는 것이다. 과학기술이 인간 위에 군림하거나 인간과 과학기술 사이에 주객전도 현상이 일어나면서 인간이 주체적 위치에서 과학기술의 아류로 떨어진다면, 인간은 문명의 이기 앞에 노예로 전락할 것이다.

2 이러한 생활세계의 현상학을 후설은 그의 만년 대작들인 《위기(Krisis)》와 《경험과 판단(Erfahrung und Urteil)》 및 《데카르트적 성찰(Cartesianische Meditationen)》을 중심으로 전개하며, 소위 새로운 "비-데카르트적인 길"을 걸으면서 실재론적 성향이 뚜렷한 생활세계의 현상학을 펼쳤다.

오늘날 정보통신기기와 정보통신망을 이용해 구축한 사이버공간은 개인과 사회 및 국가들을 막론하고 마치 새롭게 발견된 신대륙과도 같이 혹은 '지도 밖의 블루오션'과도 같이 받아들여지고 있다. 이는 국가적·국제적인 경제와 정치의 주요 현안일 뿐만 아니라, 이를 먼저 점령하려는 기업들과 국가들 간의 경쟁도 가속화되는 실정이다. 그런데 저러한 '지도 밖의 블루오션'과 '신대륙'을 형성하는 데 중심적 토대를 이루는 것은 인간주체들이지만, 이와 함께 컴퓨터와 인터넷과 같은 정보통신기기들도 버금가는 역할을 수행한다. 컴퓨터의 능률은 어떤 특정한 면에서는 인간의 능률보다 훨씬 뛰어나다고 할 수 있다(이를테면 저장메모리에 의한 기억의 능력, 산술적 계산능력, 인공지능에 의한 추리능력 등등). 더욱이 컴퓨터는 기계이기 때문에 기계적 결함 이외엔 인간이 범할 수 있는 추리상의 오류나 계산상의 과오를 범하지 않을 수 있다.

그런데 정보사회와 매체문화를 '새로운 유토피아'로 보는 낙관적 견해 못지않게 어두운 면이 깔려있다는 것을 미디어학자들도 잘 지적하고 있다. 볼츠(Norbert Bolz)는 이런 정보사회에서의 문화상실 현상을 지적하며 비판가들과 비난자들의 견해를 언급하는데[3], 볼츠에 의하면 그들은 "황폐화 이론(Verschwörungstheorie)"과 "저주이론(Verblödungstheorie)"을 통해 세계가 MS-DOS[4]에 의해 노예화되고 또 문화의 상실 현상이 일어난다는 것을 경고한다.[5] "사회는 허물어지게 되는데, 우리는 그

3 Bolz, Norbert, *Die Sinngesellschaft*, ECON, 1997, p. 181 이하 참조.

4 MS-DOS는 '마이크로소프트 디스크 운영체계(Microsoft Disk Operating System)'의 약자이다.

5 Bolz, 앞의 책, p. 182 참조.

죄책을 대중매체에 돌린다"[6]고까지 볼츠는 덧붙인다. 그러나 아무리 컴퓨터의 기능이 뛰어나고 능란하다고 해도 침범할 수 없는 고유한 영역은 실로 많다. 컴퓨터의 탄생 자체가 인간에 의해서이며, 무엇보다도 인간이 자신의 목적에 부합되게 이용하고 있기 때문이다. 컴퓨터 자체도 인간의 기호논리학과 전자공학의 발전에 의해서 가능해졌다. 그 뛰어난 능률도 결국 인간의 프로그래밍에 의존하기 때문에, 인간의 독창적인 사유를 뛰어넘는 컴퓨터 자체의 창조력은 생각할 수 없다.[7]

정보매체는 아무리 뛰어나고 발전된 현대의 것이라도 매개와 유통에 개입되는 매체이지 정보나 지식을 생산하는 주역이 될 수는 없다. 말하자면 "매체의 기능은 정보의 유통에 있고, 정보를 생산하는 당사자는 인간주체인 것이다. 인간주체에 의해 정보가 생산되고 매체는 유통되고 소비되는 과정에서 기술적으로 개입할 따름이지, 결코 정보생산과 소비의 주체가 될 수는 없다. 현대의 첨단화된 기술이 정보상품의 포장이나 유통방식 과정에서 고도의 기능을 발휘하지만, 그것은 어디까지나 주체에 의해 이미 생산된 것과 존재하는 정보를 가공·입력하는 경우다."[8]

정보통신기기를 이용해 정보를 생산하고 또 이를 "정보바다"에 띄우며 처리하고 이용하는 주역은 결국 인간주체이며, 나아가 이러한 정보는 사용자의 이용 목적에 따라 가치가 결정된다. 따라서 이 정보의 가치, 즉 효용성과 비효용성은 이것을 수용하고 판단하는 사람의 주관적

6 Bolz, 앞의 책, p. 181.

7 소흥렬, 《논리와 사고》, 이화여자대학교 출판부, 2003, 24쪽 참조

8 윤병렬, 《정보해석학의 전망》, 철학과 현실사, 2008, 210쪽.

관점에 따라서 달라질 수 있는 것이다.[9] 그렇기에 여기에도 이미 인간주체의 의미와 위상이 강력하게 부각되어 있다. 오늘날 고도로 발달한 정보통신기기와 매체의 유통적 기능이 대단한 역량을 수행하지만, 정보의 생산과 최종적인 소비에는 인간주체가 그 주역이고 주인이다. 우리는 이 필연적으로 전제되어야 하고, 주도적인 역할을 수행하는 주체에서, 해체주의자들로부터 일방적으로 해체되고 사망선고당한 주체개념을 복권해야 한다.

사이버공간

오늘날 우리가 흔히 사용하고 있는 '사이버공간'[10]이란 말은 실제로 지상의 지도가 만들어내는 것이 아닌, 컴퓨터 네트워크가 창출하는 공간으로서 가상의 실재들이 짜여지는 광범위한 전자공간을 말한다. 컴퓨터의 커뮤니케이션 시스템에 의해 열리는 이 특별한 사이버공간을 베네딕트는 다음과 같이 규정한다. "전지구적 영역으로 네트워크된, 컴퓨터에 의해 유지되며 컴퓨터에 의해 접근 가능한, 컴퓨터가 만들어내는, 다차원적이며 인공적인 또는 '가상적인' 공간이다."[11] 그런데 이

9 어떤 정보가 유용한 것인지를 알아보는 행위에도 아리스토텔레스의 《형이상학(*Metaphysik*)》의 첫 문장인 "인간은 본래적으로 앎을 추구한다"가 그대로 적용되는 것이다. 인간은 누구나 인식행위를 하고 경험하며, 이해하고 깨달으며 삶을 영위한다. 이때 인식하고 경험하며, 이해하고 깨닫는 과정엔 '나'라는 주체가 필연적으로 전제된다.

10 '사이버공간(cyberspace)'이란 용어는 윌리엄 깁슨(William Gibbson)이 1984년 그의 소설 《뉴로맨서(*Neuromancer*)》에서 처음 사용했는데, 그 의미는 가상현실 기반으로서의 컴퓨터 네트워크였다. 여기서 깁슨은 모든 컴퓨터가 하나의 네트워크로 연결된 미래세계와 그 사회에서 전개되는 상황을 묘사하고 있는데, 오늘날 온라인상 서비스나 월드와이드웹이며 인터넷 등은 모두 사이버공간이라고 할 수 있다.

11 Benedikt, Michael, *Cyberspace: first steps*, MIT Press, 1991, p. 122.

러한 공간을 이용하고 조정하며 지배하는 것은 다름 아닌 인간주체들의 키보드 조작에 의해서이며, 이 키보드의 조작으로 사이버상의 모든 시공간을 불러오고 압축·확대하는 것이다.

네트워크상의 가상세계로서 이러한 공간은 일종의 인위적 공간이고 물리적 공간이며 사회적 공간이고 문화적 공간이다. 그런데 이 독특한 공간은 아이러니컬하게도 어떤 지상적인 영토도, 권력도, 기하학적 구조도 갖지 않는 탈영토화, 탈물질화, 탈구조화 공간으로 이루어져 있다. 어떤 특별한 중심점이 없고 개방적이며 상호의존적인 네트워크에 의해 구축되고, 정보문화 속에서 살아가는 네티즌의 네트워크에 의해 생동하는 공간으로 된다. 그런데 이러한 사이버공간의 특성을 개념적으로 명확히게 규명히기는 여의치 않다.

사이버공간은 하이데거에게서 "세계-내-존재(In-der-Welt-sein)"의 공간과 유사한 측면을 보인다. 대중매체의 기능은 무엇보다도 사람과 사람, 지역과 지역(국내에서 국외까지), 발신자와 수신자, 정보를 나누고 공유하려는 사람들 사이의 시공간적 거리를 의사소통으로 좁히는 데 있다. 매체에 의해 형성된 이러한 공간은 어떤 물리적이고 연장적인 공간이 아니라는 데에서 "세계-내-존재"의 관계망과 유사한 측면이 있다. "세계-내-존재"로서의 현존재는 '세계'라는 지평인 바로 '거기(Da)'에 처해 있으면서 주위세계 및 타자와 관계를 맺고, 타자와 공동의 세계 속에서 "서로 함께의 존재(Miteinandersein)"로 살아간다. 현존재가 세계 속에서 만나고 관계를 맺는 타자는 결코 어떤 객체가 아니라, "공동현존재(Mitdasein)"인데, 이는 양자가 함께 "서로 함께의 존재", 즉 공동의 존재론적 관계망을 구축하고 있다는 것이다. 우리는 그렇다면 "공동현존재"로서 타자와 공동의 세계를 서로 구성하고 나누며(mit-teilen), 이러한 나눔을 통하여 하나의 열린 장(Offenheit)을 구축하는 것이다. 현존재가 갖는 이러한 관계망은 바로 정보사회와 정보문화에서 네티즌이 갖는 관계망의 근본적인 모형이 될 수 있다. 우리는 하이데거의 사유가 정보사회와 정보문화에 기여되는 두 가지의 시사점을 발견한다. 그것은 첫째로 공간개념의 확장, 즉 비연장적이고 비물리적인 공간의 도입, 둘째로 인간 현존재가 세계를 열고(Erschlossenheit) 그 열린 세계에서 관계망을 형성한다는 것이다. 하이데거에게서 인간 현존재는 이미 세계 안에 존재하면서 사물과 타자 및 자기 자신과도 관계를 맺고 살아간다. 그렇기에 우리가 만약 '나는 존재한다'라고 말한다면, 그것은 이미 나는 타자의 '곁에' 머물며, 세계와 관계를 맺고 또 그렇게 거주하고 산다는 것을 의미한다. 그리하여 인간 현존재의 공간개념은 짧게 요약될 수 있다: "그러기에 내-존재(In-sein, 안에 있음)는 세계-내-존재라는 본질적인 구성틀(Verfassung)을 가지고 있는 현존재의 존재에 대한 형식적이고 실존론적인 표현이다"(M. Heidegger, *Sein und Zeit*, Max Niemeyer: Tübingen 1984, p. 54). 하이데거에 의하면 "내-존재"로서의 인간 현존재는 "거리-없앰(Ent-fernung)"과 "방향잡음(Ausrichtung)"이라는 특징을 갖는다(Heidegger, p. 108). "거리-없앰"이란 인간들 사이의 소원한 간격을 없앤다는 뜻으로서 이는 곧 인간 현존재의 "친근성에로 향한 본질적인 경향"(Heidegger, p. 105)을 나타낸다: "현존재가 존재하고 있다면, 그것은 곧 그가 방향 잡으며 거리를 없애는 현존재로서(als ausrichtend-entfernendes Dasein) 이미 자신의 발견된 방면(Gegend)을 가지고 있다는 것이다. 방향잡음도 거리-없앰과 마찬가지로 세계-내-존재의 존재양식으로서 배려함의 둘러봄

(Umsicht)에 의해 선취적으로 수행되고 있다"(Heidegger, p. 108). 소원한 원거리성이나 폐쇄성 및 배타성을 제거하고 소통과 친근성을 열어가는 현존재의 이러한 경향이 곧 그가 세계에 거주하는 방식이고, 또 그렇게 열려진 소통과 친근성의 장소가 곧 그의 체험하는 공간이다. 하이데거의 "세계-내-존재"는 노르베르트 볼츠도 지적하듯이 "무조건적인 '커뮤니케이션-내-존재'로 구체화된다."[12]

사이버공간이나 가상현실을 굳이 물리적 법칙이 적용되는 실재성의 세계로 보기도 마땅치 않거니와 또 관념성과 범주의 틀에 묶는 것도 타당하지 않으며, 더더욱 허위나 가짜로 확정할 수도 없다. 이런 맥락에서 사이버공간과 가상현실은 '탈형이상학적(post metaphysisch)'이라고 할 수 있다. 데리다는 이런 탈형이상학적 성격을 '유령적'[13]이라고 규명하며, 오늘날의 정보통신기술과 정보매체에서 "환원 불가능한 유령적 차원"[14]을 부각시킨다.

지구상 실제적 공간이 아니지만, 그렇다고 비실제적인 공간이라고만 할 수 없는 이런 사이버공간에서 네티즌들은 서로 광랜이라는 빛의 속도로 정보를 송·수신하고 검색·교환하며 저장하는 등 커뮤니케이션을 실현한다. 또한 블로그나 홈페이지 등을 통하여 유익하고 다양한 작업들을 하고 있다. 그뿐만 아니라 네티즌들은 이 공간에서 전자상거래(국내적, 국제적)를 할 수 있고, 외국에 관한 정보를 얻고, 각종 동호회를 비롯

12 노르베르트 볼츠, 윤종석 옮김, 《구텐베르크-은하계의 끝에서》, 문학과지성사, 2000, 44쪽.

13 Derrida, Jacques, *Spectres de Marx*, Galilée: Paris 1993, p. 89, p. 92 참조.

14 Derrida, 같은 책, p. 92.

하여 가상공동체 형성 및 원격회담이나 사이버 강의, 원격치료 등 온갖 다양한 방식으로 '블루오션'을 항해한다. 그렇기에 앞서도 말했듯이 오늘날 정보사회를 구성하는 정보통신망과 사이버스페이스는 신대륙이나 '지도 밖의 블루오션'으로 여겨지며, 경제적 이해타산이 걸려있는 만큼 이를 선점하려는 기업들과 국가들 간의 경쟁 또한 치열하다. 심지어 경제적 이득을 바탕으로 국제간의 산업스파이의 활동도 대단하며, 몰래 정보를 순식간에 빼낸다거나(해킹), 아예 몰래 저장한 자료를 해외로 반출하는 경우도 허다함을 목격한다. 그러나 이런 '지도 밖의 블루오션'은 다름 아닌 정보통신 기계로서의 컴퓨터를 통해 열리는 가상세계이고 사이버공간인 것이다.

이 사이버공간의 주체는 다름 아닌 우리 인간이며 이 공간과 관련된 그 어떠한 것도 (이를테면 이 공간과 직접적으로 연루된 정보통신기술마저도) 인간관계의 이치로부터 벗어난 것은 없다. 정보통신기기나 정보통신기술은 인간을 대체할 만한 주체적 위치가 아니고, 오히려 인간의 주도적인 방침에 따라 사이버공간을 구축하는 수단이고 도구이며 방편인 것이다. 그렇기에 사이버공간은 인간의 주도적인 역량과 키보드 조작에 의해 생성되고 소멸되는 공간이다. 정보사회와 정보문화, 나아가 사이버공간의 승패 여부는 인간주체의 역량에 달려있으며, 여기에서 일어나는 제반 문제의 원인과 해결점도 인간주체들과 연루되어 있다.

따라서 정보문화를 건설적으로 이끄는 현대인들은 매체(정보통신기기)나 정보통신기술이며 사이버공간에게 주도적이고 주체적인 위상을 상실하지 말아야 하고, 그들의 정보사회를 삶의 목적(이를테면 행복)에 부합되게 일구어나가야 한다. 그리하여 인간의 인격적인 주체에 의해 사이버 중독이나 각종 사이버 범죄며 비윤리적 현상 등 여러 가지 부정적 요소가 제거되면 공리주의의 도식인 "최대 다수의 최대 행복"도 원리적으로 가능할 것이다. 그것은 사이버공간이 공공의 복리에 이바지할 수 있는-원래 그런 목적으로 구축되었다-가능성을 본래 갖고 있기 때문이다. 그리하여 사이버공간이 "모두로부터의 책임(responsibilities from all)" 및 "모두를 위한 책임(responsibilities for all)"이라는 책임문화가 실현되는 공간이라면, 이 공간은 인류에게 "모두를 위한 기회(opportunities for all)"가 될 수 있을 것이다.[15]

이와 반대로 책임문화가 형성되지 않고 또 네티즌들 사이에 공유된 도덕적 협약과 규범이 없다면, 선정적이고 부도덕한 상업주의가 네트워크를 지배한다면, 정보바다는 유령이 지배하게 되고 사이버공간은 무법천지로 전락할 수도 있다. 그야말로 홉스(Thomas Hobbes)가 말한 난장판의 "자연상태(만인의 만인에 대한 늑대)"로 추락할 수도 있다.

문화평론가 슬로카(M. Slouka)는 사이버공간의 부정적이고 어두운 측면을 잘 밝혀내고 있는데, 이는 우리가 사이버공간에서 흔히 목격하는 바이다. 슬로카에 의하면 이 공간에서 자유는 오히려 능욕당하고 익명성이란 것은 음란전화와 음란물을 위한 것이 되며, 이 공간에서 "물리적 육체로부터의 자유는 다른 누군가의 가상의 육체를 고문하기 위한 초대장이 되는"[16] 그러한 세계가 사이버공간인 것이다. 익명성으로 가려진 곳에서 본능과 이기주의 등이 독버섯처럼 번지는 것이다. 익명성을 이용한 언어적 폭력, 무절제한 음란성, 범람하는 상업행위,

15 추병완, 《정보 윤리 교육론》, 울력, 2001, 92쪽 참조.

16 M. Slouka, *War of the worlds: cyberspace and the high-tech assault on reality*, Basic Books, 1995, p. 88 참조.

네티즌을 유혹하는 악덕 상혼과 각종 금융사기 사건, 걸러지지 않은 저질문화, 음흉한 음모론, 잡담의 문화화, 피상적인 것에 대한 탐닉, 견제되지 않은 충동 등 온갖 부정적인 양상들이 결합되어 타락의 온상을 키우는 곳이 사이버공간이기도 하다.

이토록 사이버공간은 긍정적이고 또 부정적이며 역설적이고 상반되는 현상이 일어나는데, 정보윤리와 교양의 수준에 따라 저런 역설적인 면의 저울추가 바뀌는 것이다. 마이클 하임은 사이버공간이 갖는 두 가지의 야누스적 특성을 잘 지적하고 있는데, 그 첫째는 다음과 같다.

"정보 시대에 사이버스페이스라는 용어는 신비한 빛을 발하고 있다. (……) 사이버스페이스는 정보를 옮기고 자료를 찾아 마음대로 다닐 수 있는 컴퓨터화 된 차원을 암시한다. 사이버스페이스는 표상된 세계 혹은 인공적 세계, 즉 우리가 가진 시스템이 산출하고 우리가 다시 그 시스템 속으로 피드백시키는 정보로 이루어진 세계를 연출한다."[17]

두 번째로 사이버공간은 위와 대조적으로 부정적인 측면을 잘 보여준다. "사이버스페이스는 우리의 삶을 수동화시키는 마법을 걸 수 있다. 우리는 시스템에게 무엇을 해야 하는지를 지시함으로써 시스템과 이야기하지만, 시스템의 언어와 처리방식이 우리의 심성을 지배하기에 이르렀다. 우리는 관음증 환자로 시작해서, 종국에는 우리가 돌보는 환상적인 시스템에게 우리의 정체성을 내던져버리는 결말을 맞이한다. (……) 우리는 우리 자신에 대하여 잊고, 어디에 있는지조차 잊어버린다. 우리가 만들어낸 세계 속으로 들어가면서 우리 자신에 대하여 잊

17 마이클 하임, 앞의 책, 133쪽.

는다. 그것에 대하여 고개를 세우면 인터페이스(인터페이스는 두 시스템 간의 소통 장소인 바, 하드웨어나 소프트웨어, 혹은 둘의 결합물에 적용된다. 인터페이스는 인간과 디지털 기계 간의 연결점을 지시하므로 기술철학에서 아주 중요한 개념으로 보인다)는 보이지 않는다."[18] 그런데 이런 양상의 사이버공간을 윌리엄 깁슨은 "무한한 감옥"이라고 규명하였다.[19]

사이버공간은 한쪽으로 무언가를 제공하고 다른 한쪽으론 이것과는 다른 무언가를 빼앗아간다. 거기엔 야누스적 세계가 항존하기에 '지도 밖의 블루오션'이나 '신대륙'만 언급되어서는 안 되고, 판도라의 상자도 병존하고 있음을 고지하여야 한다. 사이버공간은 실제적인 육체나 사물 및 자연과 물리적인 것, 즉 실제적이고 생동적인 세계를 대신하고, 그로 인해 우리는 비실제적이고 허구적인 것, 가공되고 조작된 것들과만 교류하게 된다. 이런 가공되고 조작된 것들엔 이를테면 육체도 대리육체이며, 또 유기체적 생명에너지도 고작 심적인 동작을 일으키는 기계장치의 조작으로 대신된다. 이토록 부정적으로 사이버화 된 인간은 인격도 정신도 도덕도 필요치 않고 기쁨도 슬픔도 없는 인조인간만으로도 충분하다. 부정적으로 사이버화 된 온라인 문화가 확장될수록 실제성의 상실과 순수함의 상실 및 생동성의 상실이 심해진다.[20]

18 마이클 하임, 앞의 책, 134-135쪽.

19 마이클 하임, 앞의 책, 135쪽 참조.

20 마이클 하임도 이러한 어두운 역설을 잘 언급하고 있다. "오늘날 컴퓨터 통신은 소통과정에서 물리적인 얼굴을 아예 삭제해버린다. 컴퓨터는 모니터와 헤드세트, 데이트수트 뒤에 가려진 영혼의 창문을 찌른다. 심지어 화상회의조차 얼굴을 맞대고 하는 미팅에 대한 시뮬레이션이나 진짜 미팅의 외형만을 덧붙일 뿐이다. 살아있는 얼굴, 표상 불가능한 얼굴은 책임의 1차적 소재지이며 사적인 육체들 사이를 직접적이고 온정 있게 연결 짓는 고리이다. 다른 사람들을 물리적으로 직접 만나지 않는다면 우리의 도덕감은 느슨해질 것이다"(마이클 하임, 앞의 책, 168쪽).

인간이 서로 얼굴을 마주하지 않는, 즉 면대면(face to face) 커뮤니케이션이 아닌, 사람과의 만남이 배제된 사이버공간에서 공동체 정신과 도덕적 책임감은 점점 감소할 것이다. 타자(의 인격)를 의식해야 할 필연성도 줄어들 것이고 신용을 중시하거나 타자와 타자의 인격을 존중해야 할 의무감도 유발되지 않을 것이다. 그래서 사이버공간에서는 타자의 얼굴에서 이타주의 철학을 전개하는 E. 레비나스의 기획이 애초부터 기능하기 어렵고, 그 대신 "타자의 상실"[21] 현상이 지배적일 것이다.

사이버공간의 양면적 특성, 특히 부정적 속성을 고려할 때 이러한 공간을 유의미하게 만드는 과제는 우리 자신들에게 주어져 있다. 사이버공간이 '지도 밖의 블루오션'이나 '신대륙'이 되거나 야만과 판도라의 상자가 되는 것은 철저하게 인간주체들인 네티즌에게 달려있다. 따라서 우리는 정보사회가 인류 문명 발전사에서 전적으로 새로운 "제3의 물결"(앨빈 토플러)이라고 하더라도, 또한 정보사회가 첨단의 과학기술로 무장되어 있고 매체문화로 장식되어 있다고 선언하더라도, 위에서 언급한 부정적 역설들에 무책임과 무대응으로 일관한다면 사이버공간뿐만 아니라 우리 인간들의 공동체 모두가 저질의 야만과 디스토피아로 전락할 것이다.[22] 결론적으로 앞에서와 같이 사이버공간이 '지도 밖의 블루오션'이 되고 의미 있는 공간이 되는 여부는 이 공간을 운영하는 인간주체들에게 내맡겨져 있는 것이다.

21 추병완, 앞의 책, 90쪽.

22 사이버스페이스를 "보다 유익한 형이상학적 실험실"(마이클 하임, 앞의 책, 143쪽)로 만들려는 마이클 하임의 태도는 고무적이고, 정보사회 현대인에게 필수적인 것으로 여겨진다.

정보사회에서의 주체개념 복권

과연 해체주의자들의 주장대로 "주체의 죽음" "주체의 장례" "주체의 해체" 이후 주체는 죽어버렸을까? 혹은 매장되거나 사라져버렸을까? 과연 주체는 그렇게 매장되고 해체될 수 있으며, 또 그렇게 되어야만 하는가? 주체를 죽이거나 매장하며 해체시키는 당사자는 어떤 누구인 주체가 아닌가? "주체의 죽음" "주체의 장례" "주체의 해체"를 닦달한 해체주의자들의 일방적인 선언 이후에도 주체는 결코 손상을 입지 않고 여전히 살아 생동하고 있으며, 경우에 따라선 재구성되거나 새로운 정체성을 갖고서 정보사회와 매체문화의 영역에서 그 위상을 여실히 드러내고 있다.

해체주의자들은 다른 주체들에 대한 사망신고를 하면서 해체적 카타르시스를 향유하는지는 몰라도, 주체들은 그러나 죽지 않았다. 그런데 중요한 사실은 "주체의 죽음"을 선언하는 이도 다른 주체이고, "주체의 장례"를 거행하는 이도 결국 주체이어서, 근원적으로 주체는 소멸될 수 없다. 물론 정보사회에서 구현하고자 하는 주체는 주체중심주의를 구축하여 자신을 중심으로 세계를 돌리는 그런 근대의 오만한 주체여서는 안 된다. 더욱이 사이버공간에서 익명의 그림자에 숨는 그런 무책임한 주체는 더더욱 안 되며, 인격적 주체여야 한다.

오늘날 정보사회와 정보문화에서 주체의 문제는 심각하게 받아들여지고 있으며, 정보사회의 주체는 곧 정보사회를 영위하고 이끌어가야 하는 당사자들이기에, 어떠한 경우에도 포스터모던의 "해체적 카타르

시스를 위한 제물"[23]로 되어서는 안 되는 것이 속속 밝혀지고 있다.[24] 오늘날 정보사회와 정보문화에서의 주체는 근대의 주체도 아니고 또 포스트모던의 주체-이를테면 아무런 정체성도 없는 체계 속의 언어적 기호에 불과한 호모 시니피앙(Homo significant: 기호적 인간)으로서-도 아닌, 정보사회 내에서 발원되고 새롭게 포맷팅된 그런 주체이다. 그것은 정보사회와 정보문화에서 필연적으로 전제되는 의사소통적 주체로서 이러한 정보사회에서 자신의 직무를 수행하는 주체(das fungierend Subjekt)이며, 또 이러한 직무수행을 통해 의미를 창조하고 생산하는 담론의 주체이며 행동의 주체이고 자기의 행위에 대해 책임을 지는 인격적 주체인 것이다.

주지하다시피 오늘날 인터넷과 매체문화 속에서 평균화되거나 유령화되고 또 상실되어가는 주체의 개념에서, 정체 없는 발신자들에 의한 유령의 정보바다로부터, 또 익명성이라는 유령 주체로부터 프라이버시 침해를 비롯한 갖가지 폐단과 부정적 요소가 양산되고 있다. 그렇기

23 칼빈 O. 슈라그(Calvin O. Schrag), 문정복·김영필 옮김, 〈머리말(옮긴이)〉, 《탈근대적 자아를 넘어서(*The Self after Postmodernity*)》, UUP, 1999.

24 최근에 칼빈 슈라그는 그의 저서 《탈근대적 자아를 넘어서》에서 포스트모던에 의해 무차별·무분별적으로 해체당한 주체를 구출하려고 시도한다. 물론 이러한 시도는 그도 누누이 강조하듯이 근대의 주체를 재현하려는 것이 결코 아니다. 그는 "탈근대주의의 도전에 대응하려고" 탈근대 이후 새롭게 포맷팅 된 주체개념으로-이를테면 구체적인 "담론적 자아" "행동적 자아" "공동체적 자아" "초월적 자아"-맞섰다(Schrag, Calvin O., *The Self after Postmodernity*, Yale University Press, New Haven and London 1997, p.110 이하 참조. 칼빈, 같은 책, 27쪽, 65쪽, 105쪽, 145쪽 이하 참조). 슈라그는 "이성적 인간"을 첨예화시킨 근대의 호모사피엔스(Homo sapiens)와 주체를 폐기처분하고서 이를 "기호적 인간"으로 대체시킨 포스트모던과 구조주의의 호모 시그니피컨트(Homo significant)를 오히려 해체시켜 탈근대 이후의 새로운 주체개념인 호모 나랜스(Homo narrans: 담론하는 인간)(칼빈, 같은 책, 21쪽, 23쪽, 특히 26쪽, 61쪽 참조.)의 모습으로 보여준다.

에 더더욱 주체는 어떤 경우에도 그 정체성이 희석되거나 소멸되어서는 안 되고, 익명의 그늘 아래로 도피해서도 안 된다. 구조주의나 포스트모던에서의 언어와 기호의 폭력으로도 희생되어서도 안 되고, 또한 매체문화의 범람 속에 매몰되어서도 안 된다.

오늘날 포스트모던의 무차별적 주체에 대한 사망선고를 비웃기라도 하듯 새로운 주체개념들이 불사조처럼 정보사회의 지평에 나타난다. 이러한 주체는 물론 근대적 탈을 쓴 주체가 결코 아니며, 형이상학적이지도 않고 권력 지향적이지도 않으며 또 주체중심(주의)적이지도 않은, 말하자면 실천지향적 주체(결코 부인할 수 없는 행위당사자)로서 오늘날 정보사회와 매체문화에 필수적으로 전제되는, 그러한 의사소통적 주체의 개념이 지평 위로 떠오른다.

정보사회에서 주체는 정보를 생산·송신·수신·교환·처리하는 당사자이며, 의사소통을 통해 공동체를 형성하고 타자와 교류하는, 담론을 수행하며 자신의 말과 행위에 책임을 지는, 타자와 세계에 열려있는, 자신의 경계를 넘어(이런 의미로서의 초월) 타자와 나누는 경험 속에서 자기 자신을 이해하고 창조해가는 그런 인격적 주체인 것이다. 이토록 직무를 수행하고 의사소통하는 주체개념에서 엄존하는 주체의 복권뿐만 아니라, 의미생산과 창조활동의 당사자로서의 주체[25]를 우리는 목격한다.

그렇지만 의사소통적 주체는 결코 타자를 정초(定礎) 지우거나 어떤 카테고리의 틀로 구성하거나 사물적 대상으로 삼는 것이 아니라[26], 타

25 슈라그는 이런 담론하는 주체를 호모 나랜스(Homo narrans)로 규명하고 이러한 주체야말로 "창발적인(emergent) 자아"(Calvin, 앞의 책, p. 26)라고 규명한다.

26 의사소통적 주체엔 인격적 교류가 가능한 M. 부버의 "나와 너(Ich und Du)"가 좋은 모

자들과의 담론과 행동에 마주치고, 그것에 반응하고 교류하면서 의미 생산의 활동을 하고 삶을 영위하는 것이다. 그러기에 이러한 의사소통적 행위들을 통해서 "타자들과-더불어-있음"의 역동적이고 유기적인 관계망을 형성하며 "우리-경험"을 실현하는 것이다. 이런 과정을 통해 "사회적 존재"(아리스토텔레스)로서의 인간은 자아형성과 자아실현을 구현하고 공동체를 실현한다.[27]

의사소통적 주체개념 속에는 이미 행동하는 주체의 의미가 내포되어 있다. 행동하는 주체는 실천지향적이어서 소극적이거나 수동적이지 않고 또 형이상학적이지도 않다. 행동하는 주체엔 신체(embodiment)의 지위와 역할이 강조된다. 행동하는 신체의 역할이 확연히 드러나고 그 실제적인 운동성과 의의가 구체화되는 것은 행동적 주체를 통해 파악된다.[28]

행동적 주체는 세계에 대하여 신체적·실천적으로 파악하는 능력을 가지며, 순수인식과 순수이론 및 형이상학의 결정을 기다릴 필요 없이 그 자체의 통찰력을 갖는다.[29] 행동적 주체는 체험된 신체, 말하자면 "신체화된 누구(an embodied Who)"로서의 주체개념을 정립한다.[30] 이토

범이 된다. 정보사회에서 의사소통적 주체는 물론 레비나스의 '타자'처럼 타자를 절대자와 무한자의 위치에 올려놓지는 못해도, 타자를 정초 지우거나 사물적 대상으로 삼지는 않는다. E. 레비나스에게서 타자의 타자성은 절대자의 위치로 또한 무한자로 승화되었다. 어떠한 경우에도 내가 다 밝힐 수 없을 뿐만 아니라 다름의 신비를 간직한 타자를 주체가 자기 동일화해서는 안 된다는 것이야말로 레비나스의 정언명법이다(E. 레비나스, 양명수 옮김, 《윤리와 무한》, 다산글방, 2000, 74쪽, 76쪽, 83쪽 이하 참조).

27 Calvin, 앞의 책, p. 84 참조.

28 Calvin, 앞의 책, p. 44 참조.

29 칼빈, 앞의 책, 82-83쪽 참조..

30 칼빈, 앞의 책, 54쪽 참조.

록 신체화된 자아야말로 행동의 중심이고 또 행동의 장소이다. 행동적 주체의 체험되고 신체화된 자아는 곧 그 자아의 모든 계획과 과업이 기획되고 실행되며 완성되는 터전이다.

의사소통의 행위를 하는 과정에는 공동체적 주체가 미리 전제된다. 주체들이 모여 공동의 장을 마련함으로써 의사소통의 기본조건이 갖춰지는 것이다. 즉 '나'는 타자와의 관계망과 공동의 장에서 일원이 된다. 담론적 주체와 행동적 주체 및 공동체적 주체는 정보사회에서 다양한 의사소통을 실천하는 과정에 서로 관련되어 있고 서로 교호작용을 하고 서로 반응한다. "공동체 내에 존재하는 것은 앞선 담론과 행동에 반응하는 것뿐만이 아니라 또한 적절한 방식으로 반응하기를 요구한다는 것을 인정한다는 것이다."[31] 담론적 주체와 행동적 주체의 '나-경험(I-experience)'은 이미 공동체를 전제로 하고 있으며, 공동체 속에서 구축되었기에, 이미 우리-경험적 요소를 갖고 있다. 공동체적 '우리-경험(we-experience)'에서 '나-경험'은 결과적으로 활성화되고 생동하는 의미를 갖는다.[32]

정보사회에서의 주체는 철저하게 공동체와의 의사소통을 통해서 존재한다. 이러한 의사소통적 주체는 결코 사회 내에 그냥 단순하게 존재하지 않으며, 그의 담론과 행동은 이미 철저하게 사회화되어 있다. 정보사회의 주체가 부단히 타자와 외부세계와의 의사소통 과정에서 타자들과 더불어-있음 혹은 더 적극적으로 타자들과-함께-함은 하나의 사회적 사건이다.[33] 공동체라는 것은 C. 슈라그의 규명처럼 "타

31 칼빈, 앞의 책, 133쪽.

32 Calvin, 앞의 책, p. 78 참조.

33 칼빈, 앞의 책, 117쪽 참조.

자들과-더불어-있음(being-with-others)"의 현상이고 그리고 실제로 이 공동체 속에서 구체적인 '우리-경험(we-experience)'이 일어나는 것이다.[34]

이러한 "우리-경험"이 일어나는 공동체는 자아 구성적이다. 그러나 그렇다고 자아 중심적이지는 않다. "그것은 초점을 그 스스로에 현전하는 자아에서 타자에 대해, 타자를 위해 그리고 타자와 더불어 현전하는 자아로 이동시킴으로써 자아의 모습을 구체화한다."[35] 그러기에 공동체적 주체가 공동체에 '공창조적으로(konkreativ)' 참여할 때 공동체는 이미 개인의 카테고리를 초월하여 공동체적 의미를 생산하고 공유하는 것이다.

의사소통적 주체개념엔 초월적 주체의 의미도 전제된다. 물론 우리가 여기에서 말하는 '초월'은 인식활동에 많은 부담이 되는 그런 형이상학적 초월(이를테면 전통형이상학과 관념론 및 칸트가 규명한 "낡은 형이상학"에서의 초월)이 아니라, "내재성-내의-초월(Transzendenz innerhalb der Immanenz)"로서 인간주체가 담론과 행동과 공동체적 참여 속에서 자기중심적 세계관을 넘어(초월!) 외부와 교류하고 의사소통함으로 말미암아 자신을 이해하고 새로운 자아를 형성해가는 그런 초월이다.

좀 더 극단적으로 말한다면 정보사회에서의 의사소통적 주체를 위해선 이기주의라든가 자기중심주의에서 벗어나야 하고, 편협한 자기탐닉을 초월해야 하며, 일상적이고 예사로운 것의 차원을 뛰어넘어서 자신과 공동체를 위해서 탁월성을 추구해야 하는 것이다. 말할 것도 없

34 Calvin, 앞의 책, p. 76-78 참조.

35 칼빈, 앞의 책, 108쪽.

이 편협한 자기 탐닉과 사사로운 자기 이익에서 벗어나 공동체의 이익과 공동체와의 의사소통에 임할 때 "사회적 존재"로서의 인간의 의미가 원만하게 실현되는 것이다. 정보사회에서의 원만한 커뮤니케이션을 위해서는 칸트적 의미로 미성숙의 상태에서 벗어나야 하고 그런 성숙된 상태에서 정보사회와 정보문화를 구축해야 하는 것이다. 따라서 정보사회에서의 주체는 결코 정보통신의 기능적인 역할에서만 부각되는 것이 아니라, 스스로 고양되어야 하는 과제도 떠안고 있다.[36]

우리가 정보사회에서의 이상적인 주체상, 이를테면 의사소통적 주체, 담론적 주체, 행동적 주체, 공동체적 주체 등 근대사유와는 전적으로 다른 주체들을 규명하였지만, 실제로 우리의 실생활에서는 이러한 이상적인 주체상을 쉽게 목격하지 못한다. 그러기에 철학적 인문학과 윤리교육이 강력히 요구된다. 이러한 이상적인 주체상을 획득하지 못하면 정보사회는 그야말로 디스토피아로 기울고 말 것이다. 그러기에 인문학을 결코 홀대해서는 안 되는 교육당국과 실무를 맡는 정치가들의 과제가 놓여있는 것이다.

정보사회의 향방

굳이 토플러나 네이스비트며 볼츠 같은 학자들의 진단을 늘어놓지 않더라도, 오늘날 우리가 사는 시대가 정보화 시대이고 정보사회인 것은 누구나 시인할 것이다. 21세기의 현대인이 전지구적 현상이 된 정보사회에서 정보문화를 꽃피우고 있다는 것도 주지의 사실인데, 이런

36 현재 한국의 초·중·고등학교에서 컴퓨터에 관련된 교육은 대체로 기능적이고 기술적인 것이어서 정보윤리에 대한 교육이 시급한 과제로 여겨진다.

정보사회야말로 세계를 지구촌으로 만든 근본 동력이다. 오늘날 정보사회와 정보통신기술 및 매체의 발전 속도에 철학적 학문(정보해석학, 정보사회와 윤리)은 오히려 겨우 뒤따라가는 편이다.[37]

잘 알려졌듯 토플러는 정보사회의 출현을 "제3의 물결"로 파악하고서 이를 인류 문명사에서 획기적이고 새로운 기원으로 보며[38], 이와 유사하게 네이스비트는 이러한 변화를 "대변혁(megatrends)"[39]이라고 하여 그 변화의 강도를 더욱 강조하고 있다.[40] 토플러의 논지에 따라 인류의

37 마치 윤리학의 방면에 고전윤리학에 비해 현대의 여러 응용윤리학(이를테면 생명윤리학, 환경윤리학, 직업윤리학, 정보윤리학 등등)의 학문적 필요성이 요구되는 것처럼 해석학의 분야에서도 고전해석학에 비해 '정보해석학'과 같은 응용해석학이 절실하게 요구된다. 현대의 변화된 정보사회와 정보문화 및 정보화의 시대에 '고전해석학'만으로 이런 시대와 사회에 대처하겠다는 것은 불성실하고 무책임한 태도로 보인다. 물론 그렇다고 정보해석학을 저런 고전해석학과 전적으로 다른 분야인 것처럼 혹은 양자가 전혀 무관한 것처럼 볼 필요는 없다. 정보해석학도 해석학인 만큼 고전해석학과도 장(章)을 함께하는 면이 분명히 있다. 그러나 정보해석학의 테마와 특수성이 독특할 뿐만 아니라, 많은 영역에서 고전해석학과는 다른 문제와 과제들이 있음을 간과해서는 안 된다.

38 Toffler, Alvin, *The Third Wave*, William Morrow and Company, Inc.: New York 1980.

39 Naisbitt, John, *Megatrends*, Warner Books: New York 1982.

40 토플러나 네이스비트처럼 인류 문명사의 발전적 차원에서 접근하지는 않지만, 마이클 하임은 정보사회에 의한 변화된 현대사회의 실상을 적나라하게 드러내고 있다. "모든 시대에는 그 시대만의 애정행각이 있게 마련이며 그 시대를 특징짓는 정념과 열의가 있기 마련이다. 피라미드나 성당 건물이 우리 시대를 대표하지 못하며 쇼핑몰이 영속하지도 않을 것이다. 우리 시대는 믿음이나 이성의 시대가 아니라 정보의 시대이다. 플라톤이 상기시켜주듯 광기란 양면적인 것이다. 그것은 신성한 것일 수도 있고 비정상적인 상태일 수도 있으며, 영감에 찬 상태일 수도 마약에 중독된 상태일 수도 있다. 연인들, 발명가들, 예술가들은 모두 광적인 상태에 있으며 컴퓨터에 열광하는 사람들도 마찬가지다. 정보광들에게 워드프로세서는 단순한 도구가 아니다"(마이클 하임, 앞의 책, 39쪽). 그런데 여기서 정보광들에게서 뿐만 아니라 문명을 전적으로 거부하지 않는 현대인들은 대체로 정보사회와 정보문화의 흐름에 따르면서 이 변화된 세계상을 받아들이는 편이다. 더욱이 현대의 정보사회 내에서조차도 그 변화의 폭이 심하기에 앤서니 기든스는 현대사회를 일컬어 "질주하는 세계"로 규명했는데, 이는 결코

미래에 어떠한 새로운 세계가 펼쳐져도-말하자면 제4물결이나 제5물결과 같은 세상이 펼쳐져도-컴퓨터와 정보통신(기술) 및 전자공학 분야를 주축으로 하는 "제3의 물결"이 기반이 될 것임에 틀림없다.

특히 네이스비트가 정보사회에서의 획기적인 변화를 "대변혁(megatrends)"이라고 규명한 근거로는 기존의 산업사회에서 정보사회로, 강제적인 규격화의 기술에서 하이테크 및 하이터치로, 국가경제에서 세계경제로, 중앙집권화에서 분권화로, 수직사회에서 네트워크 형태의 수평사회로, 대의민주주의에서 참여민주주의로 등과 같은 것들이다.[41] 그는 이러한 '대변혁'의 바탕 위에서 인류가 앞으로 개개인의 의식발달에 보다 집중할 수 있는 탈공업사회에서 살게 될 것이라는 낙관적 견해를 피력한다. 물론 우리는 네이스비트의 견해에 전적으로 동의하지는 않는다. 그가 아무리 낙관적 견해를 펼쳐도 그런 낙관적이고 이상적인 사회가 결코 저절로 도래하지는 않을 것이고, 또한 유토피아라는 것이 정보통신기술이나 매체에 의해 주어지는 것도 아니기 때문이다. 정보사회의 승패는 매체나 정보통신기술에 있기보다는 인간주체들이 어떻게 하느냐에 따라 좌우되기 때문이다.

또 미디어 학자 볼츠도 토플러나 네이스비트 못지않게 오늘날 정보사회의 도래를 획기적인 신기원으로 파악하고 컴퓨터와 전자 미디어들이 구텐베르크-은하계(Gutenberg-Galaxis)라고 부르는 한 세계의 종말을 재촉하고 있다고 보았다.[42] 그러면서 그는 "오늘날 우리의 사회적

무리가 아닌 것으로 여겨진다(앤서니 기든스, 권기돈 옮김, 《현대성과 자아정체성-후기 현대의 자아와 사회》, 새물결, 1997, 58-66쪽 참소).

41 Naisbitt, 앞의 책 참조.

42 노르베르트 볼츠, 앞의 책, 14쪽

체계들의 기능작용을 이해하기 위해서라면, 소프트웨어에 관한 지식들이 정치경제학의 고전들에 대한 독서보다 유용하다"[43]고까지 선언하였다.

여기서 "구텐베르크-은하계"의 종말을 선언한다거나 오늘날 정보사회의 현대인이 "근세를 선도해온 책이라는 미디어와 단절하고 새로운 커뮤니케이션 상황 속에서 생활하고 있다"는 볼츠의 주장은 다소 무모하기도 하고 극단적인 것으로 들린다. 실제로 첨단 미디어 시대에 문자에 버금가는 매체들이 등장하지만, 그렇다고 문자와 작별을 고할 만한 단계는 아닐 뿐만 아니라, 앞으로도 인류가 문자와 작별을 고할 것 같지는 않기 때문이다.

이렇게 앞서 언급한 미래학자와 미디어 학자들의 시대진단에 동의되지 않을 경우도 더러 있지만, 현대의 정보사회와 정보문화가 인류역사의 흐름에서 새로운 유형의 사회라는 것을 인정하는 데는 의심의 여지가 없다. 변화된 정보사회를 수용하지 않는다고 하더라도 정보사회와 매체문화가 이미 인류를 지배해가는 이데올로기로 자리 잡고 있다는 것과 어느 누구도 그 흐름을 막지 못하는 현재진행형에 있다는 것, 나아가 매체문화와 매체들이 어떤 긍정적인 기여를 하고 있다는 것은 부정할 수 없을 것이다. 더욱 놀라운 것은 현대인에게 매체의 역할을 하는 각종 기계들(텔레비전, 컴퓨터, 이동통신기기, 각종 영상과 음향기기 등등)이 단순한 도구가 아니라, 신체의 연장물과도 같은 위치에 있다는 것이다. 이런 엄청난 시대적 변화를 고려해볼 때 정보사회에서의 인간 규명은 종래의 고전적 인간본질 규명만으로는 파악되지 않을 것으로 여겨

43 볼츠, 같은 곳.

진다. 정보사회에서의 인간은 많은 실천적인 역량과 커뮤니케이션 및 상호교류를 필요로 하며, 더욱이 기계(특히 정보통신기기)와 정보매체와의 내재적 공속성과 상호의존성 및 상호규정성과 상호보완성을 외면할 수 없기 때문이다. 정보사회에서의 의사소통에 참여하는 인간 유형을 우리는 호모 커뮤니칸트(homo kommunikant)라고 규명할 수 있을 것이다.

오늘날 정보사회와 매체문화에 대해, 정보사회와 매체문화에 의한 인류의 미래에 관해, 서로 상반된 입장들이 명백하게 드러난다. 그것은 첫째로 정보사회와 매체문화가 마치 인류에게 구원이라도 되는 것처럼 '새로운 유토피아(utopia)'로 받아들여지는 것과, 둘째로 이와 상반되게 정보사회와 매체문화가 마치 원죄라도 되는 것처럼 '암울한 디스토피아(dystopia)'로 여겨지는 것이다.[44] 전자는 일종의 "급진적 매체문화론"의 양상을 고수하는 것으로서 매체문화가 오직 긍정적인 의미만을 갖는다는 태도이고, 후자는 이와 반대로 정보사회와 매체문화가 오직 무의미하고 무가치한 것만 양산한다는 허무주의의 태도를 반영하고 있다.

물론 우리는 양쪽의 시각 중 어느 한 편에 서서 이를 극단화해서는 안 되며, 또한 무책임한 중립의 태도나 방관자의 태도를 견지해서도 곤란하다. 우리는 무엇보다도 냉철한 현실과 상식에서 출발할 필요가 있다. 중요한 것은 어느 한쪽에 편승하기 이전에 먼저 해결해야 할 문제이다. 정보사회의 유토피아나 디스토피아는 매체나 정보통신기기-물론 각종 정보통신기기와 매체들은 중추적인 역할을 수행하기에, 이들

44 추병완, 앞의 책, 36쪽, 44쪽 이하 참조.

없이 정보사회를 결코 건설할 수는 없다-가 결정하는 것이 아니라 인간주체들이 어떻게 하느냐에 달려 있기 때문이다. 이러한 정황에서 우리는 정보사회와 매체문화에서는 기존의 고전 해석학 못지않게 주체 개념의 큰 위상을 확인할 수 있다. 그렇기에 정보사회에서는 포스트모더니즘의 주체에 대한 사망선고를 뒤집어서 오히려 주체의 위상을 회복하는 것이 더 긴요하게 요청된다.

정보사회에 동원되는 매체와 정보통신기술[45] 은 어디까지나 중립적인 성격을 갖고 있으며, 목적을 위한 (혹은 인간의 원하는 바를 위한) 도구이고 수단이며, 다른 객체들을 매개하는 매개물이고 방책이다. 그렇기에, 인간주체에 의해 이들이 어떻게 쓰여지는가에 따라 약이 될 수도 있고 또 독이 될 수도 있는 파르마콘(Pharmakon) 같은 개념을 내포하고 있는, 말하자면 두 얼굴을 가진 야누스와도 같다. 오늘날 다양한 역량과 기능을 가진 전자매체들이 수시로 출현하지만, 이들 역시 지식과 정보의 생산, 유통, 나아가 소비과정에서 기술적으로만 개입하는 매개물일 뿐이지, 결코 이러한 과정들에서 진정한 의미의 주체가 될 수 없다. 따라서 정보통신기기와 매체에 개입하고 이들을 사용하는 인간주체들이 어떤 내용을 생산하고 송신하며 소비하느냐에 따라 매체문화와 정보사회의 질적인 양상이 달라지는 것이다.

우리의 정보사회가 만약 디스토피아로 향한 매체문화라면 보드리야르의 예리한 비판대로 우리 사회는 의미추구보다는 오히려 훨씬 더 큰 비율로 의미잠식 현상을 가져오게 된다. 그렇다면 정보든 매체든 의미

45 정보통신기술(information and communication technology)이란 정보의 수집, 가공, 저장, 검색, 발신, 수신, 교환 등 정보유통의 전 과정에 사용되는 기술 수단을 총체적으로 나타내는 개념이다.

생산을 가져오는 것이 아니라, 오히려 의미를 잠식시켜버리는, 말하자면 시뮬라시옹(가상작용)의 과정에서 의미잠식 현상을 유발시키고 만다. '정보바다'라고 할 만큼 우리의 일상을 뒤덮어버린 정보의 과다 인플레이션 현상에서 곧 의미의 디플레이션 현상이 일어나는 것이다.[46]

이런 보드리야르의 지적은 결코 정보의 홍수가 의미세계의 풍요현상을 가져오지는 않는다는 것이다. 마이클 하임도 보드리야르와 유사한 악센트로 정보의 홍수로부터 빚어지는 의미의 빈곤현상을 지적하고 있다. "우리는 결국에 가서 우리의 광기로 인한 대가를 지불하게 될 것이다. 더 많은 정보에 접근할수록 우리가 얻는 의미는 줄어든다. 이것이 바로 '줄어드는 회귀의 법칙'이다."[47] 흘러넘치는 정보의 홍수는 결코 '블루오션'이 아니라, 인간을 위협하는 유령의 바다로 변질될 수 있는 것이다.

매체문화가 지배하는 현대사회에서 "의미의 상실"과 "의미의 함열"[48],

46 장 보드리야르, 하태환 옮김, 《시뮬라시옹》, 민음사, 2004, 143쪽 이하("매체 속에서 의미의 함열") 참조.

47 마이클 하임, 앞의 책, 42쪽. 이런 현상이 첨예화되어 갈수록 인간은 더 이상 통제할 수 없는 정보의 홍수와 테크놀로지의 위력 앞에서 존재의 위기를 수동적으로 체험하는 상황에 놓이게 된다. "정보의 홍수와 무한히 확장가능한 테크놀로지의 미래 앞에서 현대인은 역설적으로 테크놀로지에 의한 존재의 분쇄(粉碎), 그리고 존재의 위기로 이어지는 상황을 수동적으로 체험하고 있다. 이러한 문화적 충격의 파장은 궁극적으로 인간 존재 자체의 문제로 이어진다"(이기현, 〈정보사회와 매체문화〉, 《매체의 철학》, 김상환 외 지음, 나남출판, 1998, 356쪽).

48 장 보드리야르, 앞의 책, 143쪽 이하("매체 속에서 의미의 함열") 참조. '함열(implosion, Präzession)'은 "폭발(explosion)과 방향이 반대인 같은 힘이다. …함열은 블랙홀로 모든 것이 흡수되어 응축되는 현상이다"(장 보드리야르, 42쪽 각주). "그것은 환상적인 속도로 수축하여 주변의 모든 에너지를 흡수하는, 내부로 함몰하는 시스템이 되고 결국은 블랙홀이 되며 그 속에서 우리가 에너지의 무한한 잠재와 방사로 이해한, 의미의 세계가 사라져버린다"(장 보드리야르, 135쪽).

"의미의 파괴"[49]와 "의미의 죽음"[50] 현상이 일어나는 것을 보드리야르는 날카롭게 지적하고 그 위기에 대해 경고하기를 주저하지 않았다. 세계와 사물의 의미상실 현상과 실재라는 것이 이미지와 기호들의 혼돈과 뒤틀림 속으로 사라지는 현상을[51] 그는 그의 "시뮬라크르 이론"과 "가상실재(hyperréel)[52] 이론"을 통하여 극명하게 드러낸다. 그의 대중매체론은 대중매체 시대에 사물의 본래적인 중량과 실재성이 잠식되어버리고, 그 대신 가상실재나 왜곡·조작된 실재가 터 잡고 지배하게 된다는 것을 압축적으로 규명하고 있다.

그렇기에 우리는 인간주체의 성숙도에 따라, 그의 태도에 따라 정보사회와 매체문화가 의미생산과 의미상실 혹은 유토피아나 디스토피아의 결과를 가져올 수 있다고 본다. 정보문화와 정보통신기술이 야기하는 현상에 낙관론만 펼칠 수는 없다. '오염된 정보의 바다'나 '사회악의 백화점', 인터넷 중독이나 게임 중독[53], 엽기문화 형성, 자폐증 질환, 가

49 보드리야르, 앞의 책, 248쪽.

50 보드리야르, 앞의 책, 252쪽.

51 보드리야르, 앞의 책, 17쪽, 19쪽, 79쪽, 143쪽("매체 속에서 의미의 함열") 이하 참조.

52 가상실재(hyperréel)는 시뮬라시옹에 의해 제작된 실재로서 기존의 실재와는 다른 위상을 갖는다. 이것은 일종의 가상실재이기 때문에 기존의 실재가 갖는 사실성에 의해 규제되지 않는다. 말하자면 독자적인 중량과 현실성을 갖는 것이다. 그런데도 이 가상실재는 보드리야르가 누차 밝히듯 기존의 실재 이상으로 우리 곁에 있으며 기존의 실재가 담당한 역할을 갈취하고, 급기야는 기존의 실재를 압도하고서는 이를 무대 밖으로 쫓아낸다.

53 사회심리학자 터클(S. Turkle)에 의하면 게임광들은 게임을 통상적인 오락의 일종으로서가 아니라 마약, 섹스 및 종교적 명상의 차원으로 받아들인다고 한다. 여기서 종교적 명상이란 마치 선(禪) 사상에서와 같이 나 자신을 고도로 집중시키면서도 전혀 집중하고 있음을 느끼지 못하는 시간의 흐름인 것이다. 따라서 여기서의 게임은 중독현상이고 강하게 사로잡는 흡인력인 것이다(Turkle, Sherry, *The second self: computers and the human spirit*, Simon & Schuster, 1984, p.86 이하 참조).

상과 실재를 혼동하는 '사이버맨'의 탄생, 각종 금융 사기사건, 보이스피싱의 변종형태나 충동구매, '사이버 중독' '사이버 집단테러'[54] '욕티즌과 섹티즌의 범람' '리셋 증후군'[55] 등 갖가지 신종 범죄들의 양산 등은 이미 광범위하게 유포되어 있다. 그런가 하면 바이러스를 유포시키는 악당들, 신출귀몰한 해커들, 수단방법을 가리지 않는 악덕 상혼들, 안면몰수의 유령 주체들이 떠다니는 등 사이버공간은 전례 없는 야만족으로 들끓을 것이고 정보사회는 결국 디스토피아로 전락될 것이다. 따라서 매체가 이를 사용하는 주체들에 의해 잘못 쓰이거나 오용될 때 부정적인 결과를 초래하는 것은 지극히 자명하고, 그에 따른 무의미와 니힐리즘의 위협 또한 자명한 것이다.

과학기술 문명은-그것이 정보통신기술이든 첨단화된 IT분야든 혹은 핵공학 분야든-그 자체로는 중립적이지만, 인간이 어떻게 사용하느냐에 따라 약도 될 수 있고 또 독이 될 수도 있는 그리스어 파르마콘(Pharmakon)과도 같다. 다시 말하면 인간이 어떻게 이 문명을 일구어 나가느냐에 따라 인류의 미래가 달려 있는 것이다.

과학기술 문명의 숭배와 환호에만 심취할 경우 인류는 오히려 단순

54 인터넷상에서 어떤 이가 공격의 대상으로 지목되면(이를테면 2005년 6월에 있었던 인터넷상의 "개똥녀 사건"이나 "된장녀" 사건 등등), 마녀사냥식 혹은 인민재판식 무차별적 집단테러가 빈번하게 일어난다. 심지어 정확한 정보가 아닌데도 사이버 집단테러가 일어나고 벌떼 공격이 가해지는 경우도 더러 있다.

55 리셋 증후군은 일종의 인터넷 문화에서 주어진 질병으로서, 이를테면 컴퓨터상에서 쉽게 명령을 내려 마음대로 처분하는 습관이 굳어져 일어나는 현상이다. 자기 마음에 들지 않거나, 마음대로 되지 않으면 모두 뒤집어 엎어버리거나 없애버리며, 쉽게 바꿔버리는 태도가 증상으로 드러난다. 이러한 습관이 굳어져 결국 참을성이 점점 상실되어 가고, 온라인과 오프라인을 구별 못하거나 양자 사이에서 갈등을 빚으며, 현실세계를 착각하거나 사이버공간에서 일어난 일을 현실세계에 그대로 적용해버리는 증세(리셋 증후군)를 드러낸다

한 기계문명의 노예로 전락할 잠재성이 더 높으며, 익명성으로 점철된 사이버공간과 정보기술은 우리의 존재의미와 도덕감을 더욱 약화시킬 위험을 안게 된다. 중요한 사실은 사이버공간과 컴퓨터의 모니터가 우리의 정체성이나 근원성을 알려주지도 또 우리의 인격을 성숙시키지도 않는다는 것이다. 여기서 우리는 '문명의 진보'만 추구하는 것이 오히려 인류의 미래를 어둡게 하고 독이 되는 파르마콘을 동시에 동반함을 여실히 목격하는 것이다. 그렇기 때문에 과학기술과 문명의 진보 못지않게 인간의 존재의미와 주체성을 부각시켜야 하는 것이다. 인간의 통제범위를 벗어나는 과학기술의 전체주의는 주객전도 현상을 넘어 정보사회를 오히려 '암울한 디스토피아'로 향하게 할 것이다.

경악스러운 것은 이러한 야만의 요지경이 펼쳐지고 디스토피아의 징후가 들끓는데도 국가와 각종 교육기관은 인문학 분야의 정보해석학이나 '정보사회와 윤리'를 교육하지 않고, 정책적 지원도 하지 않으며, 능란한 기능인과 기술자만을 부추긴다는 사실이다. 과학기술 문명의 발전만을 숭배하는 과정에서 인문학 분야에 대한 차별과 홀대는 심화되어 가고 있을 따름이다. 교육정책을 관장하는 이들은 과학기술 문명도 결국 인류를 위해 존재해야 한다는 인문학적 기본전제에 대한 철학이 결핍된 것으로 보인다.

맺음말

본론에서 고찰했듯 과학기술 문명은 약도 될 수 있고 또 독도 될 수 있는 파르마콘과도 같아서 이를 인간주체들이 어떻게 사용하느냐에 따라 유토피아도 혹은 디스토피아도 될 수 있다. 이러한 과학기술 문명과 매체문화에 대해 우리는 방관하거나 수동적 위치에서 거리를 두어서도 안 된다. 우리에게 주어진 과제는 스스로 인격적 주체로 거듭나서 오늘날의 정보사회와 과학기술 문명에 적합한 주체(의사소통적, 책임있는, 행동적, 담론적, 윤리적 등)가 되는 것이다. 인간은 결코 과학기술 문명의 노예가 되어서는 안 되고 주인의 위상을 가져야 한다. 이제 해체주의자들에 의해 유린된 주체개념("주체의 죽음" "주체의 장례" "저자의 죽음" 등)이 새롭게 복권되어야 하는 필연성이 제기된다. 정보사회에서의 주체는 자신을 중심으로 세계를 돌리는 근대의 오만한 주체여서는 안 되고, 포스트모더니스트들의 호모 시니피앙(Homo significant: 기호적 인간)이나 '유령적 주체' '욕망적 주체'가 되어서도 안 된다. 과학기술 문명에 주객전도 현상으로 노예가 되거나 기능적·기술적 인간으로 전락하지 않기 위해서도 인문학적이고 윤리적인 교육 또한 필수불가결한 것으로 보인다. 더 나아가 성공적인 과학기술 문명엔 철학적 사유 또한 깊이 개입된다는 것을 인식해야 한다. 인문학 홀대 현상은 인류의 미래를 불행한 디스토피아로 끌고 가는 독이 될 것이다.

제4차 산업혁명과 과학기술 거버넌스*

손화철**

자동차가 다른 자동차와 인터넷으로 연결되어 서로의 속도와 조향 장치를 제어하고, 로봇이 물류를 전담하며, 스피커가 소소한 심부름과 비서의 역할을 한다. 인공지능 의사가 지난 50년 동안 세계 각국에서 내려진 의료 검사 결과와 진단을 분석하여 내 병을 진단하고, 한국어로 쓴 이메일이 러시아어로 자동 번역되어 거래처에 발송된다. 매일 신문에 나는 미래 사회에 대한 기사들은 우리의 호기심과 기대만 자극하는 데 그치지 않는다. 몇 년 이내로 상당 부분 현실이 될 것이라는 이들 시나리오는 엉뚱하게도 인간의 자리가 어디인지에 대한 물음을 촉발한다. 기술철학 고유의 물음이라 할 수 있는 기술과 인간의 관계가 마침내 이론적 논의의 경계를 넘어 대중적인 이슈로 떠오른 것이다.

2016년 다보스 포럼에서 주요 의제로 제시된 이래로 '제4차 산업혁명'이라는 말이 유행어가 되어버렸다. 대권 후보의 공약으로부터 각종 세미나와 기업이 후원하는 연구 프로젝트나 채용 면접에 이르기까지

* 이 글은 《철학과 현실》 112호(철학문화연구소, 2017. 3.)에 같은 제목으로 실린 것을 일부 수정했다.

** 한동대학교 교양학부 교수.

시의성을 다투는 곳이면 어디서나 이 개념이 언급된다. 물론 언론과 정치, 경제권 호사가들이 찾아낸 새로운 유행어일 뿐이라는 비아냥거림도 비등하다. 제3차가 끝나고 제4차가 시작된 것이 맞는지, 이를 '산업혁명'이라고 부르는 것이 적절한지에 대한 논란도 벌어지고 있다.[1]

'제4차 산업혁명'이란 용어의 적절성은 사실 중요하지 않다. 그러나 이 논란으로 야기된 국면을 분석하는 것은 중요하다. 여전히 맹위를 떨치는 기술 발전의 신화를 극복하고 인공지능 같은 신기술의 엄청난 잠재력을 제어하기 위한 출발점이기 때문이다. 그 분석을 통해 촘촘하고도 합리적인 과학기술 거버넌스라는, 다소 진부한 대안의 필요를 좀 더 절실하게 느낄 수 있다.

기술진보와 4차 산업혁명

제4차 산업혁명은 인공지능, 사물인터넷(IoT), 빅데이터 등의 신기술을 통해 기존의 컴퓨팅 기술이 한 단계 진보하고 모든 사물이 서로 연결되어 산업의 새로운 판도가 시작되는 것을 말한다. 다소의 논란은 있지만, 과거 세 차례 산업혁명과 비교해 보면 그 개념이 좀 더 분명해진다. 각 산업혁명의 단계에서 일어난 기술발달을 큰 특징별로 정리해보자. 제1차 산업혁명에서 두드러졌던 것은 방적기로 대표되는 동력의 증강, 제2차 산업혁명에서는 전기를 통한 동력과 정보의 공간이동을 들 수 있다. 제3차 산업혁명에서는 컴퓨터가 핵심이다. 제4차 산업혁명과의 차이는 정보의 저장과 계산, 연산의 증강에 머물렀다는 점이다. 제4차

1 예를 들어, 다음 기사를 보라. '정지훈 교수의 4차 산업혁명론 … 3차 산업혁명 3단계 … 사회제도와 이데올로기까지 변화돼야', "모바일 혁명에 모든 사물 연결되는 IoT… 블록체인 · AI 주목", 〈머니투데이〉, 2017.2.2. https://goo.gl/a871EZ 〔검색일: 2022.3.8.〕

산업혁명에 이르러서는 컴퓨터 네트워크가 모든 사물의 수준으로 확장되고 인공지능과 빅데이터 기술의 발달로 일정한 수준의 학습과 판단 능력까지 갖추게 된다.

이와 같은 기술발달의 궤적은 인간의 여러 능력이 순차적으로 보방, 대체되는 과정이기도 하다. 처음에는 몸으로 하는 작업들, 즉 동력 사용과 이동을 기술을 통해 더 쉽게 하게 되었고, 이어서 계산과 학습 같은 마음의 영역에서 일어나는 일들을 기술이 대신할 수 있게 되었다.[2] 특히 배움과 판단 능력은 인류의 기술 발전 역사에서 마지막까지 인간 고유의 몫으로 남아있던 몇몇 부분 중 하나다. 배움의 기회는 제한적이었고 인간의 판단은 오류투성이지만, 그래도 배우고 판단하는 능력 덕분에 사람이 기술을 사용하고 그 사용의 책임을 질 수 있었다. 그런데 이제 학습과 판단 능력마저 부분적으로나마 기술이 더 잘 발휘하게 된 것이다. 2016년 3월 알파고와 이세돌 9단의 대국은 인공지능의 학습능력을 보여준 상징적인 사건이다. 알파고는 수많은 대국의 기보에서 얻은 정보와 자기 학습을 통해 실력을 쌓아 결국 사람을 능가하게 되었다. 어떤 이들은 이세돌 9단이 거둔 1승이 인간이 바둑에서 인공지능을 이긴 마지막 대국이 될 것이라고 본다.

바로 이 지점에서 사람들은 열광하기도 하고 두려움에 사로잡히기도 한다. 기계가 지성과 감성을 포함한 인간의 모든 능력을 능가하는 날이 올지는 중요하지 않다. 그보다 핵심적인 것은 사람이 알파고의 판단을 역추적하여 검증할 수 없고, 그 판단의 타당성은 오직 이세돌 9단

2 물론 과거에도 간단한 계산기나 노예를 통해 계산과 판단을 대신할 수 있었다. 그러나 과거에 비해 제4차 산업혁명의 기술들은 훨씬 더 독립적이고 강력한 기능을 갖추게 되었다.

을 이기는 것으로만 확인 가능한 현실이다. 이전의 기계들이 인간의 계획과 예측 범위 내에 있었던 것에 반해, 알파고는 선생을 능가하는 학생처럼 인간의 이해 밖으로 나가버린다.

이렇듯 최근 개발된 기술들이 힘이 센 불도저나 빠른 연산을 하는 컴퓨터와는 질적으로 다른 특징을 가지게 되었다는 점에 주목할 필요가 있다.

인공지능, 자율적 기술의 부활?

흥미로운 것은, 인공지능의 이 놀라운 능력이 기술철학의 짧은 역사에서 전개된 인간과 기술의 관계에 대한 이론적 대립을 새롭게 보게 해준다는 점이다. 두 번의 세계대전을 통해 현대기술의 가공할 만한 파괴력을 경험한 철학자들은 기술에 대해 부정적이고 비관적인 견해를 갖게 되었다. 이런 정서를 대표하는 자크 엘륄(Jacques Ellul, 1912-1994)은 현대 기술사회에서는 모두가 효율성의 법칙에 복종하기 때문에 기술의 발전이 사실상 인간의 통제를 벗어나게 되었다고 진단하고, 이를 "기술이 자율적이 되었다"는 말로 표현했다.[3] 엘륄과 함께 고전적 기술철학자로 분류되는 마르틴 하이데거(Martin Heidegger)는 현대기술이 존재하는 모든 것들을 부품으로 드러나게 한다고 주장하면서, 이를 '닦달(Ge-stell)'이라고 불렀다.[4] 기술의 닦달 앞에서 인간조차도 거대한 기계의 한 부속으로 드러난다는 것이다. 이들의 통찰은 현대기술 발전 전반과 기술사회에 대한 거시적인 분석의 결과였으며, 기술 자체뿐 아니라

3 Ellul, Jacques, trans. by J Wilkinson, *The Technological Society*, Vintage, 1964, pp. 133-146.

4 마르틴 하이데거, 이기상·신상희·박진국 옮김, 《강연과 논문》, 이학사, 2008, 9-49쪽.

기술을 무비판적으로 수용하는 분위기에 대한 경고이기도 했다.

고전적 기술철학자들의 진단은 이후 많은 비판을 받았다. 엘륄이 기술의 자율성을 주장할 때 염두에 두었던 것은 그가 '기술체계'라 부른 총체로서의 기술이다. 그러나 비판자들은 구체적인 기술을 적시하지 않은 채 실체가 없는 막연한 기술 일반에 대해 논하는 것은 무의미하다고 주장했다. 기술이 자율적이라고 주장하는 것은 과장된 기술혐오나 공포증(techno-phobia)에 불과하다는 비난이 이어졌고, 기술 발전 과정의 궤적을 잘 살피면 기술의 진보가 필연적인 것이 아니라 사회적인, 따라서 인간의 조정의 결과였다는 분석이 제기되었다. 이렇듯, 소위 '경험으로의 전환(empirical turn)'을 시도한 20세기 후반의 기술철학자들과 기술사회학자들 중 다수는 기술의 중립성을 옹호하는 방향으로 기울었다. 미국총기협회(NRA)의 모토인 "총이 사람을 죽이는 것이 아니라, 사람이 사람을 죽인다"는 상식적 입장을 받아들인 셈이다.

그런데 인공지능, 인공지능으로 대표되는 제4차 산업혁명에 대한 논의는 고전적 기술철학의 주장을 오히려 승인하고 있는 듯하다. 우선 오늘날 미래 기술에 대한 기대와 우려는 기술 발전을 주어진 불변의 조건을 생각하고 수용하는 전형적인 기술사회의 모습을 드러내고 있다. 고전적 기술철학자들은 인간이 기술을 지배하는 듯하나 사실은 기술이 자율성을 가진 것이라고 주장해서 거부감을 샀지만, 최근에는 그런 거부감 자체가 잦아드는 추세이다. 이렇게 되면 '경험으로의 전환' 진영의 철학자들이 제기한 비판 자체가 별다른 의미가 없어지고 만다.

여기에 더하여 인공지능은 실제로 인간의 통제를 벗어나 스스로 배우고 판단하는 능력을 구사하거나 모방해낸다. 인공지능은 비록 초보적인 형태이지만, 여러 기술에 접목되어 인간이 내려야 할 판단을 대신

내리는 능력을 발휘하고 있다. 기술의 자율성은 이제 수사(修辭)나 비판이 아닌 현실의 묘사에 더 가까워진 셈이다.

산업혁명 전야의 기술예보

우리나라로 논의를 국한한다면, 기술의 자율성 이론은 애당초 거부의 대상이 아니었다. 고속성장 과정에서 신기술은 그 자체로 선(善)이었다. 서양의 근대 과학기술이 유입된 이래 급격한 산업화가 일어나고, 그 과정에서 발전의 혜택이 비교적 광범위하게 공유되었기 때문이다. 절대빈곤에서 벗어나는 과정에서 기술에 대한 비관주의나 비판적 태도가 들어설 자리는 없었다. 기술 발전을 불가피하게 주어진 현실이자 당위로 보고, 그에 대해 평가하기보다는 적응하고자 노력해왔다. 경제발전 과정에서는 늘 추격자의 위치에 있었기 때문에 과학기술 발전의 함의나 방향성, 전문가 주도의 정책 결정에 대한 문제제기도 없었다.

이런 태도를 일기예보에 비유할 수 있을 것이다. 일기예보를 들은 사람은 그 정보를 바탕으로 다음 날 계획을 세운다. 내일 심한 비바람이 예상되면 비옷이나 우산을 준비하지 비가 안 오도록 하거나 바람의 방향을 바꿀 방안을 찾지 않는다. 마찬가지로 오늘날 기술예보를 통해 제4차 산업혁명이 도래할 것임을 알게 된 사람들은 그에 대응할 대책을 마련할 뿐 예측되는 문제가 일어나지 않도록 할 방안까지 모색하지 않는다. 제4차 산업혁명을 무엇이라 정의하든, 긍정적으로 보든 부정적으로 보든, 결국 논의의 초점은 이 큰 흐름에 어떻게 편승하고 어떻게 대처할 것인지에 맞추어진다. 앞으로 유망한 분야가 있다면 그 분야에서 선두로 나서기 위해 국가가 온 힘을 쏟아야 하고, 직업이 없어진다면 국민에게 기본소득을 보장하면 된다는 식이다. 이렇듯 기술예보는 내가 원하건 원치 않건 기술이 일정한 방향으로 발전해갈 것이라는 전제 위에서 기능한다.

그러나 다른 한편, 인공지능, 로봇, 제4차 산업혁명 등이 회자되는 오늘날의 기술예보에 대한 반응이 과거에 등장한 신기술의 경우에 비해 대단히 양가적이라는 점에 주목해야 한다. 1980년대 말 개인용 컴퓨터가 소개되었을 때나 전 국민이 '국익'에 환호했던 2005년 전후 황우석의 복제배아줄기세포 사기 사건 당시와 비교하면 알파고의 승리 후에 나타난 여론은 난감할 정도다. 장밋빛 미래를 예견하는 경우가 여전히 많지만, 과거에 비해 훨씬 많은 사람이 기술 발전을 의구심에 찬 눈으로 바라본다. 언론의 신기술 소개는 이미 과거의 찬양일변도를 완전히 벗어났다. 신기술의 명과 암이 꼭 함께 보도되곤 하는데, 이것은 기계적 중립에 목을 매는 부패 언론의 강박만으로는 설명할 수가 없다. 우리나라는 전쟁 후 폐허 속에서 제1차, 제2차 산업혁명을 동시에 거쳤고, 제3차 산업혁명도 IMF 사태 중에 겪었기 때문에 러다이트(Luddite) 운동 같은 저항을 경험하지 못해서 지금의 충격이 크다는 분석도 있다. 이렇게 본다면 신기술에 대해 유보적이거나 우려 섞인 반응이 커진 것은 산업혁명 전야의 특징을 처음 경험하고 있다는 표시인지도 모른다.

호모 파베르의 역설

물론 기술에 대한 일반적인 낙관론에 생긴 균열은 미세하다. 또 기술사회의 미래에 대해 낙관적이든 부정적이든 기술예보를 받아들이는 태도에 영향을 미친 것도 아니다. 예상되는 날씨가 늘 맑았다가 오늘 좀 흐리다고 해서 일기예보를 버리지는 않는다. 기술의 자율성에 대한 우려가 마침내 생겨나긴 했으나, 그 극복을 위한 노력이 시작되지는 않았다. 그러나 신기술의 개발이 계속되는 현실에 대한 과거와 질적으로 다른 의구심과 우려를 떨치지 못하는 상황은 기술과 인간의 상호작용을 다시 묻게 하는 좋은 계기가 된다.

기술사학자 루이스 멈포드(Lewis Mumford, 1895-1990)와 미디어 학자 월터 옹(Walter J. Ong, 1912-2003)은 기술의 자율성과 기술의 중립성을 둘러싼 논의를 아우르는 새로운 통찰을 제공한다. 멈포드는 구석기, 신석기, 청동기, 철기 등 가용하게 된 도구에 기대어 인류의 발전을 설명하는 것에 이의를 제기한다.[5] 그에 따르면 도구가 인류의 삶에 큰 영향을 미친 것을 부인할 수는 없지만, 인류가 먼저 만든 것은 정신이지 도구가 아니다. 다시 말해, 신석기의 사용으로 인류가 한 단계 더 발전한 것이 아니라, 인류의 정신이 한 단계 발전했을 때 신석기를 사용하기 시작했다는 것이다. 그는 기술을 인류의 발전에 가장 근원적인 원인으로 생각하는 것이 우리를 사로잡고 있는 '기계 신화', 즉 기술의 발전을 무비판적으로 받아들이고 진보를 믿는 현상으로 이어졌다고 본다.

옹은 문자의 사용으로 인류의 사고방식이 어떻게 변했는지 추적한다.[6] 그는 문자를 만들어 사용하기 전의 인간은 지금 우리가 아는 것과는 전혀 다른 방식으로 사고했다고 주장한다. 오늘날 우리가 기준으로 삼는 합리성과 이성은 문자 이전 시대에는 불가능했던 것들이다. 수학과 철학은 문자가 있었기에 가능해졌다. 사람을 '생각하는 동물'이라 정의한다면, 인공물인 문자가 인간의 본성을 바꾸었다고 해도 과언이 아닌 것이다. 옹은 "기술은 인공적이다. 그러나 역설적이게도 이 인공

5 루이스 멈포드, 유명기 옮김, 《기계의 신화 I》, 아카넷, 2013.

6 Ong, Walter J., *Orality and Literacy: The Technologizing of the Word*, Routledge, 1982.

성은 인간에게 자연스러운(본성적인) 것"[7]이라고 주장하는데, 이를 '호모 파베르의 역설'이라 부를 수 있을 것이다.

호모 파베르의 역설은 인간이 기술을 만들지만, 인간이 기술을 완전히 통제할 수 있는 것은 아니며, 기술이 인간의 삶과 본질에 엄청난 영향을 미치지만, 여전히 인간의 산물임을 동시에 알려준다. 이 통찰이 가르쳐주는 것은 분명하다. 기술의 발전을 개인과 집단이 손쉽게 통제할 수 없다는 것은 사실이지만, 이를 손쓸 도리가 거의 없는 날씨 변화와 비교하는 것은 잘못이다.[8] 비가 오리라는 예보를 듣고 비를 안 오게 할 방안을 강구하는 것은 미련하지만, 예상되는 기술의 발달과 그 결과는 평가되고 일정하게 견인되어야 한다. 호모 파베르의 역설은 이러한 시도의 필요성과 한계를 동시에 보여준다. 인간으로서 스스로를 더 잘 만들어가려 노력해야 하지만, 그 결과를 낙관할 수는 없다. 현실적으로 세계 각국의 여러 주체가 동원되고 시장의 막대한 힘에 의해 진행되는 기술개발을 마음먹는다고 바꿀 수 있는 것은 아니지만, 그렇다고 포기할 수도 없다. 여기서 중요하게 대두되는 것이 바로 과학기술 거버넌스다.

새로운 인간-기술 관계 형성의 모색 : 과학기술 거버넌스

과학기술 거버넌스란 과학기술의 개발 및 사용과 관련한 정책의 기조와 방향성을 결정하는 데 있어 일부 전문가나 기업, 국가만이 아닌 시민 일반의 소통과 합의를 고려하는 것을 말한다. 따라서 과학기술 거

7 Ong, Walter J., 같은 책, p. 82.

8 인공지능에 대한 미국 백악관 보고서는 같은 말을 "기술은 운명이 아니"라는 말로 표현했다. Executive Office of the President, *Artificial Intelligence, Automation, and the Economy*, 2016, p. 3.

버넌스는 개별 국가의 정책이나 기업의 경영전략을 넘어서는 개념이다. 이미 존재하는 과학기술 거버넌스의 예로 환경이나 에너지 정책에 시민단체가 영향을 미치거나 핵발전의 경우처럼 국제적인 규제를 통해 특정 기술 개발을 상호견제하는 경우를 들 수 있겠다. 과학기술 거버넌스와 과학기술 정책을 비교하면 그 특징이 좀 더 잘 드러난다. 과학기술 정책은 과학기술 개발의 주체인 전문가와 정책 결정자의 시각을 주로 반영한다. 반면 과학기술 거버넌스는 과학기술의 영향력에 노출된 사회구성원들과 환경에 더 주목한다. 또 과학기술 정책은 과학기술의 발전을 증진할 방법을 모색하는 데 집중하지만, 과학기술 거버넌스는 과학기술을 통해 얻을 수 있는 사회적 유익과 부정적인 파생 효과들, 그에 대한 대책을 포함한다.

많은 이들이 논하는 4차 산업혁명의 도래뿐 아니라 우리나라 과학기술과 경제의 발전 정도나 신기술 개발 능력 등을 종합적으로 고려할 때, 과학기술 거버넌스의 중요성과 필요성은 그 어느 때보다도 크다. 4차 산업혁명은 기술과 자본, 권력의 집중을 심화시키는 방향으로 전개되고 있고, 기술이 개인의 삶 전반에 미치는 영향은 점점 더 커지는데, 개별 기술과 기술의 발전 방향에 대한 통제는 점점 더 어려워지고 있기 때문이다. 장차 일어날 변화에 대해 긍정적으로 평가하는 사람들도 인공지능과 로봇으로 인한 급격한 자동화는 단기적으로 대규모 실업과 혼란을 일으킬 가능성이 크다는 데 동의한다. 제4차 산업혁명을 주도하는 분야들에서는 소수가 대규모 자본을 운용하고 큰 수익을 올리는 경우가 그렇지 않은 경우보다 더 많다. 과학기술의 발전을 주어진 것으로 보며 걱정만 하는 수동적인 자세는 이러한 현실을 극복하는 데 전혀 도움이 되지 않는다. 이러한 상황을 극복하고 과학기술의 발전 방향을 새롭게 모색하는 중요한 방편이 바로 과학기술 거버넌스다.

사실 과학기술 거버넌스는 경험으로의 전환을 주장한 철학자들과 사회학자들에 의해 이미 강하게 제기되었다. 그중 대표적인 것이 '기술의 민주화(democratization of technology)' 이론이다.[9] 그러나 지금까지 이 제안은 이론적으로도 현실적으로도 그리 성공적이지 못했다. 이론적으로는 기술을 인간의 통제하에 있는 도구로만 보는 입장을 견지했기 때문이고, 현실적으로는 기술의 경제적 측면에 너무 집중했기 때문이다. 과학기술 거버넌스가 제대로 이루어지기 위해서는 '호모 파베르의 역설'을 반영하는 몇 가지 인식의 전환이 필요하다.

1. 도구로서의 과학기술에서 삶의 형식으로서의 과학기술로

과학기술은 인간의 목적을 위해 만들어 쓰는 도구다. 그러나 앞서 말한 것처럼 그 도구가 인간의 정체성을 새롭게 만들어가고, 내 삶의 틀을 바꾼다. 랭던 위너(Langdon Winner, 1994-)는 비트겐슈타인의 '삶의 형식(forms of life)' 개념을 빌어 이를 설명한다.

> 기술이 만들어지고 사용되면서 인간 활동과 제도의 양식에 중요한 변화가 일어나고 있다. (……) 새로운 세상이 만들어지고 있다. 이 현상은 이차적인 것이 아니다. 이 새로운 세상이야말로 바로 새로운 기술의 가장 중요한 결과물인 것이다. 인간을 그 작동의 일부로 삼는 기술 시스템의 구성은 사회적 역할과 관계도 재구성한다. (……) 그래서 사용 가능하게 된 기계와 기술, 시스템을 사용하는 행위 자체가 특정한 행

9 손화철, 〈사회구성주의와 기술의 민주화에 대한 비판적 고찰〉, 《철학》 제76집, 263-288쪽.

동과 기대의 양식을 만들어내고, 이것들은 곧 '이차적 본성'이 되고 만다.[10]

설사 기술이 사람의 정체성을 송두리째 바꾸지는 않는다고 하더라도, 기술로 인해 내 삶의 맥락이 바뀐다는 자명한 사실에 좀 더 관심을 기울일 필요가 있다. 좀 더 넓은 차원에서 보자면, 제4차 산업혁명은 신기술이 기존의 삶으로 들어오는 것이 아니라, 기존의 삶이 총체적으로 바뀌는 것을 의미한다. 다행히 이와 같은 인식이 점차 일반적이 되고 있음을 앞부분에서 이미 확인한 바 있다.

2. 과학기술의 경제에서 과학기술의 정치로

삶의 형식으로서의 기술에 대한 이해는 한걸음 더 나아가 과학기술의 경제에 대한 관심을 극복하고 과학기술의 정치로 한 걸음 나아가는 계기가 되어야 한다. 제4차 산업혁명에 대한 양가적인 반응은 이제 마침내 적절한 때가 되었음을 알리는 신호다. 과학기술의 경제적 측면에 대한 강조는 '향후 100년의 먹거리' 혹은 '지금 따라잡지 못하면 영영 망한다'라는 식의 일차원적 목표와 근거 없는 위기감에 기댄다. 과학기술을 경제적 경쟁의 대상, 가시적인 결과물의 양산을 위한 도구로 파악하다 보니, 그 결과가 인간 삶에 어떤 영향을 미칠 것인지는 하찮은 문제가 되고 만다. 오늘날 국가가 주도하는 과학기술 관련 연구들조차 인류에 대한 공헌이 아닌 경제적인 이익 산출에 모든 에너지를 쏟고 있다. 그러나 그 개발의 결과가 어떤 방식으로 배분되고 사회에 어떻게

10 랭던 위너, 손화철 옮김, 《기술을 묻는 테크놀로지》, 씨아이알, 2010, 15쪽.

영향을 주는지, 우리에게 어떤 삶의 형식이 되는지에 관심을 두지 않는다면, 장기적으로 우리 사회와 인류 모두에게 큰 해가 될 수 있다.

과학기술의 정치는 기술의 민주화에 그 근거를 둔다. 신기술 개발이 경제적 유익이나 실현 가능성만으로 정당화되는 것을 거부하고, 더 근본적인 정당화를 추구하는 것이다. 과학기술이 인간의 삶과 본질에 영향을 미칠 수 있다는 점을 무겁게 받아들여 과학기술의 개발과 사용을 정치적 합의의 대상으로 삼으려는 것이 이 접근의 골자다.

과학기술을 개발하는 사람뿐 아니라, 그 과학기술에 의해 영향을 받는 모든 사람이 각자 꿈꾸는 좋은 사회의 모습을 제출하여 토론에 임하고 합의를 추구하는 것이다. 개발자들은 지금보다 더 무거운 사회적 책임을 감당하고, 일반인들은 과학기술에 대한 기본적 지식과 함께 미래 사회의 바람직한 모습에 대해 자신의 생각을 피력할 수 있어야 한다.

3. 전문가 신화로부터의 해방

과학기술의 연구와 개발은 고도의 전문성을 필요로 하기 때문에 비전문가들이 그에 대해 어떤 식으로든 의견을 갖는 것은 쉽지 않다. 그래서 과학기술 발전의 방향과 관련 정책이 과학기술 전문가들을 중심으로 만들어지는 것은 일견 당연해 보인다. 그러나 과학기술의 정치에서 전문가들의 지식은 과학기술 발전의 한 중요한 부분일 뿐 전부가 아니다. 기술의 효율성이나 속도, 응용 분야, 경제적인 파급효과만으로는 기술개발의 정당성을 담보할 수 없다. 해당 기술이 사회구성원들이 지향하는 좋은 사회를 만드는 데 기여할 것인지에 대한 판단은 전문가가 아닌 구성원들 자신이 내려야 한다.

기술에 대한 전문적 지식이 없다고 해서 중요한 결정을 내릴 수 없다고 생각하는 것은 오해다. 전문가는 진공 속에서 일하지 않는다. 최첨단 연구 개발이라 하더라도 그것은 이미 구축된 사회 구조와 맥락 안에서 사회구성원들이 낸 세금과 투자금으로 수행된다. 나아가, 한 기술 분야의 전문가라 해서 큰 사회적 파장을 예고하는 변화에 대한 모든 판단을 내리고 책임을 질 수는 없다. 따라서 제4차 산업혁명에 대한 담론에 다양한 주체들이 참여하는 것은 바람직할 뿐 아니라 마땅하다. 이러한 논의에서 전문가의 역할은 오히려 비전문가들이 상황을 더 잘 이해하고 평가할 수 있게 돕는 것이다. 나아가 시민들의 바람을 자신들의 연구와 개발에 반영해야 한다.

바람직한 과학기술 거버넌스를 위한 제안

바람직한 과학기술 거버넌스를 이루기 위해서는 인식의 전환 외에도 넘어야 할 산이 여러 개다. 제도적인 장치도 마련되어야 하지만, 제도가 있어도 다양한 주체들의 참여를 제고할 수 있는 방안이 필요하다. 정부와 전문가가 적절한 역할을 수행하는 것도 중요하다. 아래의 제안들은 과학기술 거버넌스를 위한 실천적 제안들이다.

1. 과학기술 문해력과 과학기술학 교육

과학기술 거버넌스를 위해서는 과학기술의 발전 방향과 관련 정책에 관한 토론이 일어나야 하고, 그 토론에 참여하는 사람들이 많아져야 한다. 이를 위해서 가장 중요한 것이 과학기술 문해력(literacy)의 함양과 과학기술의 사회적 함의에 대한 이해이다. 특정 주제의 대화에 참여하기 위해서는 관련 내용을 자신의 맥락에서 이해할 수 있는 초보적인 지식을 가지고 있는 것이 중요하다. 또 다루어지는 주제가 나의 삶에 어떤 영향을 끼칠 수 있는지 이해해야 한다.

과학기술 문해력을 갖추기 위한 교육은 이미 활발하게 진행되고 있다. 초중등 교육의 과학이나 기술 교과가 이런 역할을 하고 있고, 최근에는 코딩 교육의 중요성도 강조되는 중이다. 그런데 유의해야 할 것은 자연과학 교과는 문해력을 키우는 과정으로 이해하면서 코딩 교육은 실무 교육이라 생각하는 오류다. 사실 컴퓨터 관련 기술들은 진보가 매우 빠른 속도로 진행되기 때문에 학교 교육이 실용적 목적을 이루기는 힘들다. 따라서 학교에서의 코딩 교육은 ICT 관련 기술에 대한 문해력을 높이는 것을 최우선 과제로 삼고, 기본 개념과 작동의 원리를 가르치는 데 집중해야 한다.

과학기술이 개인과 사회에 어떤 영향을 주는가를 교육하는 것도 매우 중요하다. 이 부분도 현 교육과정에 포함되어 있지만, 여전히 특정 기술의 유익과 해악을 나열하고 비교하는 것에서 그치고 있다. 그러나 제4차 산업혁명의 흐름에 좀 더 적극적으로 대처하기 위해서는 모든 문제를 전문가에게 미루는 태도를 경계하고, 과학기술의 개발과 사용에 있어서 시민의 참여가 필요함을 가르쳐야 한다.

과학기술의 사회적 영향에 대한 교육은 과학도와 공학도에게도 필수적이다. 지금까지 우리 교육은 윤리적 민감성과 사회의식을 심는 것은 하찮게 여기고, 전문성을 키우는 데만 집중해왔다. 최근 우리 사회가 겪는 진통 중 상당 부분은 전문직 종사자들의 부도덕과 직접 연관되어 있다. 오늘날 기술이 인간의 삶에 미치는 영향을 생각하면 과학기술 전문가들이 과학기술의 사회적 함의를 배우는 일의 중요성은 아무리 강조해도 지나치지 않다. 그런데 과학기술은 윤리나 사회와 무관한 중립적 기능의 실현이라는 인식이 널리 퍼져있는 데다, 의료인이나 법조인의 활동처럼 직접 접촉으로 드러나지 않고 우리 삶의 배후에 있는 경우가 많다 보니 충분한 교육이 이루어지지 않고 있다.

2. 정부와 과학기술 개발 주체의 역할 분담

지금까지 우리나라의 과학기술 개발은 정부가 주도하는 하향식 방식에 주로 의존해왔다. 국가가 동원할 수 있는 자원이 한정되었던 과거에는 그러한 접근은 상당히 효율적이었던 것도 사실이다. 그러나 이제는 우리나라 과학기술의 역량과 경제규모가 커져서 이런 접근이 더 이상 적절하지 않다는 지적이 많다. 과학기술인들도 정부의 과도한 규제와 단기실적 위주의 연구지원에 불만의 목소리를 높이고 있다.

제4차 산업혁명은 이러한 정부의 역할을 바꿀 좋은 계기이다. 특히 기술권력과 경제권력의 양극화를 심화시키는 변화가 예상되는 시기에 정부는 과학기술 발전을 독려하는 것보다 과학기술 거버넌스를 활성화하여 그 발전의 방향을 제시하는 역할을 감당하는 것이 좋다. 신기술의 개발은 과학기술 전문가들에게 맡기고, 정부는 그 기술들의 정치, 경제, 사회, 문화, 윤리적 함의를 파악하고 과학기술 발전의 열매를 적절하게 분배하는 방안을 모색하는 데 집중해야 한다. 경우에 따라서는 기술 개발의 노력을 견제하는 역할을 할 수도 있겠다. 이것이 장기적으로는 모두에게 유익이 되는 적절한 기술 발전을 이루는 길이 될 것이다.

2016년 미국 백악관에서 나온 보고서인 《인공지능, 자동화, 그리고 경제》[11]는 이러한 역할 분담을 잘 보여주는 사례라고 할 수 있다. 이 보

11 Executive Office of the President, *Artificial Intelligence, Automation, and the Economy*, 2016.

고서는 인공지능 기술의 개발을 적극 지원해야 한다고 하면서도 인공지능이 초래할 사회적, 경제적, 정치적 문제들을 미리 예방할 방안에 초점을 맞추고 있다. 연구지원 기관은 해당 분야 전문가가 자신의 역량을 발휘할 수 있도록 하는 지원책을 전담하고, 백악관은 그 개발의 열매를 잘 분배하기 위한 보고서를 작성한 것에는 큰 시사점이 있다.

전문가 집단은 자신들의 전문성을 최대한 발휘해야겠지만, 동시에 좀 더 무거운 사회적 책임을 감당해야 한다. 과학기술 거버넌스에서 과학기술 전문가가 해야 할 일은 자신들이 개발하는 신기술이 초래할 유익과 해악을 설명하고, 비전문가들과 담론의 장을 형성하는 것이다. 나아가 신기술의 설계 단계에서부터 공공의 가치를 반영할 방안을 모색하고, 그 기술이 좋은 사회를 이루는 데 어떻게 공헌하는지를 설명할 수 있어야 한다.

3. 시민 참여형 기술 담론의 활성화

이미 신기술이 초래할 다양한 효과들을 미리 연구하기 위한 제도적 틀이 마련되어 있다. 신기술의 윤리적, 법적, 사회적 함의(ELSI: Ethical Legal Social Implications)에 대한 연구가 다양한 형식으로 진행된다. 2003년 제정된 과학기술 기본법에 의해 기술영향 평가도 이루어지는데, 해마다 최신 기술 분야의 공학자와 산업계 대표, 인문학과 법학의 전문가들이 모여 의견을 나누고 자발적으로 참여한 시민들의 의견까지 종합해서 예상 효과와 문제점을 점검한다.[12] 에너지 정책이나 GMO 허용 같은 기술 관련 핵심 이슈들에 대해 시민들의 참여를 주축으로 하는 이른

12 이를 담당하는 곳이 한국과학기술기획평가원(http://www.kistep.re.kr)이다.

바 합의회의(Conference) 같은 형식도 개발되어 있다.[13]

문제는 이러한 제도와 방법론들이 구비되어 있어도 기술 발전의 방향과 속도에 실질적인 영향을 미치지 못하는 경우가 많다는 점이다. 우리나라에서도 관련된 시도들이 정부나 민간 주도로 일어나고 있지만 큰 효과를 거두지는 못하고 있다. 그러나 경우에 따라서는 ELSI 연구나 기술영향 평가가 신기술의 지속 발전을 지지하는 일종의 이론적인 뒷받침이 되거나, 윤리적인 문제를 해소하기 위해 노력했음을 보여주는 증거가 되기도 한다.

그러나 앞서 언급한 바와 같이 기술의 정치가 중요하다는 인식이 커지면 이런 제도와 방법들이 좀 더 객관적이고 중립적이며, 정책적 무게를 지니는 방식으로 운용될 수 있을 것이다. 이들은 제대로 운용하기가 쉽지 않고, 기술의 발전 방향에 대한 전반적인 논의보다는 한 가지 기술에 초점을 맞추게 된다는 한계가 있다. 그러나 동시에 당면한 사안이나 기술을 놓고 구체적인 이야기를 나누게 된다는 점에서 실질적인 결과를 기대할 수도 있다. 네덜란드의 '라테나우 연구소(Rathenau Institute, http://www.rathenau.nl/en)'는 정부에 의해 설립되었으면서도 독립적인 연구기관으로서 기술영향 평가와 기술의 사회적 영향에 대한 연구를 시행하는 좋은 사례이다.[14]

제도적 장치나 기관이 아니더라도 과학기술 거버넌스에 참여할 수

13 영국에서는 1990년대부터 GMO 등에 대한 합의회의를 개최해서 상당한 반향을 일으킨 바 있다. 우리나라에서는 시민과학센터 주관으로 2004년에는 원자력 중심의 전력정책에 대한 합의회의를, 2008년에는 국가재난질환 대응체계에 대한 시민배심원회의를 개최했다.

14 이상욱, 〈기술의 미래를 예측하는 일의 어려움〉, 《욕망하는 테크놀로지》, 동아시아, 2009, 102쪽/ 정원규 외, 〈윤리 관련 제법령 분석과 그 인문정책적 함의〉, 2011, 157-159쪽 참조.

있다. 세계 각국의 환경단체를 비롯한 각종 비영리단체들도 기술의 문제에 자신들의 목소리를 냄으로써 정책 결정에 영향을 미치고, 공공 담론을 이끌어낸다. 이런 움직임들을 좀 더 적극적이고 건설적으로 받아들이려는 노력이 필요하다.

4. 선제적인 법제도 마련을 위한 학제적 연구와 토론

제4차 산업혁명을 대표하는 여러 기술은 지금까지 인류가 경험하지 못했던 새로운 가능성을 연다. 과학기술 거버넌스는 이 가능성들을 사회에 유익이 되는 방식으로 개발하고 사용하기 위한 노력이다. 이 노력의 일환 중에 조만간 사용될 것으로 생각되는 기술들과 관련한 법적인 제도들을 미리 고려하고 구비하는 것이다. 이를 위해서는 앞서 말한 기술 담론들의 결과를 분석하는 동시에 해당 기술의 다양한 함의에 대한 다학제적인 연구와 토론이 이루어져야 한다. 예를 들어, 자율주행 자동차는 머지않아 보편적으로 사용될 가능성이 큰데, 이 경우에는 도로, 교통법규, 보험, 주차, 대중교통 수단 같은 영역들에서 다양한 변화가 일어날 것이다. 이렇게 예상되는 다양한 시나리오를 가지고 어떤 법적 수요가 생겨날 것인지를 예측하고 평가하며, 나아가 가장 적절한 법안의 초안을 만드는 노력이 필요하다. 이는 단순히 일어날 상황에 대비하는 차원을 넘어서 해당 기술의 바람직한 발전을 견인하는 효과를 가질 수 있다.[15]

15 2015년 창립된 한국포스트휴먼학회(http://www.krposthuman.com)에서 이러한 노력을 하고 있다. 매달 공학자, 철학자, 법학자, 변호사 및 기업 관계자들이 모여 자율주행자동차, 인공지능 등 개별 기술들에 대한 정보를 공유하고 토론하며, 이를 바탕으로 미래 사회를 위한 구체적인 내용을 모색한다.

맺음말

제4차 산업혁명에 대한 논의가 아무리 활발하게 일어나도, 그것이 다가오는 변화를 날씨나 운명처럼 받아들이기 위한 것이라면 더 나은 세상을 꿈꾸는 인간의 기획을 포기하는 셈이 된다. 그 변화의 규모가 커서 한 개인이나 기관, 국가의 통제를 넘어선다 하더라도, 그 흐름을 주어진 것으로 받아들이고 수동적으로 대처하는 것은 섣부르다. 인간은 기술을 통해 주변의 환경을 바꾸고 자기 자신을 바꾸어왔다. 따라서 제4차 산업혁명이라는 개념이 부적절하게 강조하는 기술의 경제를 넘어 인간 삶의 풍성을 추구하기 위해 경쟁하고 합의하는 기술의 정치가 필요하다. 과학기술 거버넌스의 원칙은 과학기술의 발전이 초래하는 광범위한 변화를 고려하여 그 발전의 방향을 모색하되, 전문가와 정책결정자뿐 아니라 기술사회의 모든 구성원이 참여하는 것이다. 제4차 산업혁명이 초래할 비상한 변화는 비상한 준비를 요청한다. 그 준비는 단지 변화에 제대로 대응하는 것뿐 아니라 그 변화의 방향을 구성하는 것이어야 한다. 진정 우려할 일은 제4차 산업혁명의 신기술들이 초래할 부정적인 영향들이 아니라, 기술사회의 구성원들이 그 변화의 객체일 뿐임을 자처하는 것이다.

자율적 도덕 행위자로서의 인공지능[*]

신상규[**]

인공지능 기술이 발전함에 따라, 지금까지 우리가 경험했던 것과는 사뭇 다른 새로운 기술적 존재들이 우리 삶에서 중요한 상호작용의 주체나 대상으로 등장하고 있다. 주식시장에서는 이미 초단타로 이루어지는 알고리듬 매매가 거래량의 대부분을 차지하고 있으며, 아마존이나 넷플릭스에서는 이전의 구매 이력에 비추어 자신의 기호에 맞는 책이나 영화를 추천해준다. 2011년 2월 제퍼디 퀴즈쇼에서 인간 퀴즈 달인들을 물리치고 우승했던 IBM의 왓슨은 이제 의사와 법률가로 변신하여 병원이나 법률 사무소에서 활약하고 있다. 이세돌을 4대1로 물리쳐 우리를 경악하게 했던 구글의 알파고는 1년 후에는 더욱 강력해진 모습으로 발전했고, 이세돌의 1승이 인간이 알파고에게 거둔 마지막 승리가 될 것으로 추정되고 있다.

소프트웨어 알고리듬의 형태를 띤 AI뿐 아니라, 구글의 자율자동차

* 이 글은 〈인공지능은 자율적 도덕 행위자일 수 있는가?〉, 《철학》 132호(한국철학회, 2017. 8.)의 내용을 일부 수정했다.

** 이화여자대학교 포스트휴먼 융합인문학 협동과정 교수.

처럼 기계적 몸을 갖춘 체화된(embodied) 인공지능도 점점 더 우리 삶 속으로 들어올 것이다.[1]

전자인격 혹은 도덕적 지위

특히 눈여겨보아야 할 현상은 가정용 휴머노이드 페퍼(Pepper)나 노인의 재활치료 등에 활용되는 조라(Zora) 같은 사회적 로봇(social robot)의 출현이다. 앞으로 이와 같은 로봇들은 지금보다 훨씬 복잡한 수준의 상호작용 능력을 갖추면서 점점 우리 삶의 중요한 상대역 혹은 타자로 부상할 것이다.

이러한 현상을 반영하여 유럽연합(EU) 의회는 지난 1월 AI 로봇에게 '전자인격(Electronic Personhood)' 지위를 부여하는 결의안을 통과시켰다.[2] EU 회원국들은 향후 이 결의안을 토대로 다양한 논의와 수정을 거친 다음에 공식적인 '로봇시민법'을 제정할 계획이라고 한다. 오늘날 기업체나 조직에 법적 인격을 부여하는 것처럼 AI 로봇에게도 전자인격이라는 법적 지위를 부여함으로써, 향후 AI 로봇의 확산에 대비한 법적 제도의 기틀을 마련하겠다는 것이다. '전자인격'이란 표현의 사용에는 인간으로서의 인격성보다는 법적 주체로서의 권리나 책임을 부여한다는 의도가 반영되어 있다. 이는 AI 로봇이 책임의 귀속이 가능한, 인간으로부터 독립된 모종의 자율적 주체가 될 수 있음을 암시한다.

1 이 글에서는 '인공지능(AI)'을 인공지능(AI) 기술에 입각한 소프트웨어나 하드웨어, 로봇, 사물인터넷 등을 모두 포함하는 표현으로 사용한다.

2 "Give robots 'personhood' status, EU committee argues," The Guardian, https://www.theguardian.com/technology/2017/jan/12/give-robots-personhood-status-eu-committee-argues〔검색일: 2022.3.31.〕

AI 기술의 특징은 인간의 직접적 조작이나 지속적인 개입을 필요로 하지 않으면서, 일종의 직권 위임에 의해 스스로 능동적으로 작동하는 '자율성'이다.[3] 앞으로 AI 기술이 이러한 자율성을 바탕으로 우리 삶에 엄청난 물리적, 사회적, 문화적, 정서적, 윤리적인 영향을 끼치게 될 것임은 쉽게 예측 가능한 일이다. 이에 대한 우리의 대응은 어떠해야 하는가? 설계자나 제작자가 행동을 전적으로 통제할 수 있는 전통적인 기술과 달리, 발전된 AI 기술은 행동을 완전히 예측하거나 통제할 수 없다. 그 결과 AI와 인간 사이에 일어나는 상호작용은 이전 기술과 인간의 상호작용과는 전혀 다른 양상을 띠게 될 것이다. 이는 AI 기술의 안정성이나 신뢰성을 확보하려는 방안도 전통적인 기술의 그것과는 달라야 함을 시사한다. '전자인격'이란 지위의 부여가 바로 이러한 고민을 반영하고 있다.

EU 결의안의 주요 내용은 '전자인격'으로서 AI 로봇이 누려야 할 권리보다는, AI 자체나 혹은 그 생산자에게 귀속될 수 있는 책임이나 의무의 귀속을 위한 법적 토대 마련에 초점을 맞추고 있다.[4] 이 보고서에서 AI 기술과 관련하여 관리·감독이 필요하다고 특정한 항목은 다음과 같다.

1) '스마트 자율 로봇(smart autonomous robots)'에 대한 법적 정의의 제공 및 등록 관리를 위한 체계

3 AI 기술이 자율기술 체계로서 갖는 특징과 의미에 대해서는 신상규의 〈자율기술과 플로리디의 정보윤리〉(《철학논집》 45집, 2016)를 참조하라.

4 European Parliament, "Draft Report with recommendations to the Commission on Civil Law Rules on robotics" (2015/2103(INL)).

2) AI 로봇의 윤리적 설계/생산/사용을 위하여 로봇 설계자들이 따라야 할 행동 지침
3) 세금부과나 사회적 안전을 목적으로, 기업체가 로봇이나 AI가 끼치는 경제적 영향을 의무적으로 보고하도록 하는 보고 체계
4) 기업체가 로봇에 의해 야기된 손실을 보상하기 위한 강제적인 보험제도

아무래도 EU 결의안에서 우리의 시선을 끄는 것은 '전자인격'이란 표현이다. AI 로봇을 "인격"으로 부르는 것에 대해서 사람들이 불편함을 느끼는 것은 지금까지 '인격'은 주로 인간에게만 적용되는 개념이었기 때문이다. 표준국어대사전에 나와 있는 '인격'의 첫 번째 항목도 '사람으로서의 품격'이란 뜻이다. 인격은 심리적으로는 "개인의 지적(知的), 정적(情的), 의지적 특징을 포괄하는 정신적 특성"이나, "개인이 자기 자신을 유일한 지속적 자아로 생각하는 작용"을 나타낸다. 철학적으로는 "도덕적 행위의 주체가 되는 개인. 자기 결정적이고 자율적 의지를 지니며, 그 자신이 목적 자체가 되는 개인을 이른다"고 정의되어 있다.

그런데 '법인'의 개념에서 알 수 있듯이, "인격"은 법률적으로는 인간만을 가리키는 말이 아니라 "권리 능력이 있다거나, 법률상 독자적 가치가 인정된다는" 자격이라는 뜻을 갖는다. 우리는 도덕이나 윤리의 차원에서도, 비단 인간만이 아니라 '모종의 도덕적 고려 또는 대우를 받을 가치가 있는 존재'에 도덕적 인격의 지위를 부여할 수 있다. 2014년 12월 아르헨티나에서는 오랑우탄에게 비인간 법인격(non human person)을 인정하는 판결이 나왔으며, 비록 대법원에서 파기되긴 했지만 2017년 3월 인도 북부 우타라칸드주 고등법원은 갠지스강에

법인격을 부여한 바 있다. 그런데도 '인격'이란 표현에는 한자어로 사람(인간)을 뜻하는 '人'자가 포함되어 있기에, 그 표현을 사용하는 한에 있어서 인격의 전형을 인간으로 바라보는 관점에서 벗어나기란 어려워 보인다. 우리나라의 법률 체계에서, '법인'이란 말이 인간들의 결사체나 그 조직을 가리키는 용어로 한정되어 사용되는 관행도 그러한 우려와 무관하지 않다.

법률적으로는 새로운 용어가 필요해 보이지만, 윤리학이나 도덕철학의 영역에서는 사실 '인간'의 의미를 내포하지 않는 '인격'을 대체할 수 있는 용어가 이미 존재한다. 도덕적 지위(moral status)의 개념이 그것이다. 도덕적 지위를 갖는 존재는 행위와 책임의 주체인 행위자(agent)와 그 행위의 대상이 되는 피동자(patient)로 구분될 수 있다.[5] 물론 이들 개념도 표면상 '인간'을 포함하고 있지 않다고 해도, 그 내포 또한 그런지는 분명하지 않다. 가령 '행위자'는 우리의 일상에서 '자율성'이나 '책임' 등의 개념과 밀접하게 연결되어 작동하면서, 거의 인간 혹은 그 결사체나 조직에 한정되어 사용된다. '도덕적 지위' '행위자' '책임' 등의 개념은 이미 우리의 근대적 삶의 양식 혹은 세계관을 반영하는 다양한 내포적 의미로 '오염'되어 있으며, 이미 많은 가치 판단을 적재한 의미 연결망을 형성하고 있다.

나는 다른 글에서 AI 기술을 포함한 첨단과학기술의 발전의 추동하는 지금의 변화는 우리 삶의 양식 혹은 문법을 뒤바꾸는 변화이므로,

5 피동자는 도덕 행위자의 행동으로부터 영향을 받게 되는 도덕적 이해관계(interest)를 가진 존재이다. 이 글은 인공지능이 도덕적인 행위자가 될 수 있는가의 문제를 논의한다. 인공지능이 도덕 피동자가 될 수 있는가 하는 문제에 대한 논의는 신상규 외, 《포스트휴먼이 몰려온다》의 4장, 〈소셜로봇: 로봇과의 사랑-관계의 재구성〉을 참조하라.

우리의 일상적 세계관을 구성하는 근본 개념이나 판단들 또한 갱신될 필요가 있음을 주장한 바 있다.[6] 이는 우리의 일상 개념들에 녹아들어 있는 여러 습관적 의미를 해체하고, 새로운 삶의 양식에 맞추어 그 의미를 재구성하는 작업을 요구하는 것이다. 이러한 주장에 대한 후속 작업으로서, 이 글은 '행위자' 개념에 대한 수정 제안과 더불어, 그 행위자성(agenthood)에 걸맞은 책임 혹은 책무성을 AI에게 귀속하기 위한 모형을 모색한다.

나는 이 글에서 일정한 요건을 만족시키는 AI에 대해서 인격성을 전제하지 않는 모종의 제한적인 (도덕) 행위자(agent) 자격을 부여할 수 있다고 주장한다. 이러한 주장을 뒷받침하기 위해, 먼저 기술적 존재의 행위자성에 대한 무어의 구분을 소개하고, 불필요한 오해를 방지하기 위하여 자율적 주체의 지위를 누릴 만한 행위자의 종류를 제한할 것이다. 다음으로 도덕 행위자 개념을 AI에게 확장 적용하는 것에 대해서 예상되는 다양한 반론들을 검토하고, 그에 대응하는 근거들을 모색한다. 마지막으로 행위자로서의 AI에게 귀속 가능한 책임 혹은 책무성의 개념에 대한 하나의 모형으로서 '확장된 행위자' 및 '분산된 책임(책무성)'의 개념을 제안한다.

인공적 도덕 행위자의 종류

인공지능을 갖는 기술적 장치의 범주에는 실제의 물리적 환경 속에서 작동하는 AI 로봇, 가상환경 속의 소프트웨어 행위자인 '봇(bot)', 지능적인 물리환경을 구성하는 사물인터넷의 다양한 장치들이 모두 포

6 신상규, 〈인공지능 시대의 윤리학〉, 《지식의 지평》 21호, 대우재단, 2016.

함된다. 그런데, AI라고 모두 도덕 행위자의 자격이 부여될 수 있는 것은 아니며, 또한 AI 도덕 행위자들 간에도 모두 동등한 정도의 행위자 자격이 부여되는 것도 아니다. 자율적 행위자의 지위를 진지하게 고려할 만한 AI가 어떤 것인지 한정하기 위하여, 인공적 도덕 행위자(artificial moral agent; AMA)의 종류에 대한 무어의 논의로부터 시작하도록 하자.

제임스 무어(James Moor)는 컴퓨터 기술과 관련하여 기계에게 귀속될 수 있는 행위자성을 네 가지 위계적 범주로 구분하고 있다.[7] 먼저 가장 낮은 수준으로 윤리적 영향 행위자(ethical impact agents)가 있다. 이는 AI를 비롯한 컴퓨터 기술의 도입으로 중요한 윤리적 영향을 끼치는 현상을 지시하는 것이다. 무어는 콰타르의 낙타 경주에 사용되는 로봇 기수를 사례로 들고 있다. 콰타르에서는 귀족이나 부자들의 여가활동으로 낙타 경주가 벌어지는데, 이웃의 가난한 나라에서 인신매매로 팔려온 어린 소년들을 기수로 사용하였다. 국제사회의 비난에 직면하여 제시된 해결책은 로봇 기수의 개발이었다. 리눅스 기반으로 작동하는 로봇 기수가 도입되자, 더 이상 어린 노예 소년들을 낙타 기수로 사용할 필요가 없어졌다. 이때 로봇 기수를 인신매매와 어린 노예의 필요성을 제거하는 중요한 윤리적 영향을 끼친 행위자로 볼 수 있다는 것이다.

다음으로 암묵적 윤리 행위자(implicit ethical agents)가 있다. 이는 비윤리적인 결과를 방지하도록 그 행동을 제약하는 방식으로 설계된 기계를 가리킨다. 이는 윤리적 규범을 명시적인 방식으로 포함하도록 프로그램 된 것은 아니지만, 내적인 기능 자체가 암묵적으로 윤리적인 행

7 James H. Moor, "The Nature, Importance, and Difficulty of Machine Ethics" in Michael Anderson and Susan L. Anderson, eds., Machine Ethics, Cambridge University Press, 2011, pp. 13-20.

동을 촉진하게끔 작동하도록 만들어진 기계이다. 무어는 신원 확인 절차를 거쳐서 정확한 금액을 지급하도록 설계된 현금자동지급기나 뱅킹 소프트웨어, 승객을 안전하게 목적지에 도착하도록 기능하는 비행기의 자동조종장치 등을 예로 들고 있다. 어떤 점에서 보자면 '윤리적' 행동은 이러한 기계의 내적 본성이며, 그 기계는 다른 행동 가능성을 갖지 않는다.

무어가 말하는 이상의 두 가지 행위자는 다음에서 논의하게 될 '자율성'의 특성을 갖추고 있지 않아서, 우리가 생각하는 자율적 도덕 행위자의 요건을 갖추고 있지 못하다. 가령 암묵적 윤리 행위자의 행동이나 작동은 철저히 그 설계자나 사용자의 통제 속에 있으며, 시간의 경과에 따라 변화될 가능성도 없다. 그것이 보여주는 도덕성은 부정적인 결과를 방지하려는 설계자의 의도를 반영하는 조작적 차원의 본성일 뿐이다. 웬델 월럭(Wendell Wallach)과 콜린 앨런(Colin Allen)은 이를 조작적 도덕성(operational morality)이라는 이름으로 부르고 있다.[8]

무어의 구분에서 다음 단계에 해당하는 것은 명시적 윤리 행위자(explicit ethical agents)이다. 이 단계의 기계는 윤리적 개념이나 규칙을 명시적으로 표상하고, 그 지식을 토대로 스스로 윤리적 선택을 하는 방식으로 작동한다. 이는 내부 프로그래밍의 일부분으로 다양한 형태의 규범 논리학(deontic logic)을 포함하며, 윤리적 범주를 이용하여 윤리적 추론을 하는 기계이다. 무어는 이러한 기계에 해당하는 사례로 앤더슨(M. Anderson) 등이 쾌락주의적 행위 공리주의를 컴퓨터 프로그램으로 구

8 Wendell Wallach and Colin Allen, *Moral Machines: Teaching Robots Right from Wrong*, Oxford University Press, 2009, p. 25.

현한 제러미(Jeremy; 제러미 벤담의 이름에서 따옴)나 로스(W.D. Ross)의 직견적 의무(prima facie duty) 이론을 구현한 W. D.를 들고 있다.[9] 하지만 이런 능력을 갖춘 AI에 대한 연구성과는 아직 미미한 편이다.

월럭과 앨런은 지금까지 AI의 발전이 주로 자율성의 증대에 초점을 맞추는 과정이었다면, 앞으로는 그에 비례하여 안전성이나 신뢰도의 확보와 결부된 도덕적 감수성(sensitivity)을 갖도록 하는 것이 중심 과제로 부상할 것이라고 진단한다. 이는 인공지능 같은 기술적 존재가 모종의 가치 지향이나 윤리 기준에 비추어, 수용 가능한 일정 기준 내에서 행동하거나 자신의 행동이 갖는 도덕적 측면을 스스로 평가할 수 있는 능력을 갖추어야 함을 의미한다. 이들은 이를 기능적 도덕성이란 이름으로 부르고 있는데, 무어의 명시적 윤리 행위자가 그 사례의 하나에 해당한다.[10]

무어의 구분에서 마지막 4단계에 해당하는 것은 온전한 윤리 행위자(full ethical agents)이다. 이는 명시적인 도덕적 판단을 내릴 수 있을 뿐만 아니라 그러한 결정을 정당화하는 데 능숙함을 갖춘 AI로서, 평균적인 성인 인간과 동등한 수준의 (윤리적) 판단 능력을 갖춘 AI라고 말할 수 있다. 무어는 온전한 윤리 행위자와 관련된 쟁점을 두 가지로 정리하고 있다. 첫 번째 쟁점은 진정한 윤리 행위자로 인정받기 위해서, 온전한

9 M. Anderson, S.L. Anderson, and C. Armen, "Towards Machine Ethics: Implementing Two Action-Based Ethical Theories," in M. Anderson, S.L. Anderson, and C. Armen, eds., *Machine Ethics*, AAAI Press, 2005, pp. 1–7.

10 무어의 암묵적 윤리 행위자와 명시적 윤리 행위자 사이의 경계가 월럭과 앨런이 말하는 조작적 도덕성과 기능적 도덕성의 경계와 정확히 일치하는 것은 아니다. 가령 월럭과 앨런은 비행기의 자동조종장치를 기능적 도덕성의 단계로 보고 있다. Wallach and Allen, 앞의 책, p.26.

윤리 행위자여야만 하는지 하는 여부이다. 두 번째 쟁점은 과연 AI 같은 기계가 온전한 윤리 행위자가 될 수 있는지 하는 여부이다. 현재 온전한 윤리 행위자로 인정되는 유일한 사례는 인간 행위자뿐이며, 도덕적 존재로서의 인간은 전형적으로 의식, 지향성, 자유의지 같은 능력이 있다. 결국 두 번째 질문은 사실상 기계가 의식이나 지향성, 자유의지의 능력을 가질 수 있는지 묻는다.

무어의 첫 번째 질문은 AI가 인간과 동등한 수준에 도달하지는 못해도, 진정한 윤리적 행위자로 인정될 수 있는지 묻고 있다. 첫 번째 질문에 대한 대답은 '진정한'이라는 표현이 가리키는 조건이 무엇이냐에 달려있다. 무어가 첫 번째 질문과 두 번째 질문을 굳이 구분하고 있다는 점을 염두에 둔다면, AI가 '온전한' 도덕적 규범성을 갖추어야만 함을 '진정한' 윤리 행위자가 되기 위한 조건으로 요구할 수는 없어 보인다. 만약 그 경우라면, 첫 번째는 "AI가 인간과 동등한 수준의 윤리 행위자가 될 수 있는가?" 하는 질문이 되어서, 결국에는 두 번째 질문과 동일한 내용을 묻는 셈이 되어버리기 때문이다.

그렇다면, 첫 번째 질문은 비록 인간과 동등한 의미의 온전한 도덕성은 아닐지라도, AI를 윤리적 행위자로 간주할 수 있는 어떤 모종의 의미 층위가 존재하느냐를 묻는 것으로 이해되어야 한다. 나는 이 질문에 답하는 방식의 한 가지 단서를 월럭과 앨런이 언급한 '기능적 도덕성'이라는 표현에서 찾고자 한다. 이는 첫 번째 질문의 의도를 인간의 도덕적 행위를 기능적으로 서술, 분석, 평가하는 것과 동일한 방식으로 AI의 행위를 서술, 분석, 평가할 수 있는가로 이해하자는 것이다. 달리 말해서, 첫 번째 질문의 내용을 '기능적' 수준에서 AI가 윤리적 행위를 자율적으로 수행한다고 간주할 수 있느냐의 문제로 접근하자는 것이다. 나의 입장은 명시적 윤리 행위자로 분류될 수 있는 AI가 '일정한 조건'을 만족시킨다면, 기능적인 차원에서 '진정한' 윤리 행위자로 간주될 수 있다는 것이다.[11] 이하에서 이루어지는 논의가 바로 이러한 결론을 정당화하기 위한 시도이다.

무어의 두 번째 질문은 AI가 인간과 동등한 수준의 윤리 행위자가 될 수 있는지의 문제이다. 그런데 이 질문은 형이상학적 문제인 동시에 다분히 개념적인 문제로서, '의식'이나 '지향성', '자유의지' 같은 개념이 지시하는 현상의 본성이 무엇이냐에 대한 입장에 따라 그 답변이 달라질 수 있다. 필자의 개인적인 입장을 말한다면, 그것이 원리적으로 불가능하다고 생각할 이유는 없다는 것이다. 하지만 그 실현 여부는 아직 먼 미래의 일이며, 지금 논의의 맥락에서 가능성의 여부가 그렇게 중요한 문제는 아니다. 따라서 이 글에서는 무어가 제기한 질문 중에서 첫 번째 질문에 집중하고자 한다.

11 도덕 행위자의 개념을 인간의 갖는 특성과 분리하여 (기능적인 수준에서) 새롭게 정의하고자 하는 시도의 선구적인 사례로는 플로리디(Floridi)와 샌더스(Sanders)가 있다. 이들은 행위자의 개념으로부터 의도나 의식 같은 심성 상태를 요구하는 강한 의미의 도덕적 책임(responsibility) 개념을 분리하면서, 도덕 행위자에 대한 다음과 같은 대안적 정의를 제안한다. "도덕적 행위자는 도덕적이라고 평가될 수 있는 행동을 수행하는 상호작용적이며 자율적이고 적응성을 갖춘 시스템이다(A moral agent is an interactive, autonomous, and adaptable transition system that can perform morally qualifiable actions)"(Floridi & Sanders, 2004). 이들의 제안은 어떤 시스템이 '상호작용성' '자율성' '적응성'의 세 가지 (기능적) 특성을 갖추고 있다면 도덕 행위자로 간주해야 한다는 것이다. 각각의 특성이 의미하는 바는 다음과 같다. • 상호작용성(Interactivity): 시스템이 환경과 상호작용할 수 있는 능력으로서, 상호작용성을 갖춘 시스템은 외부의 자극에 반응하여 스스로의 상태를 변화시킬 수 있다. • 자율성(Autonomy): 외부의 자극 없이도, 시스템 스스로가 자신의 내부 상태를 자발적으로 변화시킬 수 있는 능력을 말한다. 시스템의 일정 수준 이상의 복잡성을 갖추고 있어야 하며, 환경으로부터 분리될 수 있어야만 가능한 능력이다. • 적응성(Adaptability): 새로운 동작 방식을 경험에 의존하여 학습하는 능력으로, 적응성을 갖춘 시스템은 동작 방식을 통제하는 "이행규칙(transition rule)"을 경험에 입각하여 스스로 변경시킬 수 있다.

AI의 자율성

AI를 (기능적으로) 진정한 윤리 행위자 혹은 도덕 행위자로 간주할 수 있는가의 질문에 답함에 있어서, 우리가 주목해야 할 가장 중요한 특징은 '자율성'이다. 그런데 AI가 '자율적'이라고 말할 때 그 의도는 철학자들이 전통적으로 이 개념을 사용하던 방식과는 약간의 차이가 있다. 가령 구글의 자율자동차에 대해서 '자율적'이라는 말을 붙이는 것은, 그것이 인간의 개입이나 판단과는 독립적으로 스스로의 행동을 '선택'하고 '결정'하기 때문이다. 이 글에서 AI가 자율적이라고 말할 때, 일차적으로 포착하려는 특징도 바로 그런 정도의 자율성이다.[12]

이러한 자율성 개념은 전통적인 방식의 자동화(automation) 개념과 구분하여 이해될 수 있다. 현재 대량생산을 위해 산업현장에서 널리 활용되는 자동화 기술, 가령 자동차 공장의 조립로봇은 미리 고정된 프로그램(알고리듬)을 따라 주어진 작업만 반복한다. 새로운 상황에 대해 스스로의 '판단'이나 '선택'에 따라 자신의 행위를 변화시킬 능력은 거의 전무하다. 이에 비해 AI 기술에 입각한 알파고 같은 존재들은 주어진 상황의 변화를 '인지'하고 그에 따라 적절한 행동을 '선택'할 수 있는 상당 정도의 행위 자유도를 갖추고 있다.

물론 전통적인 자동화의 차원에서도, 여러 가능한 입력에 대응하여 거기에 알맞은 (미리 준비된) 출력을 산출하도록 함으로써 일정 수준의 행위 자유도를 확보할 수 있다. 가령 빨래의 재질이나 양을 자동으로

12 이러한 '자율성'의 개념은 각주 11에서 소개한 플로리디의 자율성 개념과도 미묘한 차이가 있다. 플로리디와 샌더스는 자율성을 외부의 자극에 의해서가 아니라 스스로의 내적 상태를 변화시킬 수 있는 능력으로 규정하고 있다. 우리가 이 글에서 의도하는 자율성의 개념은 그들이 말하는 자율성과 적응성의 조건을 합친 것에 유사하다.

인식하고 그에 알맞은 세제나 세탁코스를 스스로 선택하는 세탁기도 제한적이긴 하지만 행위 자유도를 갖고 있다. 서로 다른 입력에 대해서 달리 반응할 수 있다는 의미에서 이를 1차 수준의 자유도라고 불러보자. 그러나 이 경우 가능한 입력과 출력 쌍의 집합은 이미 유한하게 고정되어 있고, 주어진 입력에 반응하여 적절한 출력을 선택하는 기계의 내적 상태 (혹은 알고리듬) 또한 고정되어 있기에, 이는 새로운 종류의 입력에 대해 적절히 반응하는 능력을 갖고 있지 못하며, 수행하는 행위도 모두 사전에 예측 가능하다. 그런 점에서, 우리가 알고 있는 '인공지능' 세탁기나 청소기는 기실 '지능'을 갖고 있지 못하며, 우리가 관심을 갖는 자율적 AI 기술의 범주에 포함되지 않는다.

이에 비해 지금 문제가 되는 AI는 2차 수준의 자유도를 갖는다. 2차 수준의 자유도는 주어진 입력에 대해 어떤 출력을 산출할 것인가를 결정하는 내적 상태로서의 알고리듬 자체가 스스로 변화될 수 있다는 것이다. 가령 알파고가 바둑을 두는 과정을 생각해보자. 알파고는 프로그래머가 작성한 정해진 규칙을 따라 바둑을 두는 것이 아니다. 프로그래머의 역할은 알파고가 바둑을 두는 방법을 배우도록 하는 학습 알고리듬을 작성하는 것이며, 알파고는 과거의 기보들로 이루어진 빅데이터를 기반으로 기계학습이란 절차를 통하여 스스로 바둑을 두는 방법을 배우게 된다. 말하자면, 주어진 입력에 대응하여 착점의 위치(출력)를 결정하는 알파고의 바둑 알고리듬은 학습이나 대국 과정을 거치면서 끊임없이 조정되고 변화한다. 그 결과 알파고는 시간의 변화에 따라 동일한 입력에 대해서도 다른 출력을 산출하는 것이 가능하며, 전혀 새로운 종류의 입력에 대해서도 반응할 수 있는 능력을 갖추게 된다. 입력과 출력을 매개하는 내적 상태가 학습 과정을 통해 변화하기 때문에,

가능한 입력과 출력의 대응 쌍이 미리 고정되어 있지 않으며, 프로그래머조차도 알파고가 어떤 규칙에 따라서 착점하는지 정확하게 이해하지 못한다.

물론 엄격히 말한다면, 알파고의 행동 범위도 여전히 모종의 알고리듬 절차나 구조에 의해 결정되어 있다. 하지만, 인간 설계자나 사용자는 온전히 파악할 수 없고, 따라서 그것이 수행하게 될 행위 또한 모두 예측하거나 통제할 수 없다. 이 글에서 알파고 같은 AI 기술이 (최소한 상대적인 의미의) 자율성을 갖추고 있다고 말할 때, 이는 2차 수준의 자유도에 입각한 행동 능력을 가진다는 의미이다.

AI 관련 문헌이나 미디어에서 논의되는 모든 AI 기술이 이러한 2차 수준의 자유도를 갖는 것은 아니다. 무어가 말하는 명시적 윤리 행위자의 경우도, 그에 해당하는 모든 AI가 2차 수준의 자유도를 갖는지는 분명하지 않다. 따라서 명시적 윤리 행위자라고 해서 모두 자율적 행위자가 되는 것은 아니다. 무어가 예로 들고 있는 '제러미'는 특정한 행동에 의해 사람들이 받을 즐거움과 불쾌함의 정도를 계산하는 윤리적 전문가 시스템으로 알려져 있다. 만약 이것이 단지 체스판의 다음 수를 계산하듯이, 주어진 지식 데이터를 기반으로 어떤 행동의 쾌락 유발 정도를 단순 계산하는 프로그램이라면, 자율적 행위자에게 요구되는 충분한 자유도를 갖추었다고 말하기 힘들다. 그런데 이것이 과거 사례와의 유사성 등을 토대로 모종의 학습 알고리듬을 통하여 새로운 사례에 대해 판단을 조정하는 방식으로 작동한다면, 자율 행위자로 인정될 가능성은 더 커질 것이다. 현재 의료현장에 도입되기 시작한 IBM의 왓슨이 바로 그런 과도기에 있는 AI로 판단된다.

2차 수준의 자유도를 갖춘 AI라고 해서, 그것이 모두 윤리 행위자인 것은 아니다. 2차 수준의 자유도는 자율적 윤리 행위자가 갖추어야 할 필요조건 중의 하나에 불과하다. 그것이 윤리 행위자이기 위해서는 윤리적 범주에 입각하여 윤리적 추론을 수행할 능력을 갖추고 있어야만 한다. 즉, 명시적 윤리 행위자로 분류될 수 있어야 한다. 명시적 윤리 행위자의 요건을 만족시킨 AI가 온전한 2차 수준의 자유도를 갖추었다면, 비로소 우리는 AI가 기능적인 자율적 도덕 행위자로서의 행위 주체성을 갖는 단계에 도달했다고 말할 수 있다. 이 글에서 관심을 갖는 것은 2차 수준의 자유도를 갖는 AI이며, '자율적 행위자'의 개념 또한 그에 국한하여 적용한다.

AI는 이러한 자율성을 바탕으로 상당한 '지능'을 갖추지 않았다면 수행 불가능하다고 여겨졌던 복잡한 업무들을 수행하게 될 것이다. 여기서 주목할 점은 이러한 AI가 일종의 직권 위임을 통해 스스로의 판단과 결정을 통해 행동하는 능동적 행위자라는 사실이다. AI가 갖는 자율적 특성은 인간과 AI 사이의 상호작용을 기존 기술과는 상당히 다른 양상을 띠도록 만든다. AI는 그것들의 선택에 따라 다양한 도덕적, 윤리적 함축을 갖는 결과들을 산출할 것이다. 여기서 문제는 윤리적 함축을 갖는 행위가 인간의 통제를 벗어나서 AI 스스로의 자율적 선택에 의해서 이루어진다는 점이다. 그런 측면에서 AI는 최소한 제한적으로나마 도덕적인 의미의 기능적인 자율적 행위자성 혹은 행위 주체성을 갖게 되는 것처럼 보인다.

인간중심주의의 극복

AI를 도덕적인 차원의 자율 행위자로 규정하는 것에 대해서는 다양한 반론이 예상된다. 우선 예상되는 전형적인 반론은 다음과 같은 것이다.

도덕 주체로서의 자율 행위자란 개념은 자유의지를 전제하는 것이며, 특히 "자율성"이란 말은 이성적 숙고를 토대로 자신의 행위 규칙을 스스로 입법하는 존재에게만 적용될 수 있는 표현이다. 또한 "행위자"는 자신의 행위의 결과에 대하여 책임(responsibility)을 질 수 있는 존재를 의미하는 개념이다. 그런데, 책임을 묻기 위해서는 행위에 대한 '의도'와 자유로운 '선택'을 말할 수 있어야 한다. 그런데 과연 AI가 그런 '의도'를 갖거나 자유로운 '선택'을 한다고 말할 수 있는가? 알고리듬의 철저한 지배를 받는 AI는 자유로운 선택의 능력을 결여하고 있으며, 표면적으로 관찰되는 선택은 궁극적으로 그것을 설계하거나 사용하는 인간으로부터 기원하는 것이기에, AI는 결코 행위 주체로서의 도덕 행위자가 될 수 없다.

이러한 반론에 대응하기에 앞서, 먼저 AI를 자율적 행위자로 규정하려는 시도는 도덕 행위자의 범주를 보다 확장적으로 수정하려는 제안임을 밝힐 필요가 있다. 기술이니 기계에 '자율적 행위자'의 지위를 부여하는 것은 기존의 사고 습관 속에서는 매우 어색한 일이다. 기술이나 기술적 존재의 도덕적 지위를 이해하는 표준적인 방식은 도구주의이다. 이에 따르면 기술은 인간의 목적을 위해 인간 행위자가 고안하고 사용하는 도구에 불과하며, 그것들 자체는 어떠한 도덕적 지위도 갖지 않는다.

이러한 생각의 배후에는 도덕적 지위라는 특권을 인간에게 국한시키고자 하는 다분히 근대적인 성격의 인간중심주의가 자리 잡고 있다. 가령 데카르트는 동물은 영혼(정신)을 소유하지 않기에 자동으로 움직이는 기계와 같다고 생각했다. 이때 동물의 지위와 기계의 지위는 동일하고, 모두 도덕적 고려의 대상에서 제외되었다는 점에서 공통적이다. 그런데 흥미로운 점은 데카르트에게 있어서 기계 혹은 기계적 메커니즘 자체가 영혼의 대립항으로서 행위자의 지위를 배제하는 핵심적인 조건으로 작용한다는 것이다. 즉 데카르트적 사고를 따르자면, 기계론적 법칙의 지배를 벗어나 자유의지를 발휘할 수 있는 영혼과 달리, 기계는 결정론적 자연법칙에 종속된 존재로서 그 정의상 행위의 책임 주체인 행위자의 지위를 가질 수 없다. 따라서 기계적 존재인 AI가 자율적 행위자라는 사실은 일종의 모순어법에 해당한다.

그러나 데카르트의 이러한 사고방식은 근대라는 시대적 역사성과 인간중심주의라는 편견에서 자유롭지 않다. AI가 제기하는 중요한 철학적 문제는 우리의 근대적 사고를 정초하고 있는 인간/비인간, 정신/신체, 자연/인공, 유기체(생명)/무기체(비생명), 원본/복제 같은 다양한 이원적 구분에 도전한다는 점이다. 데카르트가 동물과 기계에게 동등한 도덕적 지위를 부여했음을 상기해보자. 오늘날 우리는 반려동물이나 고등의 포유류에게 피동자(patient)로서의 도덕적 지위를 부여하는 일에 큰 거부감을 느끼지 않는다. 데카르트식의 사고방식을 따르자면, 기계적 존재인 동물에게 도덕적 지위를 부여하는 것은 매우 터무니없는 일이다. 하지만 진화론의 등장과 함께 인간과 동물 사이의 근본적인 경계가 불확실해지고, 고통에 대한 동물의 감각력에 주목함으로써 우리는 동물의 권리를 당연한 것으로 수용하기 시작했다.

AI가 갖는 행위자성의 문제는 유사한 지각 변동이 AI에 대해서 일어나고 있음을 보여주는 징후이다. 브루스 매즐리쉬(Bruce Mazlish)는 인간이 세계의 다른 존재에 비해 특권적 지위를 가진다는 생각의 배후에는 인간과 다른 존재 사이에 모종의 근본적 불연속이 존재한다는 가정이 있다고 진단한다. 코페르니쿠스나 다윈, 프로이트의 기여는 인간과 다른 존재를 차별 짓는 여러 범주적 구분의 타당성에 의문을 제기하고 그 구분들을 해체한 것이다. 과학의 발전에 따라, 자연은 연속적인 성격을 띠고 있으며, 인간도 자연 세계의 일원인 한에 있어서 그러한 연속성의 관점에서 이해될 수밖에 없음이 점차 분명해졌다. AI의 도덕적 지위 문제는 이제 인간과 기계, 자연과 인공 사이의 구분이 불확실해지고 있다는 상황과 관련되어 있다. 매즐리쉬는 우리가 지금 인간-기계 사이의 네 번째 불연속을 깨는 문턱에 와있으며, "우리의 자존심에 금이 가기는 하지만, 이제 더 이상 인간과 기계가 완전히 다르다는 생각을 유지하기 어렵다"라고 주장한다.[13]

이 글에서 취하는 태도가 바로 이것이다. 전통적인 이해에 따른 도덕 행위자 개념은 AI가 촉발할 새로운 윤리적 현상들을 이해하고 평가하는 데 부적절한 측면이 있다고 생각한다. 그런 점에서, AI 같은 기술적 존재를 포함할 수 있도록 도덕 행위자의 개념을 일부 수정할 필요가 있다. 이러한 점을 염두에 두고 앞의 반론으로 돌아가보자.

반론들에 대한 대응

철학자들은 이성적 숙고를 통한 자기 입법 및 자유의지의 행사라는 다분히 칸트적인 생각을 통하여 자율성의 개념을 이해하고자 한다. 이러한 엄격한 자율성의 개념에 입각하여 도덕 행위자의 범주를 구획하는 것은 매우 축소적인 방식이다. 자기 입법적인 성격의 행위 규칙에

13 브루스 매즐리시, 김희봉 옮김, 《네번째 불연속-인간과 기계의 공진화》, 사이언스북스, 2001, 18쪽.

따라 행동하는 자만이 자율적 행위자일 수 있다는 생각은 서술적 기준이라기보다 일종의 규범적 이상을 표현하는 것으로 보인다. 정상적인 지능을 가진 인간 성인을 모두 자율적인 도덕 행위자로 인정하는 것이 우리 사회의 실천적 관행이다. 그런데 이들 모두가 자기 입법적인 의미의 자율성을 행사하는지는 의문이다. 따라서 누군가 "자율성"이란 표현을 칸트적인 강한 의미로 사용할 것을 고집한다면, AI에게 귀속되는 자율성은 그런 엄격한 의미의 자율성이 아니라, 앞서 설명한 바와 같은 행위의 자유도를 나타내는 표현이라고 대답할 수밖에 없다.

자기 입법성의 조건을 보다 우호적으로 해석하면 행위의 의도, 목표 혹은 결과 등에 대해 자기반성적으로 판단하는 능력을 요구하는 것으로 이해할 수 있다. 이는 세계에 대한 1차적 믿음이나 욕구에 해당하는 심성 상태를 가질 뿐 아니라, 자신의 심성 상태에 대해서 메타적으로 접근하고 평가하는 2차적 심성 상태를 가지고 있어야 한다는 요구이다. 말하자면, 이는 세계에 관한 1차 상태와 그 상태들에 대해 메타적으로 반성하고 평가하는 2차 상태의 구분과 같은, 위계적 구조를 띠는 상당 정도의 복잡한 심성 구조를 가진 존재만이 윤리적 행위자로 인정될 수 있다는 조건이다. 해결해야 할 철학적 문제는 남아있지만,[14] AI가 그런 심성 구조를 가질 수 있다는 것에 어떤 원리적 난관이 있다고 여겨지지는 않는다.

현대철학의 지배적인 논의에 따르면, 심성 상태는 그것이 수행하는 기능적 역할을 통해서 정의되는 상태이다. 이것이 함축하는 바는 심성의 본성을 논의할 때, 꼭 인간의 정신이 기준이 될 필요는 없다는 말이

14 대표적으로 지향성의 자연화 혹은 '심벌 그라운딩(Symbol Grounding)'의 문제를 들 수 있다.

다. 인간의 정신은 자연선택이라는 생물학적 방식을 통하여 진화하였고, 두뇌라고 부르는 유기적 구조를 통해 구현된다. 그러나 그것이 꼭 정신(심성)이 출현하는 유일한 방식일 필요는 없다. AI같이 실리콘 기반의 인공적인 기계라 하더라도, 적절한 기능적 구조를 갖추고 있다면 심성 상태를 귀속시킬 수 있다는 것이 기능주의의 주장이다. 심성의 본성에 대한 기능주의적 이해가 철학자나 인지과학자 대다수가 수용하는 입장임을 감안한다면, AI의 행위자성을 논의하는 맥락이라고 해서 이를 달리 생각할 이유는 없어 보인다.

물론 심성을 갖는 존재라고 해서 모두 도덕 행위자의 지위가 부여되는 것은 아니다. 앞서 논의하였듯이, 지금 우리가 관심을 갖는 AI는 환경이나 대상 혹은 인간 행위자와의 상호작용이나 학습을 통하여, 자신의 다음 행위를 결정하는 내적 상태 혹은 구조가 시간에 따라 변화할 수 있는 2차 수준의 자유도를 갖는 AI이다. 이러한 기능적 구조를 갖춘 AI라면, 윤리적 행위자로 인정받기 위하여 요구되는 충분히 복잡한 심성 구조를 갖는 데 큰 문제는 없어 보인다.

그런데도, 다음과 같은 비판이 있을 수 있다.

> AI는 기본적으로 알고리듬에 의해 구동되는 결정론적 체계이기 때문에, 도덕 행위자에게 책임을 묻기 위해서 전제되어야만 하는 자유의지를 결여한다.

개인적으로 자유의지와 결정론의 문제는 해결 전망이 가장 난망한 철학적 문제 중의 하나라고 생각한다. 이는 형이상학적 의미에서 인간도 근본적으로 무제약적인 자유의지를 갖는지 여부가 불투명하기 때문이다. 물론 우리는 어떤 행위를 선택하고 수행할 때, "나는 스스로의 자유의지에 따라 그 행위를 선택한다"라는 주관적 자유 경험을 한다. 그러나 자유의지에 대한 현상적 경험이 실제로 자유의지가 존재함을 입증하지는 않는다.

최근의 뇌과학이나 유전학 등의 발전 성과를 보아도, 우리가 수행하는 많은 행위가 전적으로 우리의 통제 속에 있는지는 분명하지 않다. 나는 기본적으로 인간은 자연 세계의 일부로서 물리적인 존재라고 생각한다. 그리고 우리의 마음 작용을 떠받치고 있는 두뇌나 신경계, 혹은 신체 또한 철저하게 물리적으로 작동하는 기제이며, 우리가 아직 풀어내지 못한 모종의 메커니즘/알고리듬을 통해서 작동하고 있다고 생각한다. 이런 사실을 받아들인다면, 인간과 AI 사이에 알고리듬이나 자유의지/결정론의 차원에서 어떤 범주적 장벽이 가로놓여 있다고 생각되지는 않는다.

사회적 실천의 관행적 맥락에서, 우리는 현상적으로 관찰되는 행위 선택의 자유가 그 결과에 대한 책임을 묻기 위한 조건으로서 충분하다고 간주한다. 자유의지와 결정론의 문제에서 대표적인 양립론자인 해리 프랑크푸르트(Harry Frankfurt)는 2차적 의욕에 따라서 자신의 의지를 명령할 수 있는 능력으로 자유를 이해한다.[15] 이때 2차적 의욕은 특정한 종류의 1차적 욕구를 갖고자 하는 2차적 욕구를 말한다. 이러한 설명 방식을 따르면, 우리가 행위를 통해 직접적으로 충족시키려는 1차 수준의 욕구를 2차 수준의 욕구에 따라 반성적으로 평가할 때, 그것이

15 Harry G. Frankfurt, *The Importance of What We Care About: Philosophical Essays*, Cambridge University Press, 1989, pp. 16-20.

2차 수준의 욕구에 일치한다고 판단되어 그 욕구를 충족하기 위한 행동을 선택하였다면, 그러한 선택은 우리의 자유로운 의지에 따른 선택으로 인정된다. 여기서 2차 수준의 욕구에 해당하는 것은 우리의 인격적 정체성을 구성하는 장기적이고 고정적인 구조에 해당하는 고차적이고 통합적인 가치 지향이나 선호 판단의 원칙이다.

프랑크푸르트의 주장은 직접적인 1차적 욕구만을 충족시키는 것이 아니라 그러한 욕구들이 진정으로 자신이 원하는 바인가의 여부를 숙고하여 이루어지는 동의(consent), 즉 스스로의 선택이나 행동에 대해서 반성적으로 평가한 다음에 이루어지는 2차적인 선택을 책임의 귀속을 위해 필요한 충분한 정도의 자유로 간주하자는 것이다. 이를 위해 요구되는 자기반성적인 선택 능력은 앞서 논의했던 2차적인 메타 상태의 심성적 구조를 통해서 충족될 수 있다. 2차 수준의 자유도를 갖는 AI가 그러한 심성 구조를 가질 수 있음은 이미 지적된 바 있다.

윤리적 행위자인 AI에서 1차 심성 상태와 2차 심성 상태의 관계는 다음과 같이 생각될 수 있다. 먼저 1차 수준의 욕구나 믿음, 추론, 선택 등은 AI가 수행하도록 되어 있는 기능적 업무의 효율적인 처리와 관련된 상태들이다. 가령 군사로봇을 예로 든다면, 작전 수행의 목표, 목표 달성을 위해 필요한 상황 정보, 목표를 효과적으로 달성하기 위한 방법의 추론 등이 그러한 1차 상태를 구성하게 된다. 2차 상태의 역할은 이러한 1차 상태들이 수행하는 업무의 목표나 그 처리 방식을 AI가 갖는 윤리적 지향이나 가치 판단의 원칙에 입각하여 아무런 문제가 없는가를 평가하고 승인하는 것이다. 이때 AI의 2차적 욕구에 해당하는 것은 AI에게 장착된 윤리적 규범이나 원칙이 된다.

윤리적 규범을 AI에게 실제로 엔지니어링하는 방식에는 하향식

(Top-Down), 상향식(Bottom-Up), 하향식과 상향식을 혼합한 방식이 있을 수 있다.[16] 먼저, 하향식은 행위의 옳고 그름의 판단에 대한 기초가 되는 특정의 도덕 이론이나 윤리 규범을 선택하고, 이를 충족하려면 필요한 정보나 따라야 할 절차가 무엇인지를 분석한 다음에, 그 계산적 요구 조건을 AI의 알고리듬으로 구현하는 방식이다. 도덕의 표준이나 원칙은 종교, 문화, 정치적 관점에 따라 매우 상이할 수 있다. 따라서 AI에 구현시킬 하향식 도덕적 표준을 선택하는 일은 AI가 어떤 가치 지향을 갖도록 설계할 것인지 결정하는 문제로서 사회적 합의가 필요한 문제이다.

상향식은 AI가 먼저 일련의 행위를 탐색하도록 하고, 도덕적으로 칭송할 만한 행위를 보상하는 등의 방식으로 기계학습을 시키는 방식이다. 이는 어떤 행위가 도덕적인지 미리 정의해 주는 것이 아니라, 알파고의 경우와 마찬가지로 AI 스스로가 다양한 윤리적 판단의 사례로부터 윤리적 원칙이나 규범을 발견하거나 구성하는 방식이다. 어린아이의 발달과정이나 변이·선택·적응이라는 진화적 기제 등이 AI가 상향식으로 도덕적 능력을 획득하게 되는 방식에 대한 모형을 제공한다. 현실세계에서 작용할 인공적 윤리 행위자 같은 복잡한 시스템의 설계에는 상향식/하향식의 엄격한 이분법보다 두 방식을 적절히 혼합한 방식이 활용될 것으로 예상된다. 특히 이 과정에서 실제의 윤리적 사례와 그에 대한 평가로 이루어진 윤리적 빅데이터가 중요한 요소로 작용할 것이다.

그런데, AI가 갖는 2차 수준의 욕구에 해당하는 가치 지향이나 선호

16 각각의 방식에 대한 자세한 설명은 월럭과 앨런(2009)의 6장-8장 논의 참조.

의 궁극적인 원천은 인간 혹은 인간 프로그래머이다. 그런 점에서, 다음과 같은 비판이 가능하다.

> AI는 자신의 선택을 인간에 의존하고 있는 타율적 존재에 불과하기에, 결코 자율적 행위자가 될 수 없다.

여기에는 인간과 AI 사이의 유사성을 강조하느냐 혹은 차이를 강조하느냐에 따라서 두 가지 방향의 답변이 가능하다. 먼저 첫 번째 답변은, 인간과 AI 사이에 존재하는 차이는 절대적인 종류의 차이가 아니라 상대적인 정도의 차이라는 것이다. 인간의 경우, 행위의 선택은 추구하려는 가치나 이상, 좋아하는 것의 선호체계 등과 같은 요소들에 의해 뒷받침된다. 그런데 이러한 요소들은 진공 상태에서 그냥 생겨나는 것이 아니다. 거칠게 말하면, 그것들은 우리가 가진 유전적 소질과 더불어 양육(사회화)이라는 두 가지 요인을 통해서 형성된다. 그런데 두 요인 모두, 즉 비단 유전적 소질뿐 아니라 성장기의 교육환경이나 경험과 같은 양육의 조건조차도 우리 스스로가 선택한 것은 아니다. 우리는 우리의 선택과 무관하게 특정의 가치, 규범, 규칙이 작동하는 가정이나 사회 혹은 문화 속에서 태어나며, 교육이나 사회화 과정을 통해 그러한 가치나 규범을 내면화하게 된다. 결국 우리가 가진 가치나 선호체계는 전적으로 우리 자신이 결정한 것이라기보다, 많은 부분 진화라는 역사 과정을 통해 프로그램된 유전자 속의 성향이 양육과정에서 주입되는 외부적 요소와 결합한 산물이다.

AI에서 이러한 과정을 대신하는 것이 인간 프로그래머와 기계학습의 역할이다. 자율 행위자로서 인간이 갖는 심성 구조와 가치 지향은 자연선택을 통한 오랜 생물학적 진화의 역사 및 사회화 과정의 결과이다. 이에 대응하여, AI는 인간 프로그래머가 인공적으로 디자인한 심성 구조와 윤리적 빅데이터를 통해 학습되는 가치 지향을 갖게 된다. 특히, 인간이 주로 교육을 통한 사회화 과정을 통하여 윤리적 가치 지향을 형성한다면, AI의 경우 이것에 해당하는 것은 빅데이터를 통한 기계학습이다. 그런데 이런 차이가 자연지능과 인공지능의 차이는 보여줄지언정, 행위자로서 갖는 자율성 여부에 어떤 결정적인 구분을 초래하는지는 분명하지 않다. 앞서 언급한 프랑크푸르트의 주장을 진지하게 받아들일 경우, 자율성의 여부를 따지는 데 중요한 기준은 1차 수준의 욕구를 2차 수준의 욕구에 따라 반성적으로 평가하고 그 결과에 따라 달리 행동할 수 있느냐의 여부이다. 여기서 2차 수준의 욕구가 궁극적으로 어디에서 어떤 방식으로 유래하는지가 자율성의 유무에 결정적인 영향을 끼친다고 생각되지는 않는다.

그런데도, 인간과 AI 사이에 존재하는 이러한 차이가 행위자의 자율성에 중대한 차이를 초래한다는 의심은 여전히 잘 가시지 않는다. 가령 다음과 같은 반론이 가능하다.[17]

> 인간의 경우에 그 가치나 선호체계가 비록 역사적 과정이나 사회문화적인 요인에 의해 결정된다는 사실을 인정해도, 인간이나 다른 어떤 존재에 의해 의도적으로 조작되거나 조종되는 것은 아니며, 어디까지나 그것은 인간의 관심이나 자발적인 선택을 반영한다. 이와는 달리,

17 이 반론에서 말하고자 하는 요점이 바로 칸트적인 의미의 자기입법적 자율성이 말하고자 하는 바라고 해석할 수 있을 것 같다.

AI의 가치나 선호체계는 전적으로 인간 프로그래머가 특정한 의도를 가지고 선택한, 인간들의 윤리적 데이터에 의해 조작되고 결정되며, 그런 점에서 그것은 AI 자신을 위한 AI의 윤리가 아니라 인간에 의한 인간을 위한 인간의 윤리이다. 따라서 AI는 인간과 달리 진정한 자율적 행위자일 수 없다.

현재의 AI 발전 수준을 고려하면, AI 스스로가 인간과 독립적으로 자신만의 가치나 선호체계를 자발적으로 가질 수 있는지 하는 여부는 분명하지 않다. 하지만, AI 기술이 성숙 단계로 발전한 미래 시점에도 과연 그럴지는 미지수이다.[18] 다른 한편으로, 근 미래에 가능한 AI의 가치나 선호체계가 일차적으로 인간의 윤리를 반영한다는 사실만큼은 부정할 수 없다. 그런데 비록 이것이 중요한 차이이기는 하지만, 과연 자율적 행위자로서의 어떠한 지위도 부정할 만큼의 결정적인 차이일까? 이 지점에서 인간과 AI의 차이를 인정하는, AI의 타율성에 대한 두 번째 대답 방식을 생각해볼 수 있다.

지금 이 글에서 쟁점이 되는 것은 AI가 자율적인 도덕 행위자로 인정받을 수 있는지 하는 여부다. 그런데 이는 AI가 인간과 완전히 동등한 수준의 도덕 행위자라는 주장이 아니며, 그러한 수준의 AI가 출현하는 것이 과연 현실적으로 바람직한지도 의문이다. 우리가 이 글에서 답

18 슈퍼지능의 출현과 관련하여 닉 보스트롬(2014) 등이 가장 우려하는 부분이 사실은 슈퍼지능이 인간과는 전혀 독립적인 자신만의 가치체계를 가지는 상황이다. 만일 그러한 상황이 도래한다면, 개미들의 이익이 집을 짓는 과정에서 내리는 우리의 판단에서 크게 중요하지 않은 것처럼, 인간의 이익 또한 슈퍼지능에게 크게 중요하지 않은 상황이 도래할 수 있다. 정대현(2017)은 인간과 동등한 수준의 AI 혹은 로봇을 '특이점 로봇'이라 명명하면서, 이 로봇종이 우리 인간과 동일한 언어공동체의 구성원이 되어야 함을 제안한다.

하려 했던 무어의 첫 번째 질문은 과연 온전한 윤리 행위자만이 진정한 윤리 행위자로 인정받을 수 있는지의 문제였다. 다시 말해서, 이는 인간과 같은 동등한 수준은 아니지만, 기능적 차원의 의미에서 AI를 '진정한' 유리적 행위자로 인정할 가능성이 있는지의 문제이다. 이 질문이 중요한 이유는 전자인격의 지위를 운운하는 현재 상황에서 AI 혹은 AI 개발에 대해서 기존의 기술과는 구분되는 방식으로 모종의 책임을 귀속시키는 것이 현실적으로 필요해 보이기 때문이다.

이러한 논의 맥락을 감안한다면, AI가 도덕 행위자로 인정받기 위해서, 도덕적 행위자로서 인간이 갖는 모든 특성을 그대로 가져야만 한다고 주장하는 것은 인간 중심주의의 한 발현일 뿐이다. 지금 이 글에서 주장하고자 하는 바는, 일정한 조건을 만족시키는 AI의 경우에, 비록 인간과 동등한 수준은 아니지만, 기능적인 차원에서 제한적인 의미의 자율적 행위자성을 부여할 수 있다는 것이다. 이러한 주장의 밑바탕에 깔린 직관은, AI가 개입된 도덕적 상황에서 만약 AI의 행동이 자율적 인간 행위자가 수행하는 것과 상당히 유사한 방식으로 이루어진다면, AI를 자율적인 도덕 행위자로 인정하지 못할 이유가 없다는 것이다. 말하자면, AI가 수행하는 행위의 내용뿐 아니라 그것이 선택되어 수행으로 이어지는 과정이 인간 행위자의 행동 방식과 비교하여 일정 수준 이상의 기능적 동등성을 가지고 있다면, 그에 비례하는 수준에서 AI를 자율적 행위자로 인정할 수 있다는 것이다.

책임과 책무성

마지막으로, 이상의 모든 논의에도, 책임 귀속의 어려움을 들어서 AI를 자율적 행위자로 인정할 수 없다는 반론이 있을 수 있다. 전통적인 의미의 도덕 행위자는 자신의 행위에 책임(responsibility)을 질 수 있는 존재이다. 지금까지 우리의 논의는 책임을 묻기 위해 요구되는 다양한 선결 조건들이 AI의 경우에도 일정 정도 충족될 수 있음을 논증하는 것이었다. 그런데 그 모든 조건이 만족되었음에도, 여전히 AI에게 책임을 묻는 일은 반직관적으로 들린다. 만약 AI에게 도덕적 책임을 물을 수 없다면, 당연히 자율적 행위자로도 인정될 수 없는 것이 아닐까?

AI에 대해 책임의 귀속이 어렵다고 생각하는 것은 책임의 귀속이나 추궁과 관련된 사회, 문화, 법적 차원의 실천적 관행이나 제도와 무관하지 않다. 책임이란 말은 일상에서 매우 다의적인 의미로 사용되는 표현이다. 그런데 AI에게 책임을 묻는다고 말할 때 우리가 자연스럽게 떠올리는 맥락은, AI가 수행한 어떤 행위의 결과로 누군가의 권리나 이익에 대한 침해가 이루어졌을 때 이를 사후적으로 어떻게 보상하거나 누구를 처벌할 것인가와 같은 징벌적인 상황이다. 이 상황에서 AI에게 책임을 묻는 방식으로 쉽게 상상해볼 수 있는 것은 AI의 작동을 중지시키거나 해체하는 것이다. 그런데 이 경우, 불이익을 당하는 것은 AI의 제작자나 소유자이다. 결코 AI가 처벌의 당사자로 보이지는 않는다.

하지만 우리는 이러한 상황을 달리 해석할 수도 있다. AI가 활용되는 경우는 대개 인간이 AI의 도움을 빌려서 어떤 일을 협력적으로 수행하는 상황이다. 실질적인 모든 일을 AI가 수행하는 경우라 하더라도, 인간은 AI의 배치나 활용을 결정하는 최종적인 의사결정의 주체로서 여전히 협력 당사자의 하나로 간주될 수 있다. 이때 우리는 해당 행위를 수행한 주체가 단지 인간만이 아니라 AI를 협력 파트너로 포함하는 일종의 확장된 시스템이라고 간주할 수 있다. 이를 확장된 행위자(extended agent)라고 불러보자.[19] 확장된 행위자는 인간이나 AI 행위자를 포함하는 다양한 행위자의 결합으로 이루어진다. 말하자면, 책임 귀속의 대상이 되는 행위자의 구획 조건을 인간을 기준으로 하지 않고, 실제로 어떤 일을 수행하는 데 동원되는 비인간 AI를 포함한 리소스의 총합으로 보자는 것이다.

그렇다면 여기서 일차적으로 책임을 묻게 되는 대상도 확장된 행위자로서의 시스템이 된다. 그런데 그 시스템에는 인간뿐 아니라 AI도 포함되어 있다. 따라서 다음 단계로서, 우리는 확장된 행위자의 책임이 다시 그 시스템을 구성하는 개별 행위자들의 역할이나 기여 정도에 따라 분산되는 상황을 그려볼 수 있다. 이른바 분산된 책임(distributed responsibility) 혹은 책임의 분산으로 부를 수 있는 상황이다. 기업 같은 법인의 경우가 바로 그런 상황이다. 어떤 기업이 잘못된 일을 저질렀을 때, 일차적으로 그 책임의 추궁은 법인을 대상으로 이루어지지만, 이차적으로는 법인에 소속된 각각의 구성원이 그 역할이나 기여의 정도에 따라 응분의 책임을 분산해서 지게 된다.

AI의 경우도 비슷하게 생각해볼 수 있다. 인간과 AI가 결합한 확장된 행위자의 경우, 겉으로는 마치 인간만이 유일한 책임의 주체처럼 보이지만, 실제적으로는 그 역할이나 기여의 정도에 따라 상벌을 분산하여 내릴 수 있다는 것이다. 어떤 일을 수행하는 과정에서, 인간에게 최종적인 결정권이 있다면 인간이 훨씬 더 많은 책임을 져야 할 것이며, AI

19 확장된 행위자의 개념은 핸슨(2009)이 제안한 바 있으며, 그 기본적인 생각은 클라크(1998, 2003)의 확장된 마음 이론에서 발전한 것이다. 핸슨은 오직 인간 개체만을 행동의 주체로 간주하는 입장을 방법론적 개체주의(methodological individualism)로 부르면서, 이를 확장된 행위자, 행위자 네트워크 이론(actor network theory), 분산된 인지로 부를 수 있는 입장들과 대비시키고 있다.

의 역할이 단지 인간이 내린 명령을 단순 수행하는 것에 그친다면 그 책임의 양은 상대적으로 적을 것이다. 자율적 AI에게 아무런 책임을 묻지 않는 상황의 경우, 이는 AI가 행위자가 아니어서가 아니라, 책임의 정도가 미미하기 때문에 처벌이 면제되는 상황으로 해석할 수 있다. 반대로, AI의 무능력 때문에 일이 잘못된 경우를 생각해보자. 기업체의 경우에 하위 직원이 무능력하여 일을 크게 그르쳤다면, 기업체가 져야 할 책임과는 별개로 그 직원은 해고 같은 처벌을 받게 된다. AI의 작동을 중지하거나 해체하는 상황이 바로 그런 상황에 해당한다.

책임은 단지 응징으로서의 처벌과 연계된 개념만은 아니며, 잘한 일에 대해서 주어지는 포상이나 칭송을 포함하는 상벌이나 응보(desert)의 개념이기도 하다. 처벌의 경우와 달리 칭송의 경우에는, 훨씬 더 자연스럽게 AI를 행위자로 인정할 수 있을 것처럼 보인다. 가령, AI의 도움을 빌려서 성공할 수 없었던 어떤 일을 성공적으로 수행했다고 가정해보자. 이때 우리는 "이번 일이 이렇게 쉽고 빠르게 성공할 수 있었던 것은 많은 부분 AI의 도움 때문이었다"라고 말하는 것이 전혀 어색하지 않다. 상과 벌, 칭찬과 처벌은 서로 대칭적인 개념이다. 하나가 적용이 가능하다면, 다른 나머지도 적용 가능해야 한다.

다른 한편으로, 책임이란 말은 응보의 의미로만 사용되는 것이 아니라, 마땅히 수행해야 할 의무로서의 책무성(accountability)을 뜻하기도 한다.[20] 즉, 내가 어떤 일에 책임이 있다는 말은, 그 일과 관련하여 내가 마땅히 수행해야 할 어떤 역할이나 (설명할) 의무가 있다는 말이기도 하

20 엄격한 의미의 인과적 책임과 구분되는 책무성 개념의 중요성에 대한 논의는 신상규의 〈인공지능 시대의 윤리학〉(2016)을 참조하라.

다. AI에게 귀속될 수 있는 가장 중요한 의미의 책임 개념이 바로 이러한 책무성이다. 자율적 AI에게 행위자성에 걸맞은 책무성으로서의 책임을 귀속시키는 일은, 오늘날 법적 사회적 제도 속에서 통용되는 응보로서의 책임을 묻는 일보다 훨씬 더 자연스럽게 받아들여질 수 있다. AI에게 부여될 수 있는 책무성에는 맡겨진 일을 효과적으로 잘 수행해야 한다는 비단 기능상의 책무성뿐 아니라, 행동이나 행위 자체가 우리 사회에서 요구되는 윤리적 규범의 제약을 벗어나지 않아야 한다는 윤리적 책무성 또한 포함된다.

AI는 앞으로 인간의 간섭에서 벗어나 엄청난 도덕적 함축을 갖는 다양한 행위를 자율적으로 수행할 것이다. 그런 상황에서 AI의 도덕적 행위자성을 부정한 채 단순한 도구로만 간주하는 태도는, 마치 AI가 가치적으로 중립이라거나 우리 인간이 AI 같은 자율적 존재들을 완전히 통제할 수 있다는 잘못된 인식을 심어줄 위험이 있다. 이는 전통적인 기술과 구분되는 자율적 AI 기술의 본성을 전적으로 오해하는 일이며, 사회적으로 중요한 도덕적 현상을 분석하고 평가함에 있어서 능동적인 영향력을 행사하는 중요한 한 당사자를 누락시키는 결과로 이어지게 된다. AI에게 행위자성을 부여하는 일은 오늘날의 복잡한 도덕 현상 속에서 AI가 수행하는 역할이 무엇인지에 대해 정당한 관심을 유도할 뿐 아니라, 그 행위자성에 걸맞은 책임(책무성)의 귀속을 가능하게 만드는 효과가 있다.

특히 지금 우리가 사는 세계는 개별 행위자의 작은 행위들이 시스템적으로 상호작용하면서 거시적인 수준에서는 엄청난 해악으로 귀결될 수 있는 그러한 세상이다. 오늘날 발생하는 악과 부정의의 상당 부분은, 그 인과적 기여의 정도가 미미하여 전통적인 의미에서 엄격한 의미의 응보적 책임을 동반하지 않는 행위자들의 선택이나 행동의 상호작용으로부터 기인한다. 그 결과 책임이나 개선의 의무를 어떤 특정한 개인이나 집단에게 귀속시키는 일이 매우 어렵다. 특히 미래에는 직권 위임을 통한 자율적인 AI 행위자들의 선택과 행동의 폭이 더욱 확대됨에 따라, 그러한 경향성은 더욱 강화될 것이다.

이러한 점을 고려할 때, 이미 야기된 인과적 결과에 대한 응보의 개념이 아니라, 예상되는 행위의 결과에 입각하여 선제적으로 부과되는 의무로서의 책무성 개념이 더욱 중요해진다. 앞으로 중요한 도덕적 귀결을 야기할 수 있는 행위의 주체가 인간만이 아니라는 점을 감안한다면, 그 필요성은 더욱 절실하다. 응보의 관점에서 책임을 묻기 위해서는 그 직접적인 인과관계가 매우 명백해야 한다. 따라서 까다로운 책임 귀속의 구성 요건 때문에 그 적용 범위는 대단히 제한적일 것이며, 책임의 추궁 또한 사후적으로 이루어질 수밖에 없다. 그러나 모든 것들이 연결되어 복잡한 상호작용의 네트워크를 형성하고 있는 오늘날의 초연결사회에서, 자율적 AI가 전혀 예상치 않은 재앙적인 결과를 산출할 가능성을 감안한다면, 그와 같은 책임 귀속만으로는 결코 충분해 보이지 않는다.[21] 보다 선제적이고 적극적인 대응이 필요하다.

AI에 대하여 그것이 갖는 행위 능력에 비례하여 폭넓게 부과되는 윤리적 성격의 책무성을 요구하는 것이 그와 같은 대응의 기초가 될 수 있다. 이때 책무성은 자신의 행위가 가질 도덕적 파장이나 결과에 대한 최선의 정보에 입각하여 가능한 한 최선의 규범적 행동을 해야만 할 예

21 가령 가까운 사례로 2010년 초단타매매 프로그램 간의 충돌로 다우존스 지수가 순식간에 천 포인트가량 떨어졌던 '플래시 크래시'처럼 누구도 예견하지 못했던 시스템의 붕괴를 생각해볼 수 있다.

방적 의무를 의미하며, 의무 수행의 주체는 비단 인간으로 한정되지 않는다. 이때의 책무성은 행위자가 가진 행위 능력의 크기에 비례한다. 만약 자율적 AI의 행위 능력이 커지면, 그에 비례하여 스스로의 행동을 윤리적 기준에 비추어 조절하고 통제해야 할 윤리적 책무성도 커진다.

AI에 대한 윤리적 책무성의 부과는, 다른 한편으로, 인공지능의 설계자나 제작자에게 그러한 책무성에 해당하는 도덕적 감수성을 어떤 방식으로건 AI에게 구현시켜야 함을 요구하는 일이다. 따라서 이는 인공지능의 설계자나 제작자에게 일반적으로 요구되는 것보다 훨씬 더 엄격한 수준의 사전예방원칙(precautionary principle)의 준수를 요구하는 일이기도 하다. 그런 점에서, 책무성은 비단 인공지능뿐만 아니라, 기술의 설계자나 제작자, 혹은 사용자에게 공히 요구된다고 말할 수 있다. 이러한 책무성의 부과는 새로운 AI 기술이나 제품의 도입에 앞서, 철학자나 윤리학자를 포함하여 다양한 분야의 전문가들이 참여하는 공적 위원회를 통해 매우 엄격한 수준의 기술 영향 평가를 받도록 의무화하는 방식으로 제도화될 수 있다.

책무성에 대한 강조는 우리가 윤리나 도덕을 바라보는 관점의 전환을 요구하는 일이다. 윤리를 생각하는 기존의 지배적인 관점은, 행위자의 비윤리적 행위에 따른 결과에 대해서 어떻게 책임을 물을 것인가를 고민하는 사후적인 처벌과 보상의 윤리학이다. 그런데 지금 우리에게 필요한 것은 행위자의 보편적 책무성과 그에 입각한 예방적 점검의 윤리학이다. 첨단기술의 급속한 발전 더분에, 자연 세계에 대한 인간의 개입 능력이 그 어느 때보다도 강력해졌기 때문이다. 지금은 인간이 지구의 생태환경을 급격하게 뒤바꾸어놓고 있다는 의미에서 새로운 지질시대로서의 인류세(anthropocene)가 논의되는 시기이다. 과학기술이 현재 같은 발전 추세를 지속할수록 인간의 힘과 능력은 더욱 확대될 것이고, 그 결과는 인류 자신의 절멸 가능성을 포함하여 그 누구도 자신 있게 예측할 수 없다. 이러한 현실은 우리에게 도덕과 윤리를 새롭게 상상할 것을 요구한다.

섹스로봇의 현황과 그 규제에 대한 세 가지 입장*

김수정**

성(sexuality)은 인간의 생물학적 충동과 쾌락, 욕망과 사랑, 성적 자아 인식과 발달, 정서적 유내감 발달과 인간관계, 생식과 출산에 이르는 광범위한 영역에서 개인의 내밀한 삶과 사회적이며 공적인 삶에 영향을 미친다. 인간이 자신의 성적인 본능을 어떻게 표현하고 제어하고 충족하는지에 따라 개인은 사회 속에서 건강하고 행복한 삶을 살아가기도 하지만, 성적 표현은 때로 오명(scandal)과 낙인(stigma)의 뿌리가 되거나 혹은 누군가에게 위해와 착취를 조장하여 사회적 불의와 악을 야기하게 되기도 한다.[1] 성에 대해 갖는 태도와 행동이 개인의 삶, 인간관계, 공동체에 미치는 영향을 고려할 때 섹스로봇의 사회적 함의와 법적 규제 여부의 정당성을 고찰해 볼 필요가 있다.

여기서는 섹스로봇의 정의와 현황을 소개하고 섹스로봇에 대한 적

* 이 글은 한국의료윤리학회지 제23권 3호(통권 제64호)에 게재된 논문을 재수록했다.

** 가톨릭대학교 의과대학 인문사회의학과 교수.

1 Farley, Margaret. A. *Just Love : A Framework for Christian Sexual Ethics*, New York ; Continuum, 2006

극적 환영을 표현하는 데이비드 레비(David Levy)와 섹스로봇 반대 캠페인을 벌인 캐서린 리처드슨(Catherine Richardson)의 논의를 살펴보고자 한다. 마지막으로 섹스로봇을 허용하지만 소아착취성애 로봇과 강간 모드의 섹스로봇을 규제해야 한다는 존 다나허(John Danaher)의 논의를 고찰함으로써 마무리하고자 한다.

섹스로봇의 역사적 배경

섹스토이(sex toy), 섹스 인형 혹은 섹스돌(sex doll), 섹스로봇(sex robot)은 모두 섹스에 이용될 목적으로 만들어진다. 섹스토이가 인간 생식 기관의 모양을, 섹스 인형이 인간의 모습을 본뜬 것인데 반해, 섹스로봇은 인공지능을 탑재해서 아직은 조잡한 수준의 반응이지만 일정 정도 인터랙션이 가능하다는 점에서 차별화된다.

역사적으로 가장 오래된 섹스토이의 기록은 2005년에 발견된 것으로 길이 20센티미터 너비 3센티미터의 돌로 만든 남자 생식기 모형이었는데 28,000년 전의 것으로 추정된다고 한다.[2] 역사적 유물 가운데 여성의 생식기나 남성의 생식기가 모방된 흔적들이 있으며, 1700년대에 네덜란드 항해 선원들이 갖고 다녔던 여행의 여인(dame des voyages)의 기록은 피그말리온(Pygmalion) 신화를 본 딴 섹스 인형의 대표적인 형태로 간주할 수 있다. 사람의 형태를 가진 물건을 만들고 그것을 의인화해서 사랑에 빠졌다는 고대 이야기는 라오다미아(Laodamia)와 피그말리온 신화에서 찾을 수 있다. 피그말리온 신화는 너무나 잘 알려져

2 Danaher, John, "Should we be thinking about robot sex?," *Robot Sex: Social and Ethical Implications*, Cambridge : MIT Press, 2017.

있으므로 라오다미아의 이야기를 소개하기로 한다. 아주 옛날 라오다미아라는 여성이 있었는데, 결혼한 지 얼마 안 되어 남편인 프로테시라우스(Protesilaus)가 트로이전쟁에 나가 첫 번째로 죽음을 당하였다. 슬픔에 젖은 라오다미아를 위로하기 위해 그리스 신들이 죽은 프로테시라우스를 저승에서 데려와 세 시간 동안 만날 수 있게 하였다고 한다. 다시 헤어지게 된 것에 상실감을 느낀 라오다미아는 남편을 본 딴 청동 인형을 만들어 함께 잠을 자곤 했는데, 이것을 알게 된 라오다미아의 아버지가 청동 인형을 불 속에 던져버리자 라오다미아도 그 인형을 따라 불 속에 뛰어들어 죽음을 택했다는 가슴 아픈 이야기이다.[3]

조각상이나 인형 혹은 마네킹 등에 성적 매력을 느끼는 것을 아갈마토필리아(agalmatophilia)라고 한다.[4] 그리스어인 아갈마(agalma)는 조각을 의미하고 필리아(philia)는 사랑을 의미한다. 앞서 언급한 라오다미아는 자신이 그리워하는 남편을 투사한 인형을 사랑한 것이므로 인형은 죽은 남편의 모상이자 상징이라고 볼 수 있다. 피그말리온은 현실에서 자신이 좋아할 여성을 찾을 수 없었기에 상상 속에 그리는 이상적 여성의 대체물을 조각으로 만들었고 그것과 사랑에 빠졌을 수 있거나 혹은 사랑에 빠졌다고 착각했을 수 있다. 정령주의(animism)는 식물이나 무생물, 혹은 자연현상에 영혼이나 의지가 있다고 생각하며 살아있다고 간주하는 것이다. 애니마(anima)는 라틴어로 숨, 혼, 생명 등을

3 Devlin, Kate, *Turned On: Science, Sex and Robots*, London : Bloomsbury, 2018 : 18.

4 박성조, "새신랑 된 에펠탑? …美여성과 결혼", 〈서울신문〉, 2008.6.6. https://nownews.seoul.co.kr/news/newsView.php?id=20080606601004 〔검색일 : 2022.3.8.〕 "결혼: 홀로그램과 결혼한 일본 남성", 〈BBC 뉴스: 코리아〉, 2018.11.15. https://www.bbc.com/korean/international-46218348 〔검색일: 2022.3.8.〕

의미한다. 의인화(anthropomorphism)는 인간의 특질이나 감정이나 의도 등을 무생물에 부여하는 것이다.

인간과 유사한 외형을 갖고 있거나 인간 행동과 유사한 것에 맞닥뜨릴 때, 우리가 이것을 해석하고 받아들이는 방식으로서 타인에 대한 우리 지식을 활용하는 것이다. 이는 우리가 애착을 느낀 대상에 공감을 느끼고 보살피고 상호관계성을 형성하게 되면서 나타나는 현상이라고 볼 수 있다. 사람들은 살아있는 사람과의 관계를 원하기 때문에 그 대체물로서 복제품인 섹스로봇과 섹스를 하는 것인가? 아니면 섹스로봇 자체에 매료되기 때문일까?[5]

로봇이란 표현은 카렐 차페크(Karel Capek)의 희곡인 1922년 〈로섬의 보편 로봇(Rossum's Universal Robots)〉에서 사용되었는데, 복종(servitude)이라는 동유럽어의 어근을 갖고 체코어로는 강요된 노동자(forced worker)라는 뜻이 있다. 차페크는 인간과 비슷한 모양으로 제조된 것을 묘사하기 위해 로봇이라는 용어를 사용했다. 국제로봇연합(The International Federation of Robotics)은 산업용 로봇을 자동적으로 제어할 수 있고, 다시 프로그램 가능하며, 여러 목적을 위해 조작 가능한 것으로서, 산업에서 자동 활용체를 한 장소에 고정하거나 이동 가능할 수도 있다고 규정하고 있다.[6] 이를 바탕으로 다나허는 인간의 형태를 갖고 있고, 인간과 유사한 움직임이나 행동을 하며, 약간의 인공지능을 가진 것으로서 성적으로 이용될 목적으로 만들어진 인공적 존재라고 섹스로봇

5 Devlin, 앞의 책.

6 European Parliament, "Civil Law Rules on Robotics," May 2017. http://www.ifr.org/industrial-robots 〔검색일: 2022.3.8.〕

을 규정하고 있다.[7] 섹스로봇은 인간의 외형을 하고 있다는 점에서 인간 몸의 특정 부분만을 본딴 섹스토이와 다르며 인공지능을 탑재하고 인터랙션이 가능하다는 점에서 섹스 인형과도 다르다. 바로 이러한 두 가지 점, 즉 인간을 본뜬 모양이라는 점과 인터랙티브 하다는 특성이 섹스로봇의 사회적·윤리적 논의를 불러일으킨다.[8]

섹스로봇이 대부분 성적으로 과장되거나 성적 매력이 강조된 여성의 외모를 하고 있다는 점이 어떤 사회적 상징성을 띤다고 말할 수 있을까? 그것을 사용하는 남성에게 어떤 영향을 미치고 그것이 상징하거나 대체한다고 여겨지는 여성에게는 어떤 영향을 미칠 것인가. 특히 섹스로봇이 인터랙티브 하다는 점을 고려할 때 우리가 성에 대해서 갖는 믿음과 가치 및 특성을 섹스로봇에 탑재하는 것이 적절할까? 성적 행동을 하도록 프로그램 된 섹스로봇은 그것을 사용하는 사람이나 그가 만나게 되는 성적 파트너에게 어떤 영향을 미칠 것인가. 인간이 친밀감을 느끼는 방식이나 성적 욕망, 혹은 사랑하는 방식에서 어떤 변화가 일어날 것인가. 더 나아가 사회는 이에 대해서 어떤 입장을 취해야 할 것인가.[9]

섹스로봇의 실태

1. 섹스로봇의 현황

현재 개발된 섹스로봇으로는 미국 리얼보틱스(Realbotix)에서 맷 매컬린(Matt Mcullen)이 제조한 하모니(Harmony)와 트루컴퍼니언(TrueCompanion)에서 만든 록시(Roxxxl), 유럽 바르셀로나에 본부를 둔 세르히 산

7 Danaher, 앞의 글.

8 Danaher, 앞의 글.

9 Devlin, 앞의 책.

토스(Sergi Santos)가 개발한 사만타(Samantha)를 들 수 있다.[10] 하모니의 경우 얼굴 모양이나 머리 형태, 목소리 등 사용자의 취향대로 여러 특질을 맞출 수 있다. 예컨대, 하모니는 웃거나 윙크를 하거나 찡그릴 수 있으며 농담도 하고 사용자의 생일이나 취향을 기억하며 영화나 음악이나 책 등에 대한 대화도 할 수 있다고 한다. 록시는 활발하고, 모험심이 강한 거친 웬디(Wild Wendy-outgoing and adventurous), 당신의 고통과 쾌락의 환상을 함께 나눌 준비가 된 에스앤앰(S&M Susan-ready to provide your pain/pleasure fantasies), 이제 겨우 18세밖에 안 되고 당신이 가르쳐 주기를 기다리는 어린 요코(Young yoko-oh so young (barely 18) and waiting for you to teach her), 매우 경험이 많아서 당신을 가르치고 싶어하는 농염한 마사(Mature Martha-very experienced and would like to teach you!) 등 다양한 인성(personalities)을 부여받는다. "트루컴퍼니언의 섹스로봇은 당신이 말하는 것을 들을 수도 있고 말하고 당신이 만지면 느낄 수 있으며 자기 몸을 움직일 수 있으며 역동적이며 감정과 인성을 갖고 있어요(TrueCompanion's sex robots can hear what you say, speak, feel your touch, move their bodies, are mobile and have emotions and a personality)"라고 광고하는데, 가격은 9,995달러이며 2018년까지 4,000개의 주문을 받았다고 한다.

현재 생산되는 섹스로봇은 인공지능이 부착되었다고는 하지만, 기능이 매우 제한적이고 몇 가지 감지기가 부착된 마네킹에 지나지 않

10 "6 Developing Female Robots with Artificial Intelligence will be your Partner or Assistant in Future," https://www.youtube.com/watch?v=wSEjoYHxlOY〔검색일: 2022. 3. 8.〕

는다.[11] 사만타(아랍어로 '듣는 사람')라는 이름에서 유추할 수 있듯이, 몸의 11곳에 센서 감지기가 있어서 목소리를 통한 인터랙션이 가능하다. 인터랙션의 경우는 가족 모드(Family Mode), 낭만 모드(Romantic Mode), 성적 모드(Sexual Mode), 동반자 모드(Companions Mode), 유희 모드(Entertaining Mode), 오락 모드(Fun Mode), 취침 모드(Sleep Mode), 분석 모드(Analysis Mode) 등 다양한 유형으로 이용 가능하다고 한다. 현재 바르셀로나에는 세계 최초의 로봇 섹스 성매매 업소가 생겼다가 논란 끝에 문을 닫고 비공식적으로 운영 중이며, 몇 가지의 감지기가 부착된 섹스 마네킹이 생산되었다고 한다.[12] 이외에도 중국 회사(Shenzehen Atall Intelligent Robot Technology Co., Ltd)가 개발한 엠마(Emma)의 광고가 인상적이다.

> 요리나 세탁 등 집안일 뿐만 아니라 당신의 이상적인 연인입니다. 당신은 결코 다투지 않고 냉전을 겪지 않을 거예요. 인내심을 갖고 당신의 내면에 항상 주의를 기울이며, 당신의 지원이 부족해도 비웃지 않고 당신과 항상 함께하며 당신을 결코 포기하지 않을 거예요. 그녀는 당신이 열심히 일하며 살아가는 데 충실한 동반자가 될 것입니다. 그녀는 또한 당신의 특별한 필요도 충족시켜줄 거예요.[13]

11 Tobe, Frank, "Sexrobots: Facts, hype, and legal and ethical considerations," The Robot Report, Aug 20, 2017. https://www.therobotreport.com/sex-robots-facts-hype-legal-ethical-considerations/ [검색일: 2022.3.8.]

12 Tobe, 같은 글.

13 AI-Tech, http://www.ai-aitech.com/news/show/1211.html [검색일: 2022.3.8.]

엠마의 광고는 사용자가 하기 싫어하는 일을 대신 해준다는 의미에서 초기 로봇의 기능에 충실하면서도 상호관계를 형성할 수 있는 동반자로서의 기능도 강조하고 있다. 사용자의 정서적 욕구를 충족하면서도 사용자의 심기를 거스르지 않는 존재라는, 한층 진화된 노예라고 할 수 있을 듯하다. 섹스로봇의 원래 기능은 가장 마지막에 넌지시 제시하고 있다. 본 광고를 통해 섹스로봇 시장이 상당히 포괄적인 범위의 소비자를 포섭하려고 한다는 점을 알 수 있다. 말하자면 섹스로봇이 단순한 물리적 기능에 충실한 섹스토이와 차별성을 보이며 사용자의 심리적 정서적 욕구를 충족할 가능성까지 시사하고 있다.

2. 섹스로봇의 역할에 대한 소비자의 기대와 반응

랭커스터 제임스(Lancaster-James)와 벤틀리(Bentley)는 섹스돌을 구입해서 이용 중인 사람들을 대상으로 섹스돌의 구입 동기와 이용 경험에 대해 알아보았다.[14] 온라인을 통해 83명의 연구 대상자로 연구를 수행한 결과, 이들은 섹스돌의 구입자들이 섹스돌과 꼭 성적이지만은 않은 연인, 반려자 등의 다양한 관계를 맺고 있다고 밝혔다. 물론 섹스돌 구입자들의 가장 일차적인 목적과 용도는 언제든 성적 파트너로 이용할 수 있다는 것이었는데, 이는 실제 인간 파트너와 맺는 관계에서 오는 여러 가지 부담과 어려움을 회피하거나 보상받고 싶은 동기도 있었다. 구입자들은 이에 그치지 않고 정신 건강과 치료적 이익, 취미나 예술품, '의사소통' 등의 상호관계도 소유 용도로 나열했다. 특히 정신 건

14 Lancaster-James, Mitchell and Bentley, Gillian R., "Beyond the Sex Doll: Post-Human Companionship and the Rise of the 'Allodoll'," *Robotics 2018*, p. 62.

강과 치료적 이익의 의미는 사회적 고립의 느낌을 감소시키는 효과가 있다는 것이다. 또한 지리적으로 격리되거나 구속되어 있거나 정신 건강 문제, 혹은 실제 인간관계가 어려워짐에 따라 생길 수 있는 사회적 고립과 배제의 결과를 줄이는 효과를 가질 수 있다는 것이다. 일부 섹스로봇 구입자들은 섹스로봇이 일종의 타인으로서 기능하며 사랑하고 사랑받고 싶은 욕구를 충족시킬 가능성을 제시한 것이다.

랭커스터 제임스와 벤틀리는 포스트휴먼 반려자와의 관계 가능성에 주목하면서 알로돌(allodoll)이란 좀 더 중립적인 표현을 쓰자고 제안했다.[15] 이들이 제시하는 알로돌에 대한 정의는 다음과 같다.

> 전형적인 사실주의에 입각해 인간의 모습을 하고 있으며 필수적이거나 바람직한 사회적 관계를 대신하거나 대체하는 수단으로 이용될 수 있다. 성적 기능을 제공할 수도 있고, 안 할 수도 있지만, 사용자에게 반드시 적어도 매우 중요하면서도 성적이지 않은 구실을 제공해야 한다. 이것은 유아적 형태나 성인의 형태를 띨 수 있으며 움직이지 않고 멈춰 있거나 로봇공학 기술이나 언어 기능, 움직임 등 기능을 포함할 수도 있다. 이것은 인위적인 친족관계, 환상의 연인관계, 혹은 그 외 범사회적인 형태의 관계를 고양한다.[16]

셰리 터클(Sherry Turkle)은 《제2의 자아(*the Second Self*)》에서 과학기술이 우리가 하는 행동뿐만 아니라 우리가 생각하는 방식도 변화시킨다

15 Lancaster-James, Mitchell and Bentley, Gillian, 같은 곳.

16 Lancaster-James, Mitchell and Bentley, Gillian, 같은 곳.

고 주장한다.[17] 특히 사람들이 자신을 알아가는 방식, 서로를 알아가는 방식, 더 나아가 세계와의 관계를 알아가는 방식에 영향을 준다고 말한다. 터클은 실제로 상이한 연령이나 유형별로 사람들이 컴퓨터에 자신의 의도와 감정을 투사하며 살아있는 대상으로 다루며 유대관계를 형성한다는 것을 여러 실험관찰과 인터뷰 연구를 통해 보여주었다.

어린이들은 성장하면서 형이상학, 능숙함과 지배, 정체성의 단계를 거치며 컴퓨터와 인터랙션을 수행하였다.[18] 예컨대 아주 어린 아이들은 기계가 생각하는지, 살아있는지, 느끼는지 질문하며 컴퓨터를 다루었고, 7세에서 8세 이상의 어린이들은 컴퓨터를 능숙하게 다루는 데 더욱 관심이 있었으며, 청소년기에 들어서면 프로그래머의 태도로 자신의 가치와 태도를 투사하게 된다는 것이다. 터클은 대학에서 컴퓨터를 전공하는 학생들이 컴퓨터 프로그램으로부터 자신의 사고를 유추하며 자신을 기계처럼 생각하는 현상을 발견했다. 결국 인간은 상호적이며 복잡한 인간관계를 맺지 않고도 컴퓨터와 인터랙션을 통해 일종의 동반자적 관계를 형성하고 스스로를 이해하고 사회와 관계 맺는 방식에서 다양한 영향을 받는다는 것이다. 터클은 특히 로봇이 소위 관계적 인공물(relational artifacts)이기 때문에 다른 기술품과 다르다고 주장한다.[19] 관계적 인공물이란 무생물이지만 사람들이 그것과 상호관계성을 맺고 있다고 자연스럽게 생각하도록 충분한 반응을 하는 것이라고 규

17 Turkle, Sherry, *The Second Self: Computer and the Human Spirit*, New York : Simon & Schuster, 1984.

18 Turkle, Sherry. Taggar, W., Kidd, C.C., Daste, C.D. and O., "Relational Artifacts with Children and Elders: The complexities of Cybercompanionship," *Connection Service*, 2006 ; 18, pp. 347-361.

19 Turkle, Taggar, Kidd, C.C., Daste, C.D. and O., 같은 곳.

정할 수 있다. 그래서 관계적 인공물은 자아감, 정서적 행복감, 다른 사람들과의 관계성 등에 영향을 준다는 것이다.

그렇다면 섹스로봇은 그 사용자에게, 우리가 동료 인간을 대하는 방식에, 그리고 사회에 어떠한 영향을 미칠 것인가. 섹스 인형은 대부분 여성의 외형을 갖고 외모와 작동 방식이 특히 성적인 부분을 과장하고 강조하여 성적 대상으로 이용되도록 만들어진다. 인터랙션 기능을 갖춘 섹스로봇이 여성을 성적 대상으로만 묘사하고 사용자가 원하는 방식으로 이용된다는 점에서 성 상품화와 여성의 대상화를 조장할 뿐만 아니라 성적 행동에서 상호성을 간과하게 만들어 실제 여성에 대한 폭력으로까지 이어질 수 있다는 논란을 불러일으켰다. 인간의 특정한 외형과 행동을 모사한 복제품인 섹스로봇은 그 사용자와 인간에게, 그리고 사회 일반에 어떤 의미를 갖는가?

제기되는 문제와 이슈

1. 섹스로봇이 갖는 보편적 위해와 위험

우선 섹스로봇의 오작동으로 생길 수 있는 신체적 위해와 섹스로봇에 입력되고 기억되는 내용이 유출되어 생길 수 있는 사생활 침해의 위험이 있을 수 있다. 로봇 오작동의 문제와 사생활 유출 가능성의 문제는 로봇을 제작하고 작동 프로그램을 입력하는 과정에서 발생할 수 있는 문제이므로 본 글에서는 다루지 않겠다.

일부 사람들은 섹스로봇이 인공지능을 갖기 때문에 섹스토이나 섹스 인형과는 다르며 성적 파트너를 대체할 가능성이 있다고 지적한다. 섹스로봇이 성적 파트너를 대체하게 된다면, 사용자의 취향이나 요구 내로 언제나 어떤 식으로든 작동하도록 프로그램된 섹스로봇을 이용하는 사람은 성적 관계 형성에서 이런 모습이 당연하거나 바람직하다고 착각하게 되어 인간에게조차 이런 이기적이며 일방적인 관계를 기대하거나 강요하게 될 수 있다는 것이다.[20] 이것은 잔인하거나 폭력적인 비디오 게임을 즐기는 사람이 현실에서조차 그런 폭력성을 실현하고자 한다는 주장과 유사하다. 가상현실에서 게임을 즐기는 것은 이용자의 기호나 취향의 문제이지만, 일부 잔혹한 게임에서 묘사되고 행해지는 폭력이나 범죄가 현실에서 자행될 가능성이 있다면 이는 게임과 무관한 사람들에게조차 심각한 사회적 우려를 자아낼 것이며 게임 프로그램은 검열과 교정의 대상이 되어야 할 것이다. 한편 가상현실 속에서 즐기는 게임의 잔혹성과 폭력성이 현실에서의 삶과 무관하며 어떤 영향도 미치지 않는다고 주장하는 사람들도 있다.

섹스로봇은 인간과 닮은 외형을 갖추고 제한적이나마 상호작용을 할 수 있다는 점에서 가상현실보다 더욱 실재성과 물질성을 부여받았다고 볼 수 있다. 이런 우려는 트루컴퍼니언의 록시 모델 중 경직된 파라(Frigid Farrah)라는 세팅에서 강화되었다. 이 로봇은 성적인 저항을 하도록 프로그램되어 있어서 강간 판타지를 조장한다고 비난받았다.[21] 현실의 사람이 아니라 로봇을 이용하므로 실제 강간 범죄를 줄일 것이며 문제가 없다는 주장에 로라 베이트는 다음과 같이 비판하였다.[22]

20 Kleeman, Jenny, "Should we ban sex robots while we have the chance?," The Guardian, 25 Sep 2017. https://www.theguardian.com/commentisfree/2017/sep/25/ban-sex-robots-dolls-market?CMP=twt_gu 〔검색일: 2022.3.8.〕

21 Laura Bates, "The Trouble with sex robots," The New York Times, July 17, 2017. https://www.ethicalpsychology.com/2017/08/the-trouble-with-sex-robots.html 〔검색일: 2022.3.8.〕

22 Bates, 앞의 글.

이런 사고는 여성에 대한 남자의 성적 폭력이 본성이며 불가피한 것이어서 금지할 수 없고 중재할 수만 있다고 전제하는데, 이는 남성 대다수를 모욕하는 것일 뿐만 아니라 범죄의 책임을 여성과 사회에 전가하며 범죄자들에게 면죄부를 준다. 또한 섹스로봇의 이용자는 섹스로봇과의 상호작용을 통해서 왜곡된 이미지나 환상을 갖게 되고 자신의 의사결정 능력이나 판단 능력에 영향을 받을 수도 있다. 예컨대 자기 뜻대로 이루어지지 않는 인간관계에 어려움과 좌절을 느끼고 사회적 관계를 회피하거나 스스로를 고립시키는 가능성도 생각해볼 수 있다. 일본과 한국에서는 가상현실을 이용한 여자친구 갖기 게임이 유행이라고 한다.[23] 가상현실 속에 고립되어 현실에서 사람을 만나 사회적 관계를 갖게 되는 것을 꺼리게 되거나 스스로 소외되는 오타구 등의 문제도 생각해볼 수 있다.

2. 섹스로봇을 옹호하는 데이비드 레비의 주장

데이비드 레비는 2007년에 출판한 《로봇과의 성과 사랑(*Love & Sex with Robots*)》에서 로봇과의 사랑과 성관계의 가능성을 제시한다. 설사 로봇이 어떤 감정이나 사랑의 표현을 하도록 '디자인'되었다 할지라도, 그런 감정이 있다는 것을 부인할 이유가 없다는 것이다.[24] 레비는 로봇에게 우리가 이해할 수 있는 단계에서 의사소통하는 능력을 부여함으

23 김성택, "여자친구를 현실에서 찾을 수 없다면? 가상여자친구의 등장," SKT Insight, 2017.10.23. https://www.sktinsight.com/97660 〔검색일: 2022.3.8.〕 워태영, "'나홀로족' 홀리는 가상연애 게임," 〈시사저널〉, 2017.2.8. http://www.sisajournal-e.com/news/articleView.html?idxno=164545 〔검색일: 2022.3.8.〕

24 Levy, *David, Love and Sex with Robot: the Evolution of Human-robot Relationships*, UK : Duckworth, 2009.

로써, 인간과 유사한 외형을 가지도록 로봇을 만듦으로써, 우리는 작동 기능 단계만이 아니라 개인적·인간적인 의미에서 로봇과 상호관계를 맺을 수 있는 시기로 빠르게 이동하고 있다고 주장한다.

레비는 로봇이 가진 재능과 감각, 능력으로 인해 인간의 반려자로서 엄청난 매력을 갖게 될 것이라고 주장한다. 결과적으로 로봇이 사랑과 성관계에 대한 인간의 생각을 변혁시킬 것이라고 주장한다. 레비는 반려동물에게 애착을 느끼듯이 전자물에게도 애착을 느끼게 됨을 언급하면서, 섹스로봇이 사랑하거나 사랑받을 상대가 없는 외로운 사람의 공백과 불행을 채워주어 세상은 더욱 행복한 곳이 될 것이라고 장담한다.[25] 레비는 동성 간 사랑과 결혼이 사회에서 받아들여지게 되었듯이 미래에는 로봇과의 섹스도 일상적으로 받아들여질 것이라고 말한다. 매춘이 쓸모없어질 것이며[26], 친밀감 형성에 어려움을 겪는 사람들에게 인공지능이 해결책이 될 것이며, 미래에는 소프트웨어가 발달해서 로봇이 정서적으로 반응하고, 대화를 나누며, 웃고, 인간 파트너로부터 배우고 심지어 가르치게도 될 것이라고 한다.

레비는 1987년 신디 하잔(Cindy Hazan)과 필립 셰이버(Philip Shaver)의 정서적 유대감과 낭만적 사랑의 유사성을 밝힌 연구로부터 시작한다. 이들 이론에 따르면, 낭만적 사랑은 유대감과 보살핌과 섹스로 이루어진다.[27] 어떤 사람이 낭만적 사랑을 경험할 능력이 그가 어떤 것에 유대감을 느끼게 되는 시간과 과정에 의존한다고 주장한다. 어떤 물건을 소

25 Maines, Rachel, "Love + Sex with Robots," *IEEE Technology and Society Magazine* 2008 : 10-12.

26 Levy, 앞의 책.

27 Levy, 앞의 책.

유한 사람이 빈번하게 그것을 사용하고 '인터랙션'까지 하게 되면 그 소유자에게 그 물건은 고유함과 독특함의 위상을 갖게 될 것이며 소유자는 그 물건에 강한 유대감을 느끼게 된다는 것이다. 우리가 빈번하게 사용하고 우리 가까이 있는 것, 특히 우리는 우리가 강한 통제력을 행사하는 대상에 대하여 더욱 내 것이라고 느끼면서 내 삶의 연장된 일부가 될 수 있다는 것이다.

레비가 셰리 터클의 《제2의 자아》에서 아이들이 컴퓨터에 자신의 바람과 욕망을 투사하고 소위 컴퓨터와 말하고 울고 감정을 표현하는 것에서 로봇과 인간관계의 실마리를 찾는다는 것은 흥미롭다.[28] 터클은 어린이들이 컴퓨터의 작동방식을 모르기 때문에 투사와 거울효과(mirroring)를 통해 컴퓨터라는 대상을 이해하려고 노력하는 모습으로 간주하였다. 하지만 내가 말과 행동을 통한 사회적 활동을 통해서 관계를 맺는 사람과, 내가 자주 사용해서 좋아하는 물건과 동일시하는 것이 바람직한가? 즉 나의 것, 나의 친구, 나의 배우자라는 표현에서 드러나는 '나의'라는 표현에 함축된 소유관계를 통해서, 내가 자주 사용하고 애착을 갖는 물체와 나와 관계를 맺고 있는 인간을 동일하게 간주하는 것은 상당히 무리가 있다. 내가 어떤 사물을 자주 사용해서 나에게 맞추어 최적화되어 있다는 사실이 나로 하여금 더욱 그 사물을 특별하게 느끼게 할 수는 있다. 그러나 나의 그런 특별한 애착은 인간의 공감(empathy)이 지나치게 연장되어 형성된 의인화(anthropomorphism)에 지나지 않는다. 더구나 로봇의 경우 언제든 기억이니 감정 등을 조작할 수 있고 리셋이나 복제 가능해서 '나와' 고유한 관계를 만들어 발전시켜가는

28 Levy, 앞의 책.

일이 불가능하기 때문이다. 즉 로봇의 작동이 프로그래머를 필요로 한다는 점에서 행위 주체로 간주할 수 없고 독립적이고 고유한 행위 능력(agency)을 인정할 수 없다는 뜻이다.

레비는 컴퓨터 자판에서 글자를 입력하고 마우스를 클릭하며 어떤 작업을 수행하는 것이 일방적 관계가 아니라 양자 상호적 관계라고 규정한다.[29] 레비는 로봇과 사랑에 빠지는 세 가지 길을 다음과 같이 소개한다.[30] 첫 번째, 인간의 외형이나 성격을 더욱 닮게 되면서 인간과의 유사함으로 로봇을 사랑하게 되는 것이다. 두 번째, 기계와 기술 자체에 대한 사랑을 통하는 것이다. 기술 자체를 사랑하는 사람은 컴퓨터 프로그램을 통해 컴퓨터를 자신이 원하는 대로 조작하고 통제할 수 있는 것에서 기쁨을 느끼는데, 레비는 바로 자신의 의지대로 조작할 수 있는 프로그래밍 작업을 섹스에 비유한다. 프로그램이 통제의 유형, 즉 컴퓨터가 프로그래머의 의지대로 작동하도록 하는 것, 다른 표현으로 정복이라는 점에서 그러하다고 한다. 세 번째는 인터넷상에서 형성되는 것과 유사한 감정으로부터 로봇과의 사랑이 진화한다는 것이다. 즉, 온라인상에서 자신의 여러 가지 특성을 은폐한 채 자신이 어떤 모습으로든 보이게 할 수 있는데, 바로 이런 형태를 띠고 온라인상에서 누군가와 친밀감과 관계를 맺게 되는 것에서 로봇과의 친밀성과 관계 진화의 가능성을 발견한다.

레비가 말하는 세 가지 유형의 사랑을 연장된 의미에서 사랑이라고 받아들일 수 있을까? 첫 번째, 섹스로봇이 인간과 유사한 외모를 갖추

29 Levy, 앞의 책.

30 Levy, 앞의 책.

고 인간과 유사한 행동을 하는 것은 결국 모방에 지나지 않는지? 그 행동이 어떤 프로그램으로부터 시작되었다는 점에서 자발성을 인정한다고 해도 선택된 행동도 아니며 언제든 조작 가능하다는 점에서 행위 주체성을 인정하기 힘들 것이다.[31] 행위 주체에 귀속할 수 없는 감정과 행동은 흉내 내기와 자동적 작동에 지나지 않는다. 두 번째, 통제와 임의대로 조작 가능하다는 정복 심리를 섹스에 비유한다는 점도 수용하기 힘들다. 바람직하지 않은 인간관계에서 볼 수 있듯이, 내 의지대로 조종할 수 있는 상태에서는 나만 존재하며 상대는 이미 대상화되었다고 할 수 있다. 상호성이 결여된 상태에서 소유와 사용하는 주체만 남지 않을까. 세 번째, 사이버공간인 가상현실에서는 여러 아바타로 탈바꿈할 수 있다. 누구라도 무엇이든 될 수 있는 유연한 정체들 간의 관계란 그만큼 실재성을 갖기 힘들다. 더욱 정확히 표현하면, 상황에 따라 어떤 품성이든 선택할 수 있는 정체라면 개인의 행동에 책임을 지고 서로의 관계에 믿음을 쌓게 되는 사회적 관계를 맺기 어려울 것이기 때문이다. 레비가 언급하는 세 가지 방식의 사랑은 각각 소유와 애착, 통제와 정복, 기만과 속임을 전제하고 있어서 상호성이나 관계를 배제한 일방적인 투사나 모방 혹은 거울효과에 지나지 않을 것이다.

3. 섹스로봇 반대 캠페인을 벌이는 캐서린 리처드슨의 주장

캐서린 리처드슨은 레비의 주장이 완전히 잘못되었다고 비판하면서, 레비가 사람들의 불안정성에 대해서 존재하지 않는 해결책을 제시

31 Danaher, 앞의 글.

한다고 주장한다.[32] 예컨대, 소아성애자나 강간범들은 인간관계를 맺을 수 없는 사람들이며 이들에게 필요한 것은 인형이 아니라 치료라는 것이다. 인간은 다른 인간과의 상호관계를 통해서 인간적으로 성숙해지는데, 과연 다른 사람과의 관계에 어려움을 겪는 사람에게 로봇이 해결책이 되겠는가? 더 나아가 인간처럼 '보이는' 로봇과 상호작용하면서 인간의 사회성과 친밀감에 어떤 변화가 일어날 것인가?[33] 리처드슨은 노인들이나 취약한 계층을 위해 개발된 소위 사회화된 로봇을 향한 움직임은 사람들이 기계를 통해서 소통하도록 해서 결과적으로 사회적 네트워크를 약화시키고 로봇에만 개별적으로 의존하게 될 것이라고 예언한다.

리처드슨은 레비의 책 6장 〈왜 사람들은 성관계에 돈을 지불하는가(Why People Pay for Sex)〉에 기초해 반대 논증을 실은 논문을 발표했으며 에릭 빌링(Erik Billing)과 함께 2015년 9월에 섹스로봇을 반대하는 캠페인(Campaign against sex robots)을 전개했다.[34] 리처드슨은 섹스로봇의 등장으로 매춘이 줄어들 것이며 소아성애자 등 사회에서 통용되기 힘든 왜곡된 성적 취향을 가진 사람의 범죄도 줄어들 것이라고 주장하는 레비의 주장을 이 글에서 정면으로 반박한다. 인터넷 등 새로운 과학기술의 등장은 매춘과 포르노 산업이 더욱 부흥하고 웹상에서 소아성애자

32 Richardson, Kathleen, "The Asymmetrical 'Relationship': Parallels Between Prostitution and the Development of Sex Robots," *SIGCAS Computers & Society*, Sept. 2015, vol. 45., no. 3, pp. 290-293.

33 Wiseman, Eva, "Sex, love and robots: is this the end of intimacy," The Guardian, 13 Dec 2015. https://www.theguardian.com/technology/2015/dec/13/sex-love-and-robots-the-end-of-intimacy 〔검색일: 2022.3.8.〕

34 Richardson, 앞의 곳.

와 성적 착취물이 더욱 범람하도록 이끌었다는 점을 지적한다. 더 나아가 섹스로봇은 반사회적이고 왜곡된 성적 취향을 승인하고 그 관문 역할을 할 수도 있다는 점을 우려한다.

신지아나 구티우(Sinziana Gutiu)도 사용자가 섹스로봇과 반사회적 인터랙션을 반복하게 되면 사용자는 자신의 반사회적 경향에 더욱 나약해지고 개인적·사회적 문제를 극복하려는 의지가 더욱 좌절될 것이라고 지적한다.[35] 또한 사용자의 임의대로 다룰 수 있는 섹스로봇의 이용은 여성에 대한 강간 판타지를 조장하고 여성의 인간성을 무시하는 경향을 강화시킬 수 있다는 것이다. 이는 여성을 대상화하는 포르노그래피와 남성잡지 등에 노출된 남성이 여성에 대한 폭력을 더 쉽게 받아들이는 경향이 있다는 연구와도 동일한 입장에 있다. 특히 섹스로봇이 몸을 가지고 존재하며 인터랙티브 하다는 점에서 사용자에게 가할 수 있는 부정적 영향과 각인 효과가 더욱 심각할 수 있다.

리처드슨은 섹스로봇이 매춘 산업, 강간, 포르노에서 전제하는 여성 몸의 대상화와 성의 상품화를 체화하고 있으며, 여성의 몸을 본 딴 섹스로봇이 시장에서 매매되며 폐기되는 현상은 여성 몸의 상품화와 성 역할의 불평등 심화에 일조할 것이라고 경고한다.[36] 매춘은 성을 사는 사람과 성을 파는 사람으로 구성되지만, 실제 매매에서 성을 사는 사람이 상대를 성적 쾌락을 얻기 위한 수단으로만 이용하기 때문에 상대의 경험이나 느낌은 무시되고 단순히 상품으로 전락하고 만다. 리처드슨에 따르면, 섹스로봇은 사용자로서 성을 구매하는 주체와 상품으로서

35 Gutiu, Sinziana, "Sex Robots and Robotization of Consent," We Robot Conference 2012, p. 16.

36 Richardson, 앞의 곳.

소비되는 대상으로 전락한 몸이라는 불평등한 관계를 상징한다.

더구나 섹스로봇은 사물에 지나지 않으므로 사용자의 바람과 취향에 맞게 작동하도록 프로그램 될 수 있다. 섹스로봇은 도구에 지나지 않는 사물이므로 사용자가 섹스로봇에 대한 공감(empathy)을 전혀 느낄 필요가 없으며, 행위 능력(agency)을 결여하고 있으므로 동의(consent)를 구할 필요도 없다. 섹스로봇의 상징성은 성적 관계에, 예컨대 사물이며 '도구'에 지나지 않는 섹스로봇이 여성에 대한 사회적 태도에 부정적 영향을 주어서 여성을 복종적이며 차별적이며, 신체적으로나 성적으로 착취하게 되지 않을까 우려하게 한다.[37] 공감과 자율성에 대해 전혀 고려할 필요가 없는 도구와 상품으로서의 섹스로봇에 대한 이런 일방적인 태도가 실제 인간 파트너에게도 확장될 수 있다는 것이다.

섹스로봇은 특히 젊은 여성의 외모를 본뜨고 비현실적으로 글래머러스한 모습을 갖고 주로 명령에 따르는 복종적 역할을 하게 되어 있어서 여성에 대한 고정관념을 강화하고 환원주의적 시각을 조장하여 여성을 대상화하고 사회의 성적 규범에 영구적인 해를 가할 수 있다는 것이다.

4. 소아성애 로봇과 강간 모드를 규제해야 한다는 존 다나허의 주장

다나허(Danaher)와 맥아서(McArthur)는 섹스로봇 기술의 발전에 대한 다음 네 가지 쟁점을 제시한다.[38]

37 Speed, Barbara, "Should we ban sex robots?," New Statesman, 2015. https://www.newstatesman.com/science-tech/2015/09/should-we-ban-sex-robots 〔검색일 : 2022.3.8.〕

38 Danaher, John and McArthur, Neil, pp. 103-131 ; Joe Humphreys, "Philosophers

1) 섹스로봇이 인간들 간의 친밀한 관계에 어떤 영향을 미칠 것인가?

2) 섹스로봇은 사용자와 사회에 위해를 가할 것인가?

3) 섹스로봇의 상징성(symbolism)과 관련해 어떤 문제가 될 만한 것이 있는가?

4) 로봇과 친밀한 사랑 관계를 맺을 수 있는가?

이들은 리처드슨의 우려가 지나친 것이며, 섹스로봇 기술의 잠재적 이득을 무시하는 것이며, 섹스로봇 금지가 성공하지도 못할 것이라고 언급한다. 하지만 이들도 섹스로봇에 대한 어느 정도의 규제가 필요하다고 본다. 예컨대 어린이 모습을 한 섹스로봇을 만들지 못하게 하며, 강간 판타지를 조장할 수 있는 행위를 금지해야 하며, 섹스로봇을 구매하는 연령을 제한하며, 특정인을 본뜨지 못하도록 섹스로봇의 외모에 대한 규제를 할 수도 있다는 것이다. 다나허는 섹스로봇이 강간이나 소아착취성애를 모사하도록 의도적으로 디자인되거나 사용된다면 로봇과의 행위로 인해 직접적인 해를 입는 사람이 실제로 없다고 할지라도 규제 대상이 되어야 한다고 주장한다.[39] 첫째, 강간이나 소아착취성애에 대한 욕망은 그 행위자의 왜곡된 성적 선호나 취향을 반영하며 그런 욕망의 반복된 실현은 강박과 중독으로 이어져 개인의 복지에 심각한 해를 가할 수 있다. 사회는 행위자의 도덕적 품성이나 복지에 심각한

on the 'intriguing ethics' of sex robots," The Irish Times, 21 Nov 2017. https://www.irishtimes.com/culture/philosophers-on-the-intriguing-ethics-of-sex-robots-1.3294534 [검색일 : 2022.3.8.]

39 Danaher, John, "Robotic Rape and Robotic Child Sexual Abuse : Should They be Criminalized," *Criminal Law & Philosophy* 2017. 11. pp. 71-95.

해를 야기할 행동을 제재하고 교정할 책임을 갖는다. 둘째, 강간이나 소아착취성애는 여성과 어린이를 억압하고 착취하는 그야말로 심각한 사회적 공분을 일으키는 문제이므로, 사회적 구성원과 약자를 보호하고 건전한 사회를 유지하기 위해서 도덕적 감수성이 심각하게 결여되어 있는 사람의 욕망 표현을 규제할 수 있다. 행위자 자신의 도덕적 품성에 해를 가하는 것을 막고 그 행위가 지니는 사회적 함축을 고려하여 사회는 타인에게 직접적인 해를 가하지 않고 단순히 위험을 부과한다는 사실만으로도 본질적으로 잘못된 행위를 처벌할 수 있다. 특히 다나허는 가상현실에서는 아바타라는 매개체를 통해 이루어지는 것과 달리 섹스로봇과의 행위는 현실에서 주체와 대상 간에 실제로 행해지는 행위라는 점에서 문제가 있다고 주장한다. 그러므로 타인이 직접적으로 해를 입지 않은 경우에도 섹스로봇을 통한 왜곡된 성적 선호나 취향의 표현을 규제하는 것이 사회의 책임이 될 수 있으며 제조·유통·공급하는 사람도 그런 잘못된 행위를 용이하게 하고 촉진할 수 있다는 점에서 형벌의 대상이 되어야 한다.[40]

맺음말

지금까지 섹스로봇에 대한 적극적 찬성과 환영을 주장하는 레비, 반대 캠페인을 벌이는 리처드슨, 제한적 허용을 주장하는 다나허의 주장을 살펴보았다. 레비 같은 섹스로봇의 옹호자들은 개인의 신체적 심리적 사회적 유익을 추구하는 목적으로 섹스로봇이 유익하다고 주장한

40 Liberati, Nicola, A. D. Cheok and D. Levy eds, "Sentimental relationship between human users and digital beings digital devices," *Love and Sex with Robots*, Springer International Publishing AG. 2017, LNCS 10715, pp. 12-25.

다. 반면 리처드슨은 섹스로봇이 여성의 상품화와 성적 대상화를 악화시킨다고 금지할 것을 주장한다.

현대 다원주의 사회에서는 서로 다른 가치를 가진 각 개인이 유익하다고 생각하는 것을 추구하는 과정에서 타인의 권리를 침해하지 않는 한 자유롭다. 섹스로봇에 대한 극단적인 반대입장에 대해서 의견을 조정할 방법은 타인에게 가해지는 해를 어떻게 증명할 것인가의 문제이다. 성의 상품화를 근거로 한 섹스로봇의 전면 금지는 미디어나 여타의 문화적 환경과의 연속성에서 고려할 때 현실적이지 않고 다원주의적 가치를 존중하는 민주사회의 질서에 해를 가할 수 있다. 하지만, 강간이나 소아착취성애와 같은 범죄행위는 타인의 안전과 건강을 해치는 분명하고 명백한 행위이므로 이를 모방하거나 함축할 수 있는 것에는 적극적 제재를 취해야 한다.

과학기술 자체는 중립적이지만, 특정한 과학기술이 어떤 목적에 쓰일 때는 이미 어떤 가치가 들어가게 된다. 섹스로봇의 디자인과 프로그램은 성, 성 역할, 인종, 권력, 계급 등에 대한 제작자의 입장과 관점을 담게 되며, 그것의 작동과 활용은 그런 가치관을 더욱 확산하고 강화하게 될 가능성이 있다. 그러한 의미에서 어떤 기술의 소개와 활용은 가치중립적인 것이 아니라 우리가 사는 세계를 적극적으로 구성하고 있다고 말할 수 있다. 새로운 기술의 소개는 결과적으로 우리가 누구인지, 우리가 세상에서 살아가는 방식을 다시 형성하게 된다. 디지털 존재와 친밀함을 느끼는 관계를 맺는 것은 가치중립적이 아니라 우리가 서로를 보는 방식과 서로에 대해 친밀함을 느끼는 방식에도 영향을 준다.[41] 인간은 쉽게 쓸쓸함과 외로움을 느끼는 취약한 존재이다. 인간은 타인과 소통하고 사회적 관계를 맺고자 하는 욕구가 있는데 그런 욕구가 충족되지 못할 때 괴로워하고 우울감으로 힘들어한다. 매슬로우(Abraham Maslow)도 인간의 생리적 욕구와 안전에 대한 욕구가 충족되면 타인과의 소통, 우정을 쌓고 애정을 주고 받는 것, 공동체에 속해 지내려는 소속 및 애정의 욕구가 생긴다고 밝힌 바 있다. 일부 섹스로봇 구입자들은 섹스로봇이 일종의 타인으로서 기능하며 사랑하고 사랑받고 싶은 욕구를 충족시킬 가능성을 제시하였다. 일부 사람들은 섹스로봇이 일정 정도 외로움과 무료함을 달래줄 반려자 역할을 할 수 있다고 주장한다. 언제 어디서든 함께 있어주고, 내 편을 들어주고, 내 취향과 선호대로 행동하는 '인터랙티브' 한 존재 말이다.

그런데 과연 섹스로봇과의 관계를 상호성의 측면에서 인정할 수 있을까? 인간 행동의 특성인 자발성과 숙고를 통한 선택과 결단이라는 관점에서 본다면, 프로그램 된 로봇의 작동 방식에 선택과 자유라는 행위 주체의 특성을 부여하기는 어려울 것이다. 오히려 사용자의 투사와 거울효과에 지나지 않을까? 이것이야말로 심각한 형태의 고립을 야기하지 않을까?

섹스로봇 기술에 대해서도 개인의 사생활을 보호하고 개인의 성적 선호와 취향의 자유를 존중할 필요가 있지만, 사용자의 왜곡된 반사회적 취향이나 욕망을 키우지 않도록 디자인, 제조, 유통, 판매, 소유, 사용의 전 과정에서 규제가 이루어져야 할 것이다. 섹스로봇이 사용자나 동료 인간, 인간관계, 사회 일반에 미칠 수 있는 영향을 면밀하게 파악

41 Liberati, 앞의 곳.

하여 인간의 존엄성, 자율성, 상호존중을 침해하지 않도록 주의를 기울여야 할 것이다.

제3부

과학기술 비판론

하이데거의 과학기술 문명 비판

강학순*

서구 과학기술 문명에 대한 하이데거(Martin Heidegger)의 비판이 현대 과학기술 문명의 본령과 미래적 방향성을 성찰하는 데 어떤 유의미한 시사점을 함축하고 있는지를 본고에서 살펴보고자 한다. 특히 첨단과학기술 문명 시대를 살아가는 현대인들에게 하이데거의 이질적이고 래디컬한 과학기술 비판은 어떤 적실성과 전유 가능성이 있는지 상론해보고자 한다.

과학기술과 관련된 하이데거의 문제의식

하이데거는 현대의 과학기술 문명의 뿌리뽑혀 있음, 즉 그리스적 시원의 상실과 망각을 문제로 삼는다. 서구 과학기술 문명의 토대가 된 에피스테메(episteme)는 중세의 학문(scientia)을 거쳐 근대에 와서 과학(Wissenschaft, science)으로 전개된다. 참된 인식과 과학으로 번역되는 에피스테메는 '인식을 위한 인식'을 의미한다. 라틴어 'scientia(학문)'는

* 경희대학교 인류사회재건연구원 특임연구원, 안양대학교 명예교수.

물적(物的)으로 무엇인가에 대해서 알고 있는 것, 또는 어떤 사람을 잘 알고 있는 것, 무엇인가를 능숙하게 익히도록 하는 것을 의미한다. 철학 및 과학은 전통적으로 이러한 에피스테메를 탐구하는 학문으로서 자신의 정체성을 유지해온 것이다. 동일한 그리스적 시원에서 유래한 서양의 철학과 과학은 '학문적 사유'라는 공통된 뿌리를 가지고 있다.

18세기에 와서 철학과 과학 사이에 큰 간극이 생기게 된다. 근대의 과학은 여러 학문으로 분화되어 서로 무관하게 분리되어 그것들이 공통적으로 뿌리내리고 있는 본질 근거가 사라지게 된다. 하이데거는 후설의 입장을 계승하면서 현대의 과학기술 문명이 그리스적 학문적 시원과 단절되어 뿌리뽑혀 있다는 위기의식을 표명한다.[1]

하이데거는 《슈피겔(Der Spiegel)》지와의 인터뷰(1966년)에서 기술이 인간을 대지로부터 점점 더 떼어내고 뿌리를 뽑아내고 있다는 것을 지적한다. 바로 이것이 섬뜩한 것으로서 인간도 자신의 근원에서 이미 뿌리뽑혀 있다고 본다. "모든 것이 기능화된다. 모든 것이 기능하고, 이 기능은 더 확장된 기능을 쫓는다. 그리하여 기술이 인간을 (삶의 거처인) 대지로부터 내쫓고 뜨내기로 만든다. (……) 우리는 이제 단순한 기술적 관

1 Heidegger, Martin, *Das Rektorat 1933/34-Tatsachen und Gedanken*(1945), Frankfurt a, M., 1983. 하이데거는 대학과 철학의 사명을 서구 학문의 그리스적 시원을 계승하고, 다양한 학문들의 본질근거를 회복하는 것으로 파악하였다. 첫째로 학문들을 각 학문이 다루는 사태 영역들의 본질에 대한 경험에 근거짓는 것, 둘째로 존재를 있는 그대로 드러내는 것을 의미하는 진리의 본질의 중요성, 셋째로 서구 학문의 그리스적인 시원을 계승하는 것, 넷째로 그에 따른 서구의 책임(pp. 27-28). Heidegger, Martin, *Was ist Metaphysik?*(1929), Frankfurt a. M., 1986. "(오늘날) 학문 영역들은 서로 무관하게 분리되어 있다. 대상을 다루는 취급 양식들도 근본적으로 서로 다르다. 이렇게 산만하게 분산된 다양한 학문들은 오늘날 대학 또는 학부의 기술적인 조작에 의해서만 그리고 전공 영역들이 갖는 실용적인 목적을 통해서만 결합되고 있다. 이에 반해서 학문들이 공통적으로 뿌리를 내리고 있는 본질 근거는 사멸해버렸다"(p. 8).

계망 속에 있다."[2] 따라서 인문학적 성찰이 없는 기술의 발전은 맹목적이다. 그리고 맹목적인 기술은 악의 도구로 남용되거나 악용될 수 있다.

하이데거는 19세기 이후 과학이 철학의 역할을 대체하고 있고, 철학이 과학에 머물러 있다는 입장을 취한다. 말하자면 철학은 과학화되어 학문적 철학, 세계관적 철학, 실증주의, 문화상품으로 변양되어 있다고 본 것이다. 그는 학문의 논리와 방법에 종속된 철학의 수학화와 과학화에 우려를 표하며 철학의 위기와 종말을 내다보면서 철학의 정체성에 대한 위기의식을 표명한다. "점차 철학은 최고의 원인에 입각해 어떤 것을 설명하는 기술로 변모한다. 사람들은 더 이상 사유하지 않고 오히려 철학에 몰두한다."[3]

무엇보다도 하이데거는 "과학은 사유하지 않는다"[4]는 도발적인 주장을 내세운다. "그러나 이것은 과학에 대한 비난이 아니라, 과학의 내적인 구조에 대한 확정이다. 과학은 본질적으로 한편으로는 철학이 사유하는 바의 것에 의존해 있고, 다른 한편으로는 스스로 사유해야 할 바(das zu-Denkende)를 망각하고 주의를 기울이지 않는다는 것이다."[5] 이는 과학이 자신의 본질과 한계를 스스로 반성할 수 없게 되었다는 것을 의미한다.

하이데거에 의하면 근대과학은 학문적 사유의 본령을 벗어나 수학적·기하학적 방법에 종속되어 있고, 정해진 규칙의 틀 안에서 조직적

2 Heidegger, Martin, "Spiegel-Interview"(1966): "Nur noch ein Gott kann uns retten,"(Der Spigel, 30 Jg., Nr. 23, Mai. 1976): G. Neske, E. Kettering(hrsg.), *ANTWORT, Martin Heidegger im Gespräch*, Pfullingen, 1988, p. 206.

3 Heidegger, Martin, *Wegmarken*, Frankfurt a.M., 1976, p. 314 이하.

4 마르틴 하이데거, 권순홍 옮김, 《사유란 무엇인가?》, 길, 2007, 57쪽.

5 Neske, 앞의 책, p. 24.

으로 경영되고 있다는 것이다. 나아가 철학도 사유의 사태인 '존재 자체'를 사유하고 있지 않고, 시대의 형이상학에 머물러 있다는 것이다. "형이상학은 물론 존재자를 그것의 존재 안에서 표상하며, 그로써 존재자의 존재를 사유한다. 그러나 형이상학은 존재 그 자체(das Sein als solches)를 사유하지 않으며, 또한 존재자와 존재의 차이를 사유하지 않는다."[6] 그러나 "현존재란 스스로 존재하면서 그 존재 자체를 문제삼는 그런 존재자이다."[7]

이런 하이데거의 입장에 반하여, 현대 이론물리학을 대변하는 로벨리(C. Rovelli)는 현대의 과학도 스스로 문제를 제기할 수 있는 사고의 능력이 있음을 표명한다. "과학적 사고의 힘은 '실험' '수학' '방법론' 따위에서 나오는 것이 아니다. 그 힘은 과학적 사고의 특징, 즉 스스로에게 문제를 제기할 수 있는 능력이며, 자신의 신념은 물론 가장 확실했던 신념까지도 두려워하지 않고 시험대에 올리는 능력이다. 과학의 핵심은 변화에 있다."[8]

하이데거의 기술비판에 의하면, 오늘날 기술 형이상학 시대의 기술적 지배 의지는 우리에게 불가능한 것을 성취하도록 강요하고 있다. 이러한 강제를 조직하고 그것이 지배하도록 하는 인위적 작위성(Machenschaft, 工作)은 현대기술에서 비롯된다. 이제 인간이 자신의 가능성의 법칙을 넘어서서 기술을 통해 지구를 장악하고 공격하고 있다. 우리는 어디서나 부자유스럽게 기술에 붙들려 있고, 또한 기술을 중립적으로 고

6 Heidegger, *Wegmarken*, p. 320.

7 Heidegger, Martin, *Sein und Zeit*, Tübingen, 1979, p. 191.

8 카를로 로벨리, 김현주 옮김, 《만약 시간이 존재하지 않는다면》, 쌤앤파크스. 2021, 81쪽 이하.

찰하면서 무방비 상태로 기술에 내맡겨져 있다.

하이데거의 비유를 인용해보자면, 자작나무에는 자기의 가능성을 넘어서는 일은 결코 일어나지 않고, 꿀벌은 자기의 가능성 안에 살고 있고, 대지는 눈에 보이지 않는 가능성의 법칙 안에서 비호받고 있다. 그러나 "모든 것의 제작을 향한 무제약적 가능성을 기술적으로 제작하기 위해 '인간'이라는 원료를 포함한 모든 자원의 남용은 비밀리에 전적인 공허에 의해 규정된다. 이 공허 속에는 존재자가 현실적인 것의 재료로서 매달려 있다."[9]

이전에는 인간이 기술을 만들었지만, 오늘날은 기술이 인간을 만들고 있다. 그리하여 우리는 도구와 사물과의 친연성이 상실되어 사물의 존재를 등한시하며 자신이 근원적으로 속해 있는 세계를 거부하고 있다. 이런 점에서 하이데거는 현대 과학기술 문명이 초래한 인간을 비롯한 모든 존재자의 본질 상실 위험이 전지구적 현상으로 나타나고 있음에 대한 문제의식을 노정시킨다. 그러면 이러한 문제의식을 불러일으킨 역사적 배경은 무엇인가?

하이데거의 과학기술 비판의 역사적 배경

하이데거는 청년기에 독일의 '1914년 이념'에 영향을 받는다. 이는 제1차 세계대전을 전후로 하여 독일의 우파 지성계에 나타난 특정한 사상적 조류를 의미한다. 그것은 국수주의적인 민족주의와 민족 공동체주의의 성격을 띠며 현대기술 문명의 물질주의와 개인주의, 자유주

9 Heidegger, Martin, *Vorträge und Aufsätze* (1936–1953), Frankfurt a.M., vol. 7, 2000, p. 91.

의에 대한 비판을 본질적인 내용으로 한다. 1914년의 사상가들은 독일의 사명이 정신적인 것으로 자각하고서 민족 전체를 그러한 사명으로 각성시킬 사람들은 시인과 사상가들이라고 생각한다.[10]

하이데거는 1930년대 독일이 미국의 자유주의적 물질주의 및 아메리카니즘[11]과 러시아의 공산주의라는 기술적 전체주의의 위협으로부터 유럽을 구원해야 할 사명을 가졌다고 생각한다. "유럽은 (……) 오늘날 한쪽에서는 러시아, 다른 쪽에서는 미국에 의해서 협공을 당하고 있다. 러시아와 미국 양국은 형이상학적으로 볼 때 동일한 본질을 갖는다. 즉 그러한 나라들에서는 고삐 풀린 기술 개발과 범용한 인간들의 철저한 조직화가 절망적이고 광란적으로 추구되고 있다."[12]

하이데거는 볼셰비즘과 아메리카니즘을 인간을 비롯한 존재자 전체를 에너지자원으로 이용하고 지배하려는 근대기술 문명의 두 가지 형태로 본 것이다. 그들은 모든 토착적인 전통을 파괴하면서 국가 자원뿐만 아니라 국민 전체를 기술적으로 총동원하는 체제이다.

또한 하이데거는 현대기술 문명 분석에서 융거(E. Jünger)의 영향을 받는다. 그는 융거의 대표작인 《총동원(*Die totale Mobilmachung*)》(1930)

10 박찬국, 《하이데거와 나치즘》, 문예출판사, 2014, p. 189 이하.

11 아메리카니즘에 대한 비판은 1940년대 초에 서구의 미국화로 인한 문화산업의 유입을 경계한 데에서 유래한다. 특히 미국식 양적 크기의 숭배, 기술 지상주의, 역사 감각의 부재를 비판하고 있다. 참조 Heidegger, Martin, *Hölderlins Hymne "Andenken"* (Winter semester 1941/42), ed. C. Ochwaldt, 1982, 2nd edn. Frankfurt a.M., Vol. 52, 1992, p. 10, p. 27, p. 134/ Heidegger, Martin, *Hölderlins Hymne "Der Ister"* (Summer semester 1942), ed. W. Biemel, Frankfurt a.M., Vol. 53, 1984. "자연은 역사를 결여하고 있다, 예를 들어서 아메리카주의는 자연과 마찬가지로 비역사적이며 파멸적이다"(p. 179).

12 Heidegger, Martin, *Einführung in die Metaphysik* (Summer semester 1935), Frankfurt a.M., 1983, p. 40.

과《노동자(*Der Arbeiter*)》(1932)를 통해서 모든 것을 황폐화시키는 현대 기술 문명의 본질과 미래를 본다. 윙거가 '노동자의 지배와 형태'라는 사상에서 사유하고 있는 것, 이러한 사상의 지평에서 보고 있는 것은 세계 역사에서 '권력에의 의지(der Wille zur Macht)'가 보편적으로 지배하고 있다는 사실이다. 공산주의든 파시즘이든 세계민주주의든 오늘날 모든 것은 이러한 현실의 지배하에 있다. 윙거는 기술문명과 도시문명을 긍정하지만, 근대의 산물인 개인주의, 자유민주주의와 공리주의적 사고를 배격한다.

하이데거는 기술문명에 대한 윙거의 견해가 기술문명을 근저에서 추동하고 있는 형이상학적인 본질을 가장 잘 드러낸 것이라고 본다. 그러나 윙거가 '권력에의 의지'를 철저하게 실현할 것을 요구하는 반면에, 하이데거는 그러한 '권력에의 의지'로부터 벗어나는 길을 모색하고자 한다. 그는 기술문명의 본질에 대해서 윙거처럼 경탄하고 찬양하는 것이 아니라, 오히려 경악과 두려움을 느꼈던 것이다. 그 경악과 두려움을 극복할 수 있는 길은 과연 어디서 찾을 수 있는가?

하이데거의 과학기술에 대한 기본입장

하이데거의 사유는 시종일관 근대 문명과의 대결을 과제로 하고 있다. 그의 '존재물음(Seinsfrage)'은 근대 문명의 위기에 대처한다는 구체적이고 절박한 과제와 불가분의 관계에 있다. 그것은 단적으로 현대 과학기술 문명의 근본적인 문제를 존재망각에서 찾고, 그 망각된 존재를 상기하는 것을 절실한(not-wendig) 과제로 여긴다.

중요한 점은 하이데거의 과학기술 비판은 형이상학 비판과 연결된다는 사실이다. 특히 그는 기술의 문제를 형이상학적 문제로 환원시키면서 일반적 기술 현상보다는 기술의 본질에 초점을 맞춘다. 그의 새로운 시각에 의하면, "기술의 본질은 결코 기술적인 것이 아니다."[13] 기술의 본질은 인간과 세계의 관계를 규정하고 해명하는 형이상학적 진리와 연관이 있다. 이러한 진리는 우리가 세계와 어떤 관계를 맺는가를 결정한다. 그의 진단과 분석에 의하면 현대에 나타나는 기술의 본질은 우리에게 위험으로 다가온다.

하이데거에 따르면 각 시대의 형이상학은 각 시대의 본질과 현상을 조건 짓는다. 각 시대가 존재자를 어떻게 파악하고, 진리를 무엇이라 규정하는지가 시대의 본질과 현상을 특징 짓고 지배한다. 따라서 근대의 특징적인 현상 중 하나인 근대과학을 비판하는 것은 근대 자체에 대한 비판이고, 이는 곧 근대의 형이상학에 대한 비판이다.

그러나 하이데거의 과학기술에 대한 비판적 해명은 과학과 기술을 부정하거나 적대시하지 않고, 오히려 과학기술의 본질에 대한 물음에서 출발한다. 그는 통상적인 기술에 대한 올바른 도구적 규정은 아직 우리에게 기술의 본질을 보여주지 못한다고 본다. 그는 근대 과학기술의 본질이 어디에 존립하는지를 묻는다. 과학과 기술에는 역사적 운명(Geschick)이 지배하고 있고, 이 역운은 '존재역사(Seinsgeschichte)'를 형성한다. 인간을 탈은폐의 길로 보내는 존재 자체의 그러한 집약하는 보냄을 역운(Geschick, 몰아보냄)이라 부른다. 이 역운으로부터 모든 역사의 본질이 규정된다. 인간의 행위는 역운적인 것이기에 비로소 역사적으로 된다.[14] 여기서 역운이란 본질적으로 그 스스로 역사적으로 변한다

13 Heidegger, Martin, *Die Technik und die Kehre*(1949, 1953), Pfullingen, 1991, p. 5.(이하 TK)

14 TK, p. 24.

는 의미에서의 존재의 역운이다. 그것도 존재 자체가 스스로를 보내주어 그때마다 하나의 역운으로서 본질적으로 존재한다.

하이데거는 전기에는 실존론적 관점에서, 후기에는 존재역사적 관점에서 근대과학과 현대의 기술을 해명하고 비판한다. "존재의 역사는 자신의 본질을 숨기면서 자신을 우리에게 보내주고 있는 존재의 역운이다."[15] 기술은 그 본질을 볼 때 망각 속에 잠들고 있는 존재역사적 역운이다. 기술은 그 본질에 있어서 인간이 자신의 힘으로 제어할 수 없는 존재의 역사에 속한다. 기술(Technik)은 존재자를 드러내는 한 방식인 테크네(τέχνη)로부터 유래한다.

요약하자면, 하이데거는 과학기술을 존재역사로부터 비롯된 형이상학으로부터 해석한다. 근대 이후의 과학기술은 당대의 형이상학에서 비롯되었고, 그 형이상학은 존재 그 자체로부터 일어나고, 존재 자체의 역사적 산물이다. 그때그때마다의 형이상학은 존재 자체 사건의 역사에서 비롯된다. 말하자면 근대의 주체 형이상학과 의지의 형이상학이 과학기술 문명을 추동하고 있는 셈이다.

하이데거의 근대 이후의 과학 비판

하이데거는 과학을 부정하거나 배제하는 것이 아니고, 다만 과학의 절대화에 대한 요구를 비판한다. "우리의 모든 논의가 과학 적대적인 것으로 이해되어서는 안 된다. 과학 자체는 어떤 식으로는 거부되지 않는다. 단지 과학의 오만한 요구, 즉 모든 참된 명제에 대한 척도이고자

15 Heidegger, Martin, *Der Satz vom Grund*(1955–1956) Frankfurt a.M., 1997, p. 108.

하는, 절대화를 향한 요구가 거부될 뿐이다."[16]

하이데거는 과학적 인식이 절대적인 것이 아니라 파생적인 것임을 밝힌다. 참된 인식은 일상세계의 실천적 앎에 근거하고 있고, 인간의 실존적 삶에서 경험되는 존재이해에 기초하고 있다. 그에 의하면 인간의 대상에 대한 지각작용은 인간의 세계 안에서의 실존적 삶의 지평에서의 실천적 행위에서 파생되어 나온 것이다. 인간은 일상적 삶에서 인식대상으로 사물을 만나기 이전에 친숙한 도구로서 만난다. 이런 입장은 유럽 학문의 고향이 생활세계라는 후설의 입장과 상통한다.

과학적 연구는 근거율과 인과율에 의거하고 자연과 역사도 표상의 객체가 된다. 과학은 모든 사물의 근거나 조건을 찾고 탐구한다. 연구는 원리 또는 법칙의 기반 위에서 가설을 근거 짓고, 정당화하고 그리고 이유를 밝힌다. 근거율이란 "근거 없이는 아무것도 있지 않다(nihil est sine ratione)", 즉 "왜 없이는 아무것도 있지 않다"라는 것이다. 근거율이 작용하는 힘의 영역 안에 속하는 것은 존재가 아니라 존재자일 뿐이다. 존재 자체가 자기 안에서 근거를 놓으며 있는 한 존재 자체는 근거 없이 있다.

하이데거는 과학적 인식의 존재론적 토대를 밝히고자 한다.[17] 즉 과학을 인간의 실존방식에 정초하고자 한다. 전기 하이데거는 과학의 기초는 실존(Existenz)에 놓여있다고 본다. 현존재의 본질은 자신의 실존

16 Heidegger, Martin, *Zollikoner Seminare*(1959-1969), Frankfurt a.M., 2017, p. 143.

17 하이데거 과학비판의 출처는 다음과 같다. 《존재와 시간》(1927), 〈형이상학의 극복〉(1936-1946), 《철학에의 기여》(1936-1938), 《니체 I. II.》(1936-1946), 〈세계상의 시대〉(1938), 〈과학과 숙고〉(1953), 《졸리콘 세미나》(1959-1969).

에 있으며[18], 인간의 본질은 인간의 현존(existentia)과는 다른 존재의 밝음 안에 나가 서 있는, 즉 존재의 진리 안에 탈자적으로 서 있음을 의미하는 탈존(Ek-sistenz)[19]에 기인한다. 따라서 하이데거의 실존개념은 실존주의의 실존개념과는 차별화된다. 후자는 주관주의적 개체주의적인 실존인 반면, 전자는 현사실적·역사적·공동체적 요소를 함축하고 있는 실존이다.

서구의 전통철학에서 인식은 모든 것을 기저지워주는 것으로서 이해된다. 그러나 하이데거는 존재에 대한 인식의 우위를 인정하지 않는다. 인식에 관한 통상적인 견해와는 반대로 인식은 현존재의 '세계-내-존재(In-der-Welt-sein)'에 기저지워진 양상으로 본다. 하이데거는 인식의 본질 유래를 실존에서 찾는다. 과학적 인식의 틀인 주-객 관계는 '세계-내-존재'의 파생태일 뿐이다. 결코 그것은 인간과 존재자의 근본적인 관계는 아니다. 근대의 주관형이상학의 주관은 존재자들의 질서 안의 한 부분이 아니라, 다른 모든 존재자의 근거로 존재한다. 다른 존재자는 주체 앞에 세워지는 대상으로 존재하게 된다. 그리고 세계는 주체로서 인간의 대상이 되어 표상된 '상(Bild, image)'으로 존재하게 된다.

과학적 인식은 인간의 생생한 실존적 삶의 체험에서 나온 존재이해에 바탕을 둔 파생적인 앎으로서 절대적이거나 우선적인 인식이 아니다. 그것은 눈앞에 있는 것, 즉 실재하는 사물을 표상을 통해 인식할 뿐이다. 실존분석의 관점에서 보면 과학적 연구는 사물화된 세계와 인간

18 Heidegger, *Sein und Zeit*, p. 42.

19 Heidegger, *Wegmarken*, p. 321.

에 대한 파생적 고찰에 불과하다. "우리가 언제나 이미 어떤 존재이해 속에서 움직이고 있다는 것은 이미 시사된 바 있다. 이 존재이해로부터 존재의 의미에 대한 명시적 물음과 그것을 개념화하려는 의도가 생긴다."[20]

하이데거는 현존재가 실천적 태도에서 세계 내부적 존재자와 만나는 방식을 교섭(Umgang)이라 명명하며, 교섭의 가장 친근한 양식을 배려(Besorgen)라고 규정한다. 따라서 배려는 인간과 세계 내부적 존재자의 1차적 만남이 이루어지는 존재 관련이다. 하이데거는 배려가 지닌 인식을 배시(Umsicht)라고 한다. 인식의 가능성을 물었던 그의 궁극적 관심사는 과학의 존재론적 뿌리를 인간의 구체적 삶 속에서 찾아보고자 함이다. "과학은 미리 놓여있는 존재이해의 바탕을 이미 전제하고, 그 위에 서 있는 것과 관계를 맺는 활동이고, 존재론(철학)은 과학의 바탕이 되는 존재이해에 관한 탐구활동이다."[21]

하이데거는 근대과학의 본질이 어디에 존립하는지를 묻는다. 현대적 과학의 본질은 플라톤 이래로 철학이라고 불리는 그리스인들의 사유 안에 근거하고 있다. 그는 존재역사적 관점에서 근대과학을 해명하고 비판한다. 과학의 본질이란 존재가 자신을 드러내는 방식, 즉 탈은폐(Entbergen)의 방식이다. "과학은 존재하는 모든 것이 그 안에서 우리에게 스스로를 나타내는 하나의 방식이며, 그것도 심지어 결정적인 방식이다."[22]

각 시대의 과학은 존재자에 대한 그때그때마다의 형이상학적 해석

20 Heidegger, *Sein und Zeit*, p. 5.

21 배학수, 〈하이데거에서 과학과 철학〉, 경성대 사회과학연구 제6집, 1990, 82쪽.

22 Heidegger, *Vorträge und Aufsätze*, p. 41.

에 근거한다. 하이데거는 근대과학의 시대적 본질을 연구(Forschung)로 명명한다. 근대과학은 사유가 아니라 연구로 변한다. 연구는 과학적 인식이 자연이나 역사라는 존재자의 한 영역 안에서 어떤 특정한 사태를 향해 전진할 때 이루어진다. 근대의 과학은 자신에게 이미 알려진 것을 기투하는 '연구(Forschung)'를 본질로 한다. 연구는 이미 알려진 것을 통해 존재자의 영역 속으로 접근하는 '수학적 기투(matematische Entwurf)'를 통해 존재자를 대상화하고, 확보된 앎을 바탕으로 실험하고 설명하여 보편적 법칙으로 정리한다. 따라서 법칙, 규칙, 설명, 실험이 연구의 특징이 된다.

또한 근대 학문은 존재자의 특정 구역에 대한 탐구를 목적으로 하여 대상 구역에 기투하기 때문에 필연적으로 개별 학문이 된다. 기투는 처음부터 자연을 계산 가능한 운동 연관으로 환원한다. 근대 자연과학에서는 계산될 수 있는 것만이 대상으로 정립된다. "이러한 형태로 대상화되는 것, 즉 대상으로 존재하는 것만이 존재하는 것으로 간주된다. 존재자의 존재가 그러한 대상성에서 탐구되는 경우에만 비로소 우리는 연구로서의 과학에 이르른다."[23] 그리고 "존재자의 대상화는 계산하는 인간이 존재자를 안전하게 확보할 수 있도록, 즉 확신할 수 있도록 개개의 존재자를 자기 앞으로 가져오는 표상행위를 통해 실현된다."[24]

근대의 인간은 모든 것을 자기 앞에 대상으로 세워 근거 짓는 '주체'이며, 근대의 진리는 표상행위(Vorstellen)의 '확실성(Gewißheit)'으로 규정된다. "따라서 인간이 자연을 그의 표상의 한 영역으로서 탐구하고

23 Heidegger, Martin, "Die Zeit des Weltbildes(1938)," *Holzwege*(1935–1946), Frankfurt a.M., 2003, p. 85.

24 Heidegger, "Die Zeit des Weltbildes(1938)," 같은 곳.

관찰하며 뒤쫓아 다닐 때, 그는 이미 자연을 연구의 대상으로서 관심을 갖도록, 그래서 대상이 대상 없는 부품에로 사라질 때까지 그에게 도발적으로 요청하고 있는 그러한 탈은폐의 한 방식에 의해서 말을 건네받고 있다."[25]

과학적 연구는 존재자를 표상하고, 분석하고, 계산할 뿐, 자신의 해석지평으로서 존재를 숙고하지 않는다. "근대 자연과학은 탐구하고자 하는 대상영역에 대한 기투를 통해 인식을 획득하고, 점차 이런 기투가 가능한 것만이 과학적 대상으로 인정받고, 이런 기투를 통해 획득된 인식만이 과학적인 것으로 인정받게 된다."[26]

정리해보자면, 하이데거의 근대과학 비판은 단순히 근대 학문을 거부하거나 폐기하자는 것이 아니다. 그는 근대과학을 비롯한 서구 형이상학 전통의 본질을 밝히고 그것의 한계를 드러내어, 그 극단적 가능성이 최대치에 달한 그곳에서 새로운 사유, 즉 '숙고적 사유(besinnendes Denken)'로 나아갈 가능성과 필연성이 드러남을 말하고자 한 것이다.

하이데거의 기술비판

하이데거는 기술에 대한 통념을 비판한다. 일반적으로 기술은 목적을 위한 수단으로서 가치중립적인 것이며, 인간행동의 하나로 인식된다. "기술은 기술적인 것이고 도구적인 것이다." "기술은 인간의 행위일 뿐이다."[27] "기술의 문제는 더 진보된 새로운 기술에 의해 극복된다."

25 TK, p. 22.

26 이유택, 〈하이데거의 과학비판〉, 《현대유럽철학연구》 제38집, 한국하이데거학회, 2015. 166쪽.

27 TK, p. 6.

"기술은 인류에게 피할 수 없는 숙명이다." "기술은 가치중립적이다." 이와 같은 테제들은 모두 도구적·인간학적 기술론, 기술결정론, 기술만능주의적 시각이다.

하이데거는 기술을 '완성된 형이상학(die vollendete Metaphysik)'으로 파악한다.[28] 이것은 형이상학의 완성과 그 지배가 지닌 전 지구적인 성격을 사유할 수 있도록 해주며, 전지구적 사고방식의 근거를 '완성된 형이상학(die vollendete Metaphysik)'으로 간주한다.[29] 그에 의하면, 근대 이후로 존재자에 대한 과학적 표상활동과 기술적 제작활동이 지배한다. 그러나 존재는 묻지 않은 채 자명한 것으로 남아있고, 사유되지 않은 채로 있다. 존재는 오랫동안 망각되어 왔고 무근거의 진리 속에 머물러 있다.

전술한 바대로, 하이데거는 현대의 테크놀로지에 깃든 기술 형이상학의 지배를 밝히면서 그것의 본질유래를 존재사건의 역사에서 찾는다. 그는 존재역사적 관점에서 기술을 역운으로 규정한다. 그는 현대기술 역시 탈은폐 방식 중 하나이고, 일종의 '도발적인 요청(Herausfordern, 닦달)'으로 파악한다.[30] '도발적 요청'의 탈은폐는 테크네의 근본방식들인 본래적인 현출함(ποίησις)을 막아버리고, 닦아세움(Stellen)에 의해 탈은폐된 존재자의 유용성과 실용성만을 추구하게 한다. 사람들은 이러한 경향의 탈은폐 방식에 빠져, 모든 삶의 방식을 거기에 맞추고 있다.

28 Heidegger, *Vorträge und Aufsätze*, p. 76.

29 하이데거의 기술비판의 출처는 다음과 같다. 〈존재하는 바의 것에 대한 일별〉(브레멘강연 1949): 〈사물〉 〈몰아세움〉 〈위험〉 〈전향〉(전집 79) 〈기술에 대한 물음〉(1954) 〈초연한 내맡김〉(1945) 〈기술과 전향〉(1962) 〈슈피겔 인터뷰〉(1966).

30 TK, p. 27.

현대기술이 초래할 최고의 위험은 '다른 모든 탈은폐의 가능성'을 축출하려는 것을 의미한다.

하이데거는 독일어 기술(Technik)의 어원인 그리스어 테크네(τέχνη, techne)를 '이리로 이끌어내어 앞에 놓음(ποίησις, her-vor-bringen)', 즉 현출이라고 명명한다. 현출함을 본질로 하는 테크네는 세 가지 방식으로 구별된다. 첫째 수공을 통한 제작품의 현출함, 둘째 예술가의 작품으로서의 시적·회화적 현출함, 셋째 그 자체에서부터 피어나는 피시스(φύσις, physis)의 현출함이다. 현출함은 은폐성으로부터 비은폐성으로 끌고 가는 것이다.

테크네는 또한 일종의 에피스테메(ἐπιστήμη, episteme)이고 진리의 현성(Wesen)으로서의 탈은폐(Entbergen)이다. "기술은 탈은폐의 한 방식이다. 기술은 탈은폐와 비은폐성인 알레테이아, 즉 진리가 일어나는 그곳에 현성한다"(Technik ist eine Weise des Entbergens. Die Technik west in dem Bereich, wo Entbergen und Unverborgrnheit, wo aletheia, wo Wahrheit geschieht).[31] 결국 테크네와 에피스테메는 넓은 의미에서의 인식을 지칭하는 이름이다. 그것들은 어떤 것에 정통해 있다든가 통달해 있다는 뜻이다. 인식은 해명하며 열어젖히는 힘이다. 이런 해명하는 인식으로서의 인식은 일종의 탈은폐이다.

하이데거는 사유의 길 위에서 기술의 본질(Wesen)에 대한 물음을 던진다. 어떤 것의 본질이란 그것이 무엇으로 존재하고 있는 바 그것을 말한다. 그는 현대기술의 본질을 '몰아세움(Ge-stell)'이라 규정한다. 이것은 종 개념, 혹은 현존에 대비되는 '본질(essentia)'이 아니고, 탈은폐

31 TK, p. 13.

의 한 역운적 방식, 다시 말해 도발적 요청의 탈은폐인 것이다.[32] 기술의 본질은 진리의 영역에 속한다.

> 그렇지만 만일 우리가 기술의 본질을 곰곰이 생각해본다면, 우리는 몰아세움을 탈은폐의 한 역운으로 경험하게 될 것이다. 그때 우리는 이미 역운의 자유로움 안에 체류하고 있는 것이다. 이때의 역운은 기술을 맹목적으로 활용하라는, 결국은 같은 이야기이지만 기술에 무기력하게 반항하여 기술을 악마의 작품이라고 단죄해버리라는 육중한 강압 속에 우리를 결코 가두어놓지는 않는다. 오히려 그 반대이다. 만일 우리가 우리 자신을 기술의 본질에 맞추어 열어 보인다면, 우리는 우리 자신이 예기치 않게도 자유롭게 해주는 요청 안에 받아들여진 것을 발견하게 될 것이다.[33]

그러나 몰아세움은 포이에시스를 잘못 엇갈리게 놓아 위장시켜버린다. 몰아세움은 진리의 나타남과 전개를 위장해버린다. 몰아세움 안에서는 비은폐성의 사건이 일어나고 있으며, 그에 따라 현대기술의 작업은 현실적인 것을 부품으로 탈은폐시키고 있다. 따라서 그 본질이 존재 자체인 기술은 결코 인간에 의해 극복될 수 없다. 존재 자체가 기술의 본질로서 존재하고 있는 것이다. 그 이유는 인간은 존재의 주인이 아니기 때문이다. 또한 기술의 본질은 인간 존재의 도움이 없이는 그 자신이 역운의 변화에로 이끌려질 수 없다. 그러나 그로써 기술이 인간적 으

32 TK, p. 29.

33 TK, p. 25.

로 극복되는 것은 아니다.

하이데거의 존재역사적 관점에서 보자면, 근대 이후 표상적·계산적 사고로서 과학은 존재자의 존재를 기획 투사한다. 존재자들을 '앞에 세움(Vorstellen, 표상작용)'과 '몰아세움(Gestell)'은 근대 과학과 현대기술 시대에 존재가 자신을 드러내는 방식이다. 기술은 그 본질에 있어서 인간이 자신의 힘으로 제어할 수 없는 존재의 역사에 속한다. 따라서 "그 본질이 존재 자체인 기술은 결코 인간에 의해 극복될 수 없다."[34]

하이데거에 의하면, 니체의 '권력에의 의지'는 오늘날 기술적 의지로 변질되었다고 본다. 이 의지를 니체에 의해 사유되지 않은 '의지에의 의지(der Wille zum Willen)'라고 부른다. '완성된 형이상학'으로서의 '의지에로의 의지'는 기술을 이끌어간다. "기술이란 이름은 본질적으로 그 의미에서 완성된 형이상학이란 제목으로 이해된다."[35] 기술 시대에서 지구는 권력의 고양을 위한 공격의 대상으로서 인간적 의지의 무조건적 대상이 될 수 있으며, 도처에서 자연은 기술의 대상으로 나타난다.

기술은 그리스적인 의미에서는 존재자를 드러낸다는 의미의 존재진리와 연관된다. "기술은 탈은폐의 한 방식이다. 기술은 탈은폐와 비은폐성인 알레테이아, 즉 진리의 사건이 일어나고 있는 그곳에 본질적으로 존재한다."[36] 기술은 진리사건(aletheuein)의 방식으로서 그것은 스스로 자신을 밖으로 끌어내어 앞에 놓지 못해서 아직 앞에 놓여있지 않은 것을 탈은폐한다. "현대의 기술을 속속들이 지배하고 있는 탈은폐는 도발적 요청이라는 의미의 닦아세움의 성격을 띠고 있다. 이 도발적 요

34 TK, p. 38.

35 Heidegger, *Vorträge und Aufsätze*, p. 76.

36 TK, p. 13.

청은 자연에 숨겨져 있는 에너지를 채굴하고 캐낸 것을 변혁시키고, 변형된 것을 저장하고, 저장한 것을 다시 분배하고, 분배된 것을 다시 한 번 전환해 상요함으로써 이루어진다."[37]

탈은폐의 역운은 인간을 언제나 완전히 장악하고 있다. 그러나 이 역운은 결코 어떤 강제적인 숙명은 아니다. 그 이유는 인간이 역운의 영역에 속하며, 그 역운을 듣는 자가 될 때 비로소 그는 자유로워지기 때문이다. 여기서 자유란 그때마다 하나의 탈은폐를 그 탈은폐의 길로 보내는 역운의 영역이다. 자유의 본질은 본래 근원적으로 의지나 인간적 소망의 인과율에만 예속되어 있는 것은 아니다. 탈은폐의 사건, 즉 진리의 사건은 자유와 가장 가깝고 가장 밀접한 관계에 놓여있다. "탈은폐의 역운은 인간을 언제나 완전히 장악하고 있다. 그러나 이 역운은 결코 어떤 강제적인 숙명은 아니다. 그 이유는 인간이 역운의 영역에 속하며 그 역운을 듣는 자가 될 때-그렇다고 해서 맹종자가 되라는 것은 아니다-비로소 그는 자유로워지기 때문이다."[38]

비판적 성찰

하이데거의 과학기술 문명 비판은 시대착오적이고 불가능성의 가능성을 주장하는 한 철학자의 넋두리일 수 있고, 또한 '광야에서 외치는 자'의 독백일 수도 있다. 과학 및 기술의 진영에서 그리고 철학의 진영에서조차 하이데거의 입장을 래디컬하고 반철학적이라고 수상한다. 합리론적 이성주의 진영, 특히 하버마스와 그 후예들은 하이데거의 입

37 TK, p, 16,

38 TK, p. 24.

장을 종말론적·유토피아적 사고방식, 모든 합리적 이성에 의한 토론과 반박을 거부하는 독단적인 사고방식, 주관적 낭만주의, 역사적 상대주의 및 악에 대한 체념을 조장하는 숙명론으로 규정하고 있다. 또한 하이데거의 존재사유를 보수혁명 이데올로기, 주관적 신비주의, 메타신학, 에코파시즘, 유사철학 등으로 평가절하 하고 있다.

하이데거도 테크놀로지 안에서 위기와 동시에 새로운 희망을 본다. 그럼에도 우리 시대의 운명이 되어버린 기술문명을 적극적으로 해석하고 수용하려는 의지는 그에게서 찾아보기가 힘들다. 그는 제1 미디어인 텔레비전과 라디오 매체를 염두에 두고 테크놀로지를 바라보았다. 오늘날 소위 제2 미디어, 즉 뉴미디어인 초고속 정보망, 인터넷, 휴대전화, 전자미디어, 화상통신 등의 매체는 경험하지 못했다. 뉴미디어가 갖는 탈중심적 상호성과 쌍방향 소통에 대해서 그는 알지 못했다. 더욱이 전자 판옵티콘에 대항하여 역감시를 한다거나, 또는 언론과 여론에 의한 권력 감시인 신옵티콘(synopticon)의 전략에 대한 적극적 고려는 그에게서 보이지 않는다. 그렇지만 인터넷이 우리의 뇌구조를 바꾸고 있는 현실에서 기술의 일방적인 진보가 가져올 인간 존재의 망각과 사유의 상실, 실존 및 거주의 위기에 대한 그의 비판적 통찰은 여전히 유효하다.[39]

사회생태론자 북친(M. Bookchin)은 하이데거의 존재사유를 비판하고 그것을 '주관적 신비주의'로 이해하고, 그러한 신비주의는 결국 현실을 호도하고 사회 윤리적인 맥락을 놓치게 하는 이데올로기적인 기회주의 내지 절충주의로 빠진다고 비판한다. "만일 존재론이 사회적이고

39 강학순, 《존재와 공간》, 한길사, 2011, 495쪽 이하.

도덕적인 맥락을 결여한다면, 존재론은 무서운 결과를 동반할 것이다. 하이데거에게서 주요한 의미를 가지고 있는 존재란 개념이 현실을 주관주의적으로 설명하는 방식으로 동화되어버린다면, 이 개념은 현실을 정확하게 파악할 수 없다."[40]

하이데거의 과학기술 문명 비판에는 서구의 유럽중심주의적 요소와 정신적 독일 민족주의가 깃들어 있음을 부인할 수 없다. 서구 및 유럽의 시원을 제대로 계승하는 것은 모든 민족들 중에서 가장 형이상학적인 민족인 독일인에게 부과된 과제라고 여긴다. 독일어와 독일민족은 라틴어와 로마제국의 정신에 의해 오염되지 않았으며, 이러한 독일어를 보존하고 있는 독일인이야말로 유럽문명을 정신적인 퇴폐에서 구원할 수 있는 유일한 민족이라는 것이다. 하이데거는 시종일관 그리스적인 사유를 근원적인 형태로 반복할 수 있는 사유는 오직 독일어에 바탕을 둔 사유라고 본 것이다. "우리는 존재에 대한 물음을 유럽의 운명과 관련하여 제기했다. 유럽의 운명 안에서 지상의 운명이 결정되며, 그 경우 유럽 자체에 대해서는 우리의 역사적 현존재(독일민족)가 중심으로서 나타난다."[41]

이런 점에서 하이데거의 과학기술비판은 체제비판과 무관하지 않다. 그가 살았던 독일의 정치체제는 독일 제2 제국(1871-1918), 바이마르 공화국(1919-1933), 제3 제국(1933-1945), 독일연방공화국(1945-)이었다. 특히 그 속에서 그 체제들이 지향하는 제국주의적 노선과 바이마르 공화국의 자유주의 노선, 국가사회주의 노선, 세계적 자본주의 노선 등

40 머레이 북친, 문순홍 옮김, 《사회 생태론의 철학》, 솔, 1999, 75쪽.

41 Heidegger, Martin, *Einführung in die Metaphysik* (Summer semester 1935), Frankfurt a. M., 1983, p. 45.

에 대해 그리고 러시아의 볼셰비즘과 소련의 공산주의 모두를 근대형 이상학의 산물, 즉 과학기술을 통한 전체주의임을 밝히면서 그것들과 대결해야 함을 밝힌다. 그가 추구하는 사상적 노선은 이 모든 것들을 넘어서서 유럽의 대지에서 펼쳐지는 자연적 풍광과 정신적인 유산 그리고 역사적인 전통과 관습을 계승하는 향토적이고 또한 서구 유럽문화 공동체적인 정체(政體)를 지향한 것이다.

또한 하이데거의 과학기술 문명 비판은 특히 반인본주의적고 반문명적이기도 하다. 물론 그의 견해에는 반문명적·반인본주의적이며 반자유주의적·반철학적 요소가 있다. 그가 제안하는 사유혁명과 태도변경으로 과학기술 문명의 극복이 가능하다는 것은 이상적이고 나이브하다. 그렇다면 작금의 기후변화의 위험과 환경재앙의 공포하에서 지속가능한 지구를 지키고 보살필 수 있는 길은 과연 어디에 있는가? 예전에는 인간이 기술을 만들었지만, 이제는 기술이 인간을 만든다. 이런 시점에서 세상의 지혜를 모아야 한다는 절박한 시대적 요청이 있다. 이런 상황 속에서 유력하고 유용한 기술의 힘 대신, 무력하고 무용하게 보이는 '사유와 시'의 힘을 불러와야 한다는 하이데거의 메시지가 갖는 철학적 무게는 결코 가볍지 않다.

이 지점에서 주목할 만한 것은 심층생태론(deep ecology)과 하이데거의 입장과의 근친성이다. 전자와 하이데거의 과학기술 문명 비판과 차이점이 있으면서도 많은 점에 있어서 궤를 같이한다. 생태계 위기의 근본 원인이 인간중심적 세계관에 있다고 보고, 생태계 위기를 근본적으로 해결하기 위해서는 개인적·사회적 관행을 바꾸는 정도로는 부족하고 생태중심적 세계관으로 전환되어야 한다는 주장이다.

심층생태론에서는 인간중심적 관점에서 환경문제를 해결하려는 입장을 표층생태론(shallow ecology)이라고 비판한다. 전자에서 인간은 자연과 분리될 수 없기 때문에 모든 자연을 통일된 전체로 본다. 여기서는 생태적 세계관으로 전환하기 위해 동양의 노장사상과 선불교, 기독교의 영성주의 등이 필요하다고 주장한다. 그들의 슬로건은 한마디로, "개체적 자아(self)를 실현하는 데 그치지 말고, 그러한 자아 배후에 자연과 함께하는 더 큰 자아(Self)를 실현하라"는 것이다.

주목할 만한 것은 하이데거의 과학기술 문명 비판을 수용하면서 '조용한 기술(calm technology)'과 '존재론적 설계(ontological design)'를 제안한 컴퓨터 공학자들인 와이저(M. Weiser)와 위노그라드(T. Winograd), 하이데거의 기술비판을 수용하면서 인공지능 비판에 앞장선 기술철학자 드레퓌스(H. L. Dreyfus) 등이 있다.[42]

맺음말: 과학기술의 힘과 시적 사유의 힘은 양립 가능한가?

오늘날 과학과 기술이 합세하여 철학적 사유를 불필요한 것으로 만들고, 철학에게 현실적인 대답을 내놓으라고 닦달하고 있다. 이는 오늘날 세간의 스포트라이트를 독차지하고 있는 과학기술의 위세가 증대

42 참조. M. Weiser, "The Computer for the 21st Century," *Scientific American Special Issue on Communications, Computers, and Networks,* September, 1991/ "Some Computer Science Problems in Ubiquitous Computing," *Communications of the ACM,* July 1993/ T. Winograd, F. Flores, *Understanding Computer and Cognition,* Addison-Wesley Press, 1986, p. 108/ 허버트 L. 드레퓌스, 정혜욱 옮김, 《인터넷상에서》, 동문선, 2003/ Dreyfus, H. L. & S. E. Dreyfus, "From Socrates to Expert Systems: The Limits of Calculative Rationality," *Philosophy and Technology II,* ed. by Carl Mitcham & Alois Huning, New York: Springer, 1986/ Dreyfus, H. L., *Being-in-the-World: A Commentary on Heidegger's Being and Time,* Division I. Cambridge, MIT Press, 1991/ 강학순, 〈현대기술융합 담론과 하이데거 철학 수용의 문제〉, 《현대유럽철학연구》 제39집. 한국 하이데거학회, 2015.

되고 있음을 보여주는 것이다. "과학의 기술적이고 실천적인 성과들은 철학적인 사유라는 의미에서의 사유를 오늘날 점점 더 불필요한 것으로 보이게 만들고 있다. 사유 자체가 자기 자신의 과제와 관련해서 처하게 된 어려운 상황에 상응해서 사람들은 실천적이고 세계관적인 물음들에 대해서 당장 필요한 대답을 거부하는 사유에 대해 미심쩍어하고 있으며, 이러한 사태는 과학의 권세에 의해 조장되고 있다."[43]

이러한 점증하는 과학기술의 힘과 사유의 힘은 어떻게 양립가능한 것인가? 과학기술과 사유가 서로 대립하거나 적대시하지 않고, 서로의 역할을 인정하면서 상호보완 하는 길을 모색하는 것이 인류의 지속가능하고 환경친화적인 미래문명을 기대할 수 있는 길일 것이다.

하이데거에 의하면, 과학과 기술은 본질적으로 과학적이거나 기술적인 것은 아니다. 그것들의 본질은 존재 자체에 의한 존재사건에 속한다. 따라서 과학기술로부터 오는 위험을 인간이 이니시어티브를 가지고 극복하거나 해결할 수 없다. 존재 자체의 비춤에 대해 인간은 다만 비춰진 자로서 그 존재사건에 응답함으로써 참여할 수 있다. 인간은 발광체가 아니고 반사체이기에 모든 것을 존재의 진리와 빛 속에서 바라볼 수 있어야 한다. "존재하고 있는 것에 대한 일별(Einblick)이 일어나게 되면, 인간은 존재의 번갯불 같은 번쩍임에 의해 자신의 본질을 얻어맞게 된다. 인간은 존재의 번뜻임 속에 비춰진 자들이다(Die Meschen sind die im Einblick Erblickten)."[44]

따라서 우리는 존재를 상기하고 존재자 전체를 피시스(physis)로 경

43 Heidegger, Martin, "Spiegel-Interview"(1966): "Nur noch ein Gott kann uns retten"(Der Spigel. 30 Jg., Nr. 23. Mai. 1976), Neske, 앞의 책, 1988, p. 109 이하.

44 TK, p. 45.

험하기 위한 태도가 요구된다. 위험은 본질적으로 예측이 어려운 존재사건으로부터 유래하기에 인간은 더욱더 그것을 통찰할 수 있는 열린 마음과 깨어있는 정신이 요구된다. 근대과학과 현대기술은 일종의 '세계운명'으로서 우리가 떠맡고 몸소 겪으며, 뚫고 나가야 하는 것이다. 오늘날 자연친화적이고 따뜻하고 지속가능한 적정기술이 더욱 요구된다.

부정할 수 없는 현실은 현대사회가 근본적으로 과학과 기술의 체계에 의해 움직인다는 점이다. 과학과 기술은 21세기 후기자본주의 체제의 생산관계와 사회관계를 결정하는 핵심적 요소이다. 문제는 어떻게 기술을 배제하느냐가 아니라, 오히려 자연을 통제하려는 우리의 충동을 어떻게 막느냐이다. 하이데거의 해법은 사유와 시작이 힘을 얻어야만 인간을 종말에서 구원할 수 있다는 것이다. 그렇지 않으면 과학기술의 힘이 우리를 지배한다. 그것들은 삶의 도구가 아니라 우리 삶을 결정하는 막강한 힘으로 작용한다. 그러나 "약함이 강함을 이기고, 부드러움이 굳음을 이긴다(弱之勝强, 柔之勝剛)"(《도덕경》, 78장).

하이데거의 주장처럼 과학과 기술을 이용하되 그것을 우리 세계 바깥에 두어야 한다고 본다. 바깥에 두어야 한다는 것은 과학적 인식을 절대화하지 않는 것을 의미한다. 또한 우리는 사물들을 부품이나 상품으로 여기지 않아야 한다. 존재자들이 더 고차적인 것에 의존하는 것으로 또한 유한하고 상대적인 것으로 보아야 한다. 우리는 과학기술을 이용하되 그것에 종속되어서는 안되며, 더욱이 타자들과의 기술적 관계를 삶의 중심에 가져와서는 안된다.

기술적 세계에 대한 우리의 관계는 놀라우리만치 단순하며 냉정하게 된다. 우리는 기술적 대상들을 일상세계로 끌어들이면서, 동시에 이

세계 밖에 있게 한다. 즉 기술적 대상들을 절대적인 사물로서가 아니라 스스로 보다 고차적인 것에 의존해 있는 사물로서 방기한다. 나는 기술적 세계에 대해 예, 아니오를 동시에 답하는 이런 태도를 옛말을 빌어 사물들에로 내맡김(Gelassenheit)이라 부르고자 한다.[45]

현대 형이상학의 최종적 완성태로서의 테크놀로지는 동시에 형이상학의 극복을 위한 다른 시원적 사유와 맞물려 있다. "사유가 존재와 맺는 인간본질과의 관련을 수행하려면 철학에 머물러 있는 것은 도움이 되지 않는다."[46] 존재와 맺는 인간본질과의 관련을 수행하려면, 기존 '철학'에 머물러 있는 것은 도움이 되지 않고, 오히려 '다른 사유(das andere Denken)'에로 도약해야 한다. 왜냐하면 하이데거는 철학마저도 사유하지 않고 있다고 보기 때문이다. 따라서 철학에서 시원적 사유, 즉 숙고적 사유(das besinnende Denken)에로 도약하는 것이 요구된다. 건전한 미래의 문명은 이렇게 철학의 사유에로의 전향(Kehre)으로 부터 방향 지어져야 한다는 것이 하이데거의 최종적 입장이다.

인간은 '자연의 주인이고 소유주'라는 데카르트의 입장이 근·현대적 인간관을 대변한다. 그러나 하이데거에 의하면 인간은 지구의 주인이 아니라, 지구에 거주하며 그것을 보살피고 지키는 청지기라고 본다. 지구에 속한 모든 존재자는 지배하고 공격하는 것이 아니라 그것들이 자신들의 본질을 잃지 않도록 보살펴야 한다. 하이데거의 사유는 과학과 기술의 적이 아니다. 그에게는 근대과학과 기술은 피해 갈 수 있는 실

45 Heidegger, Martin, *Geassenheit*(1945-1953), Pfullingen, 1979. p. 23.

46 Heidegger, *Wegmarken*, p. 313.

책이라기보다는 일종의 세계운명으로서 우리가 떠맡고 몸소 겪으며, 아마도 뚫고 나가야 하는 것이다. 문제는 어떻게 과학과 기술을 배제하느냐가 아니라, 오히려 자연을 통제하려는 우리의 충동을 어떻게 막느냐이다.[47]

이제 과학과 기술의 그리스적 시원을 회복하는 것이 관건이다. "시원에 대한 근원적이고 진정한 관계는 습관적인 것을 전복하는 것을 통해 시원의 은닉된 법칙을 다시 전개하는 혁명이다."[48] 하이데거는 사물을 존재의 빛 아래에서 새롭게 열어 밝히고자 한다. 이는 사물을 대상으로 표상하는 대신, 사물의 있음, 즉 성스러움에 마음의 눈을 여는 일이다. 이러한 내맡김의 태도란 존재자들을 기술적으로 지배하려는 근대적인 '권력에의 의지'와는 전적으로 다른 태도이다. 따라서 우리는 사물과의 기술적인 관계로부터 근원적인 관계로 전향해야 한다.

47 프레드 달마이어(F. Dallmayr), 신충식 옮김, 《다른 하이데거》, 문학과 지성사, 2011, p. 326.

48 Heidegger, Martin, *Grundfragen der Philosophie. Ausgewählte "Probleme" der "Logik"*(Winter semester 1937/38), Frankfurt a.M., vol. 45, 1984, p. 37.

과학기술 문명 시대 학문의 위기[*]

이남인[**]

후설은 1937년 5월 오스트리아의 수도 빈(Wien)에서 유럽인의 위기 속에서의 철학이라는 제목으로 행한 강연에서[1] 현대를 위기의 시대로 진단한다. 20세기에 접어들면서 현대인은 정신적으로 병들었고, 이처럼 병든 인간들에 의해 이루어진 현대문화 역시 병든 문화이며, 현대인은 더 이상 참다운 인간으로서의 생존을 유지하기 불가능할 정도로 심각한 위기 상황에 처하게 되었다는 것이 이러한 진단의 핵심이다. 그가 몸소 체험하였던 제1차 세계대전, 바이마르 공화국의 몰락, 전세계적인 경제공황, 나치주의의 대두뿐 아니라 그의 사후에 일어난 제2차 세계대전, 나치주의자들의 만행, 원자탄 투하 등은 그가 진단한 현대 위

* 이 글의 도입부는 필자의 《현상학과 해석학》, 서울대학교출판문화원(2004), 22-24쪽에서 가져왔다. 본문은 필자의 다음 논문에서 일부를 취하여 수정했다. 〈인문학과 자연과학은 어떻게 만날 수 있는가? 통섭개념에 대한 비판적 검토를 토대로 삼아〉, 《철학연구》 제 87집(철학연구회, 2009), 259-311쪽.

** 서울대학교 철학과 교수

1 Husserl, E., *Die Krisis der europäischen Wissenschaften und die transzendentale Phänomenologie. Eine Einleitung in die phänomenologische Philosophie*, Den Haag: Martinus Nijhoff, 1954, p. 314-348.

기의 적나라한 표출이라 할 수 있다.

후설이 타계한 후 80여 년이 지난 오늘날 후설이 진단한 현대의 위기는 더욱더 극단화되는 것처럼 보인다. 이처럼 극단화된 현대의 위기는 삶의 여러 영역에서 드러나고 있다. 이러한 현대의 위기를 예리하게 보여주는 것이 포스트휴먼 담론이다. 포스트휴먼이 무엇이냐에 대해 다양한 입장이 있을 수 있겠지만 그중의 하나가 현재 인간보다 여러 가지 능력이 훨씬 더 뛰어나 예속시키고 언젠가는 우리를 말살시켜버릴 존재라고 한다. 그렇다면 포스트휴먼 시대의 도래야말로 그 어떤 위기보다도 더 심각한 위기라 할 수 있을 것이다.

후설에 의하면 이러한 현대인과 현대문화 위기의 일차적인 책임은 현대학문이 병들어서 자신의 본래적인 기능을 상실하고 위기 상황에 빠져있다는 데 있다. 물론 현대학문이 위기에 처했다는 이러한 주장이 현대학문이 이룩한 비약적인 발전을 부정하자는 것은 결코 아니다. 자연과학뿐 아니라, 인문사회과학 역시 20세기에 접어들면서 비약적인 발전을 이룩하였음은 그 누구도 부인할 수 없는 사실이기 때문이다. 현대학문이 위기에 처했다함은 현대에 들어서면서 비약적으로 발전한 학문이 역설적으로 인류 삶의 고양을 위해 지녀왔던 본래적인 의미를 상실하게 되었음을, 다시 말해 학문이 학문으로서의 기능을 제대로 수행할 수 없게 되었음을 의미한다.

후설에 의하면 이러한 학문적 위기의 최종적인 원천은 바로 철학의 위기에 있다. 모든 것의 뿌리, 모든 것의 원리를 탐구하고자 하는 철학은 20세기에 접어들면서 자신의 고유한 기능을 상실하고 병들게 됨으로써 일대 위기에 처하게 되었고, 그 필연적인 결과로 제반 학문의 위기를 초래하게 되었다. 현대에 접어들면서 철학이 이처럼 위기 상황에 이른 배경을 이해하기 위하여 우리는 잠시 19세기 중후반에서 20세기 초에 이르는 시기 철학의 지형도를 살펴볼 필요가 있다. 19세기 중후반은 실증적 경험에 기초한 개별 과학이 비약적으로 발전하면서 독일관념론이 붕괴되고, 철학이 심각한 정체성의 위기에 처하게 된 시기이다.[2]

이러한 정체성의 위기가 계속되면서 19세기 중후반에서 20세기 초에 이르는 사이 실증적 개별 과학의 비약적 발전에 편승해 몇 가지 철학사조가 등장하였는데, 이 모든 사조는 실증적 개별 과학을 자신의 철학적 토대로 삼는다는 점에서 공통점을 지니며, 따라서 그것들은 넓은 의미에서 실증주의(Positivismus)라 불릴 수 있다. 그런데 그중에서도 가장 영향력이 큰 것은 물리학적 실증주의이다. 물리학적 실증주의는 르네상스 시대 이래 비약적으로 발전한 수리물리학의 성과에 크게 자극받고 고무되어 물리학적 방법이 모든 학문의 참된 유일한 방법이 될 수 있으리라고 생각하는 철학적 입장이며, 물리주의(Physikalismus) 혹은 객관주의(Objektivismus)라고도 불린다. 가장 대표적인 예는 물리학을 모범으로 삼아 사회학조차도 사회물리학[3]으로 정초하고자 시도하였던 콩트(A. Comte)의 철학이다.

물리학적 실증주의는 모든 대상을 자연적 인과관계의 망 속에서 존재하는 것으로 간주하면서 물리학적 방법을 대상 인식을 위한 유일한 방법으로 간주한다. 물리학은 관찰의 방법, 실험의 방법, 수량화의 방

2 이 시기의 철학적 지형도에 대해서는 Husserl, E., *Philosophie als strenge Wissenschaft*, Frankfurt/M., Vittorio Klostermann, 1965; Löwith, K., *Von Hegel zu Nietzsche-Der revolutionäre Bruch im Denken des 19. Jahrhunderts*, Hamburg: Felix Meiner, 1981; Schnädelbach, H., *Philosophie in Deutschland 1831-1931*, Frankfurt/M.: Suhrkamp, 1991. 참조.

3 Comte, A., *Cours de philosophie positive*, vol. 6, Paris: Bachelier, 1830-1842.

법 등을 사용하며 관찰과 실험을 위해 현미경, 망원경 등의 관찰 장비를 사용한다. 이러한 이유는 물리학적 대상이 원칙적으로 외적 지각을 통해 경험될 수 있기 때문이다. 그리고 물리학이 수량화의 방법을 사용하는 이유는 물리학적 대상이 양을 가지고 있어 크기를 잴 수 있는 대상이기 때문이다. 물리학적 실증주의는 바로 모든 학문이 이러한 물리학적 방법을 사용하여 참다운 의미의 학문으로 전개될 수 있다고 생각하는 철학적 입장이다.

물리학적 실증주의는 근대물리학의 비약적 발전에 고무되어 등장한 철학으로서 과학혁명기 근대과학이 출현한 이후 지속적으로 영향력을 발휘하였다. 이 글에서 다룰 윌슨(E. O. Wilson)의 통섭 프로그램 역시 물리학적 실증주의의 한 유형이다. 윌슨의 저서 《통섭》[4] 이 다루는 주제는 지식이 가진 본유의 통일성(25) 또는 과학의 통일성(34) 이다. 윌슨의 통섭 프로그램은 물리학적 탐구를 가능하게 하는 인과적 설명(460)을 토대로 모든 현상을 남김없이 해명하려는 시도이다. 윌슨이 통섭을 봉합선이 없는 인과관계의 망(459)에 비유하듯이 통섭은 학문의 경계를 허물고 물리학적 방법을 통해 모든 학문을 하나로 통일하려는 시도이다.

이 글의 목표는 물리학적 실증주의로서의 윌슨의 통섭 프로그램을 비판적으로 검토하면서 그것이 원칙적으로 불가능할 뿐 아니라, 학문의 위기, 인류의 위기를 낳을 수 있는 그릇된 철학이라는 사실을 해명하는 데 있다. 또한 이 글에서 윌슨의 통섭 프로그램을 비판적으로 고찰하고자 하는 일차적인 이유는 진화생물학자인 그가 생물학뿐 아니라,

4 Wilson, E. O., *Consilience: The Unity of Knowledge*, New York: Knopf, 1998/에드워드 오스본 윌슨, 최재천·장대익 옮김, 《통섭-지식의 대통합》, 서울: 사이언스북스, 2005. 이 글에서 이 책은 괄호 안에 쪽수만 제시하면서 인용한다.

자연과학 일반, 나아가 인문사회과학의 여러 분야의 최신 연구성과들을 다각적으로 검토하면서 통섭 프로그램을 구체적으로 전개해나가며 그러한 한에서 현대 학문론에 관심이 있는 사람이라면 누구든지 한번 이 프로그램을 검토해볼 필요가 있기 때문이다. 통섭 프로그램은 십여 년 전 한국 사회에서 커다란 반향을 불러일으켰으며 아직도 이 프로그램이 유효하다고 생각하는 사람들이 적지 않다는 사실 또한 필자가 통섭 프로그램을 검토하고자 하는 이유이기도 하다.

이제 통섭의 원칙적 불가능성이 무엇을 뜻하는지 살펴보고, 세 가지 예를 검토하면서, 통섭 프로그램을 포함해 다양한 유형의 물리학적 실증주의가 21세기 학문의 위기를 낳고 나아가 인류 전체를 위기에 빠뜨릴 수 있는 그릇된 철학이라는 사실을 해명하고자 한다.

통섭의 원칙적 불가능성은 무엇을 뜻하는가?

윌슨의 통섭 프로그램이 완벽하게 수행되기에는 여러 가지 현실적인 난점이 도사리고 있다. 윌슨 자신도 이 점을 인정한다. 자연과학과 인문학, 사회과학을 하나의 원리로 통합하려는 야심적인 통섭 프로그램을 제시하면서도 그는 통섭 프로그램을 완벽하게 수행하는 데 수많은 난점이 있음을 인정한다. 그러나 윌슨의 통섭 프로그램에 그처럼 현실적 난점이 많이 들어있다고 하더라도 그것이 곧바로 통섭 프로그램의 원칙적인 불가능성을 입증하는 것은 아니다. 그러한 난점들은 과학이 무한히 진보함에 따라 언젠가는 극복될 수 있을지도 모르기 때문이다. 실제로 과학사는 과학이 진보함에 따라 수없이 많은 현실적 난점들이 극복되면서 특정한 과학적 프로그램이 현실화되는 다양한 예를 보여주고 있다. 분과 학문에 종사하는 연구자 중에서 이러한 신념을 가지고 연구에 임하는 사례는 흔히 찾아볼 수 있다. 예를 들어 폰 노이만(J. von Neumann), 모르겐슈테른(O. Morgenstern)은 게임이론을 경제학에 적용하는 연구와 관련해 모든 수리화하는 과학이 이러한 연속적인 진화의 과정을 거쳐왔음[5]은 잘 알려진 사실이라고 지적하면서 이런 신념을 표명하고 있다.

필자의 견해에 의하면 윌슨의 통섭 프로그램에 들어있는 모든 현실적인 난점이 완전히 해결된다고 하더라도 가능한 모든 지식을 포괄하는 완벽한 통섭은 원칙적으로 불가능하다. 이 경우 원칙적으로 불가능하다 함은 아무리 과학기술이 발전해 인간이 전지전능한 신의 위치에 오른다고 하더라도 불가능함을 뜻한다.

통섭의 원칙적 불가능성에 대한 해명

통섭 프로그램의 원칙적 불가능성을 앞서 개략적으로 이해하기 위해서 우리는 윌슨의 통섭에 포괄되는 지식의 근본적인 특성이 무엇인지 살펴볼 필요가 있다. 윌슨의 통섭에 포괄되는 지식은 모두 물리적 인과관계의 망 속에서 존재하는 대상들에 대한 지식들이다. 이러한 지식을 획득하기 위해서는 관찰과 실험의 방법이 필요하며 많은 경우 관찰을 위해 현미경, 망원경 등의 첨단 장비들도 동원된다. 따라서 어떤 지식이 자연적 인과관계 혹은 물리적 인과관계의 망 속에서 존재하지 않는 것들에 대한 지식일 경우 그러한 지식은 윌슨이 제시하는 통섭에 포괄되지 않을 것이며 만일 이러한 유형의 지식이 존재한다면 통섭은

5 von Neumann, J. and O. Morgenstern, *Theory of Games and Economic Behavior*, Princeton: Princeton University Press, 1990.

원칙적으로 불가능할 것이다.

실제로 인문학, 사회과학 지식의 많은 부분은 통섭에 포괄될 수 없는 유형의 지식인데, 이제 이 점을 몇 가지 예를 통해 구체적으로 살펴보자.

1. 의식에 대한 현상학적 심리학적 연구를 중심으로

윌슨의 통섭 프로그램에서 뇌과학과 진화생물학은 인문학, 사회과학과 자연과학을 봉합선 없이 통섭함에 있어 중요한 역할을 담당한다. 그러나 뇌과학과 진화생물학을 통해 인문학, 사회과학과 자연과학을 봉합선 없이 통섭하는 일은 원칙적으로 불가능하다. 우선 여기에서는 뇌과학을 통해 인문학, 사회과학을 봉합선 없이 통섭하는 일이 왜 원칙적으로 불가능한지 살펴보자.

잘 알려져 있듯이 의식은 인식론, 존재론, 심리철학 등 다양한 철학 분과에서 다루어지고 있는 핵심적인 주제이다. 마음 혹은 의식은 윌슨의 통섭 프로그램에서 아주 중요한 위치를 차지하는 현상이다. 이 점과 관련해 그는 이런 기본적이면서도 우리를 혼란스럽게 만드는 심오한 사실 때문에 마음은 통섭 프로그램의 가장 중요한 주제이기도 하다(183)고 지적하면서 이 주제를 마음이라는 제목을 달고 있는《통섭》의 6장에서 자세하게 다루고 있다. 윌슨은 거기서 통섭 프로그램의 근본 입장에 따라 의식을 물리적 인과관계의 망 속에서 존재하는 대상으로 간주하면서 그에 대해 다루고 있다. 그러면 우선 윌슨이 의식에 대한 지식에 대해 어떤 입장을 취하는지 살펴보자. 이를 위해 다음의 인용문들을 검토해보자.

지식의 통일성-미로의 실재-에 대한 믿음은 궁극적으로 모든 정신과정이 물리적 기초를 가지고 있으며 그 과정이 자연과학에 잘 부합한다는 가설에 근거해 있다.(183) 오늘날에도 사람들은 바로 이러한 이유 때문에 자기 자신의 마음보다 자동차에 관해 더 많은 것을 알고 있다. 마음에 관한 근본적인 설명이 철학이나 종교적인 탐구라기보다 경험적인 탐구인 것도 같은 이유 때문이다. 이런 탐구는 아직도 어둡기만 한 뇌 내부로의 여행이다.(185) 의식은 정신활동에 참여하는 회로가 대량으로 연결된 집합체이다.(205) 지금까지 나는 마음을 만들어내는 물리적 과정에 관해 말했다.(203)

뇌라는 기계는 아직까지도 우리에게 엄청나게 낯설다. 과학자들은 뇌회로의 극히 일부분만을 알아냈을 뿐이다. 뇌의 주요 부위들이 왜 그렇게 생겼는지에 대해서는 아직도 잘 모르고 있다. 단지 그것들이 다양한 기능을 한다는 것을 통해 많은 것을 배울 뿐이다.(193)

이 인용문들을 살펴보면 알 수 있듯이 윌슨은 뇌과학이 의식의 비밀을 남김없이 해명할 수 있을 것으로 믿고 있다. 말하자면 그는 현재의 뇌과학이 한계를 가지고 있지만 무한히 진보하면 뇌의 구조를 완벽하게 파악하면서 의식의 비밀을 해명할 수 있을 것으로 생각한다. 그러나 과연 뇌과학이 의식을 어디까지 파악할 수 있을까? 이 점을 확인하기 위해서 뇌과학이 의식의 비밀을 해명한다고 할 경우 그것이 정확하게 무엇을 의미하는지 살펴보자.

뇌과학은 의식을 물리적 인과관계의 망 속에 놓인 것으로 간주하고 그러한 한에서 의식을 해명하고자 시도한다. 물리학이 물리현상을 연구할 경우와 유사하게 뇌과학은 의식의 구조를 해명하기 위해서 뇌를 외부에서 관찰해야 하며 필요할 경우 실험을 하면서 뇌의 어느 부위가 어떤 의식 현상과 관련이 있는지 또는 뇌의 어느 부위의 활동이 어떤 의식을 발생하도록 하는지 해명한다. 뇌과학은 마음을 만들어내는 물리적 과정으로서의 의식, 정신활동에 참여하는 회로가 대량으로 연결되어 있는 집합체로서의 의식, 다시 말해 뇌의 작용으로서의 의식을 해명할 수 있다.

뇌과학적 연구를 통해 의식의 비밀이 어느 정도 밝혀질 수 있다는 점은 분명하다. 그러나 그것이 의식의 구조를 해명할 수 있는 유일한 연구는 아니다. 뇌과학처럼 외적 관찰과 실험을 통하지 않고서도 의식의 구조를 해명할 수 있기 때문이다. 이 점과 관련해 뇌과학에 대해서 아무것도 알지 못한다고 할지라도, 우리 자신의 의식에 대해 많은 내용을 알고 있다는 사실에 주목할 필요가 있다. 기쁨, 슬픔, 배고픔, 충일감, 허무함, 허전함 등 매순간 수없이 많은 의식에 대해 알고 있다. 이러한 사실은 현내를 살아가는 우리에 대해서만 타당한 것이 아니다. 뇌과학이 등장하기 전에 살았던 사람들의 경우에도 마찬가지다. 그들 역시 다양한 유형의 의식에 대해 이미 알고 있었다. 이러한 관점에서 보자면 오늘날 사람들은 (……) 자기 자신의 마음보다 자동차에 관해 더 많은 것을 알고 있다는 윌슨의 주장은 심각한 문제점을 안고 있다. 이러한 주장은 뇌과학의 입장에서는 타당하다고 할지라도 의식에 관한 학문 일반의 관점에서 볼 때는 타당하지 않기 때문이다.

뇌과학이 없어도 의식에 대해서 알 수 있는 것은 우리가 내적 지각 또는 반성의 능력이 있기 때문이다. 말하자면 반성의 능력은 그를 통해 우리가 의식의 비밀을 해명할 수 있는 능력의 하나다. 그리고 이 능력은 그 어떤 다른 능력으로 대체될 수 없으며 나름의 고유한 권리를 가지고 있다. 말하자면 뇌과학을 가능하게 하는 최첨단 실험장비도 반성 능력이 수행하는 역할을 대신할 수 없다. 이러한 사실은 뇌과학이 최첨단 실험장비를 통해 의식의 비밀을 아무리 많이 해명한다고 하더라도,

반성의 능력이 해명할 수 있는 의식의 비밀을 해명할 수 없다는 사실을 함축한다.

이처럼 반성의 능력을 통해 의식 현상을 탐구하는 분야를 현상학적 전통에서는 의식에 대한 현상학적 심리학이라 부른다. 현상학적 심리학 연구는 다양한 방향으로 전개될 수 있다. 예를 들어 다양한 의식 현상이 본질적인 구조에 있어 어떻게 구별되는지 해명할 수 있다. 어떤 의식 현상이 어떤 사회적 맥락, 역사적 맥락에서 어떻게 발생하는지 해명할 수도 있다. 그러나 현상학적 심리학 연구가 어떤 방향으로 수행되든 그것은 뇌과학적 연구와는 구별되는데, 그 결정적인 징표는 그것이 실험과 관찰의 방법이 아니라, 반성의 방법을 사용한다는 데 있다.

이처럼 의식에 대한 현상학적 심리학은 나름의 고유한 권리를 가지며 뇌과학으로 대체될 수 없다. 더 나아가 뇌과학이 그런 것처럼, 인간의 삶을 위해서도 꼭 필요한 학문이다. 뇌과학은 물리적, 생화학적, 생리적 원인을 가지고 있는 인간의 질병, 특히 정신 질환을 치료하는 데 효과적으로 사용될 수 있다. 뇌과학이 인간의 삶을 위해 중요한 의미를 지닐 수 있는 이유는 인간의 의식을 물리적 인과관계의 망 속에서 존재하는 것으로 간주하면서 탐구하기 때문이다. 현상학적 심리학 역시 인간의 삶을 위해 중요한 의미를 지닌다. 의식을 물리적 인과관계와는 구별되는 지향적 관계를 통해서 탐구하며, 지향적 관계는 인간의 삶을 위해 필수적이기 때문이다. 말하자면 현상학적 심리학은 인간의 삶 중에서 지향적 관계와 관련하여 발생할 수 있는 여러 가지 문제를 치유하는 데 기여할 수 있다.

더 나아가 현상학적 심리학은 뇌과학 연구를 위해서도 꼭 필요한 학문이다. 앞서 살펴보았듯이 뇌과학은 의식과 관련해 마음을 만들어내는 물리적 과정을 해명함을 목표로 한다. 그런데 자신의 연구를 구체적으로 수행하기 위해서 뇌과학은 현상학적 심리학의 도움이 필요하다. 이 점과 관련해 의식이라는 개념이 다의적으로 사용되며 또 다양한 유형의 의식이 존재한다는 사실에 유의해야 한다. 예를 들어 의식은 '지향적 의식' '반성적 의식' '집단의식' '사회의식' '역사의식' '계급의식' 등 다양한 뜻이 있으며, 각각의 의식 역시 다의적으로 쓰이거나 다양한 내용을 포함하고 있다. 예를 들어 지향적 의식이라 할 경우 외적 지각, 내적 지각, 판단, 추론, 본질직관, 연상, 상상, 기억, 예상, 기대, 소망, 의지, 결단, 감정, 충동 등 다양한 유형으로 분류될 수 있으며 각각 다시 더 상세하게 분류될 수 있다. 예를 들어 기억은 그것이 미치는 과거의 범위에 따라 방금 전을 떠올리는 기억, 가까운 과거를 떠올리는 기억, 먼 과거를 떠올리는 기억 등으로 분류될 수 있다. 바로 이처럼 다양한 유형의 의식을 구별하면서 각각 의식의 유형 구조를 해명하는 학문이 현상학적 심리학이다. 그런데 현상학적 심리학은 뇌과학적 연구가 구체적으로 수행되기 위한 전제조건이다. 그 이유는 뇌과학 연구자는 자신의 연구 주제를 한정해야 하며, 연구 주제를 한정하기 위해서 의식이 무엇인지에 대한 반성적 지식을 가지고 있어야 하는데, 바로 이러한 반성적 지식은 뇌과학이 아니라, 현상학적 심리학이 제공해줄 수 있는 것이기 때문이다. 이처럼 현상학적 심리학 분석을 통해 다양한 유형의 의식에 대한 반성적 지식을 앞서 가지고 있어야 뇌과학적 연구를 수행할 수 있다. 그리고 뇌과학자가 어떤 유형의 의식을 만들어내는 물리적 과정에 대한 연구를 수행하고 있는 한, 그는 이미 그 의식에 대한 반성적 지식을 가지고 있다고 할 수 있다. 말하자면 그는 이러한 반성적 지식을 토대삼아 의식에 대한 뇌과학 연구를 수행할 수 있다.

이 점과 관련해 제기될 수 있는 반론 두 가지를 검토하고 넘어가자. 가능한 반론 중의 하나는 뇌과학 역시 현상학적 심리학이 제공하는 유형의 지식을 제공할 수 있어서 현상학적 심리학의 도움이 필요하지 않으리라는 것이다. 그러나 실상은 다르다. 서로 구별되는 다양한 유형의 의식에 대한 지식은 반성의 방법을 통해서 획득될 수 있으며, 뇌과학 지식은 반성의 방법이 아니라 외부로부터의 관찰 방법을 통해 획득될 수 있기 때문이다. 물론 어떤 개인이 뇌과학 연구를 수행하는 동시에 현상학적 심리학 연구도 수행할 수 있음은 두말할 필요도 없다. 그러나 그가 뇌과학 연구를 수행하는 한 뇌과학자라 불리는 것이고, 현상학적 심리학 연구를 수행하는 한 현상학적 심리학자라 불리는 것이다.

또 하나의 반론은 우리가 상식 차원에서도 이미 현상학적 심리학이 제공하는 지식을 가지고 있으며 따라서 우리는 뇌과학 연구를 수행함에 있어서 현상학적 심리학의 도움이 필요하지 않으리라는 것이다. 예를 들어 기억을 연구하는 사람의 경우 이미 상식의 차원에서 기억이 무엇인지 알고 있어서, 기억에 대한 지향적 분석을 수행하지 않고서도 뇌과학 연구를 수행할 수 있다는 것이다. 물론 이러한 반론은 부분적으로 타당하다. 실제로 우리는 현상학적 심리학 분석을 구체적으로 수행하지 않더라도 상식의 차원에서 이미 의식에 대한 반성적 지식을 어느 정도 가지고 있다. 그리고 의식에 대한 이러한 반성적 지식은 뇌과학 연구를 함에 있어 등대 역할을 담당할 수 있다. 그러나 뇌과학 연구를 더 상세하며 구체적으로 수행하기 위해서는 의식에 대한 더 상세하며 구체적인 반성적 지식이 필요한데, 이러한 반성적 지식은 상식을 통해서가 아니라 현상학적 심리학 분석을 통해서 획득될 수 있다. 우리가 상식의 차원에서 가지는 의식에 대한 반성적 지식은 경우에 따라 부정확할 수도 있으며 따라서 뇌과학 연구를 위한 등대 역할을 수행하지 못할 수도 있다. 이처럼 부정확한 지식을 정확한 지식으로 바꾸고 역할을 올바로 수행할 수 있도록 하기 위해서도 우리는 현상학적 심리학을 필요로 한다.

지금까지의 논의를 통해 알 수 있듯이 뇌과학은 의식을 연구할 수 있는 다양한 학문 중의 하나에 불과하다. 뇌과학은 우리가 의식에 대해 취할 수 있는 다양한 태도 중에서 특정한 하나의 태도를 취한 학문이다. 뇌과학을 가능하게 하는 태도는 바로 의식을 물리적 인과관계의 망 속에 존재하는 것으로 간주하는 태도로서 우리가 이러한 태도를 취하면 의식은 물리적 인과관계의 한 항을 점할 수 있는 대상, 즉 일종의 물리적 대상으로 경험된다. 우리는 이러한 태도를 물리학적 태도 또는 자연과학적 태도라 부를 수 있다. 그러나 앞서 살펴보았듯이 의식은 현상학적 심리학의 관점에서도 연구될 수 있다. 의식이 이처럼 새로운 관점에서 연구될 수 있는 이유는 우리가 의식에 대해서 물리학적 태도와는 다른 태도를 취할 수 있기 때문이다. 이러한 새로운 태도를 통해 의식은 지향적 연관 속에서 존재하는 것으로서 경험된다. 우리는 이러한 태도를 현상학적 심리학적 태도라 부를 수 있을 것이다.

2. 진화생물학과 역사학을 중심으로

그러면 이제 진화생물학을 통해 자연과학을 인문학, 사회과학과 통섭하려는 시도 역시 원칙적으로 불가능하다는 사실을 살펴보자. 진화생물학은 생명체를 자연적 인과관계의 망 속에서 존재하는 것으로 간주하면서 연구하는 학문으로서 자연과학의 일종이다. 자연과학으로서의 진화생물학은 물리학과 원칙적으로 통섭 가능하다. 이 점과 관련해 윌슨은 "자연과학은 양자물리학에서 시작하여 뇌과학과 진화생물학을 아우르는 인과적 설명의 직조물을 짜왔다"(229)고 말한다. 그런데 윌슨의 통섭 프로그램에 따르면 이러한 인과적 설명의 직조물은 진화생물학을 토대로 인문학, 사회과학의 영역으로 확장될 수 있다. 이러한 점에서 진화생물학은 단순히 자연과학의 한 분과에 머무는 것이 아니라, 자연과학과 인문학, 사회과학 사이에 다리를 놓고 둘을 통섭할 수 있는 위치에 있는 학문이다.

통섭 프로그램에 의하면 모든 인문학, 사회과학의 분과들이 진화생물학을 매개로 자연과학과 통섭될 수 있으며 이 점에 있어서 역사학도 예외가 아니다. 역사학은 인문학, 사회과학이 진화생물학을 매개로 자연과학과 통섭될 수 있는 가장 대표적인 예이다. 윌슨은 역사학과 자연과학의 통섭에 대해 다음과 같이 말한다.

> 인간이 물리적 인과관계의 사건에 따라 행동하는 존재라면 사회과학과 인문학은 왜 자연과학과의 통섭에서 면제되어야 하는가? 인문·사회과학이 그런 통섭으로 인해 어떤 이득도 볼 수 없단 말인가? 이런 질문에 대해 인간행위는 역사적이며 역사는 고유한 사건의 펼침이라고 대답하는 것은 충분하지 않다. 인간의 역사과정을 물리적 역사과정에서-그것이 별의 역사든 아니면 생물의 역사든-분리할 만한 근본적인 차이는 인간의 역사에 존재하지 않는다. 천문학, 지질학, 진화생물학 역시 일차적으로 역사적인 분과들이다. 하지만 그것들은 통섭을 통해 자연과학의 다른 분과들과 연결되어 있다. 오늘날 역사학은 그 자체로 기초학문 중의 하나이다. 하지만 만일 1만 번의 인간 역사를 지구를 닮은 1만 개의 행성에서 추적할 수 있으며 그런 역사들에 대한

비교연구로부터 경험적 시험과 원리가 진화했다면 어떠하겠는가? 그렇게 되면 역사기술방법론은 이미 자연과학일 것이다.(43)

이 인용문에 나타난 역사학에 대한 윌슨의 견해는 다음과 같이 요약될 수 있다.

1) 인간은 물리적 인과관계에 따라 행동하는 존재이며 따라서 인간의 역사는 별의 역사, 생물의 역사 등 물리적 역사와 본질적으로 구별되지 않는다.
2) 1만 번의 인간 역사를 지구를 닮은 1만 개의 행성에서 추적할 수 있는 가능성이 존재하듯이 모든 자연적인 사건과 마찬가지로 인간의 역사 과정도 귀납적이며 인과적인 설명을 통해서 완벽하게 해명될 수 있다.
3) 따라서 역사학은 천문학, 지질학, 진화생물학 등과 통섭되면서 일종의 자연과학, 다시 말해 고도로 복잡한 자연과학, 즉 응용자연과학으로 탈바꿈할 것이다.

이러한 윌슨의 견해는 많은 문제점을 안고 있다. 우선 인간이 물리적 인과관계에 따라 행동하는 존재라는 그의 견해가 지니고 있는 문제점을 살펴보자. 물론 이러한 윌슨의 견해는 부분적으로 타당하다. 예를 들어 어떤 사람과 돌을 건물의 옥상에서 떨어뜨릴 경우 돌과 마찬가지로 사람 역시 중력법칙의 지배를 받으면서 땅으로 떨어질 것이며, 그러한 한에서 사람은 돌과 마찬가지로 물리적 인과관계의 망 속에서 존재하는 것이라 할 수 있다. 이러한 점에서 인간의 역사와 별의 역사 사이에 공통점이 있다.

돌, 별 등과 인간 사이에 이러한 공통점이 있지만, 양자 사이에는 본질적인 차이점 또한 존재한다. 그 본질적인 차이점은 돌이나 별이 오직 물리적 인과관계의 망 속에서만 존재할 수 있는 것들임에 반해 인간은 지향적 연관 내지 목적 연관 속에서 살아가는 존재라는 사실에 있다. 인간은 매순간 어떤 목적을 가지고 선택하면서 살아가는 존재이다. 그 목적은 인간의 어떤 행위가 존재하기 위한 원인의 역할을 한다. 예를 들어 우리가 건강해지려고 운동할 경우 건강이라는 목적은 운동의 원인이며, 지식을 얻으려고 공부할 경우 지식을 얻음은 공부하는 행위의 원인이다. 이러한 예에서 알 수 있듯이 목적이 인간의 어떤 행위가 존재할 수 있는 원인이기 때문에 우리는 이 목적을 행위의 원인이라 부를 수 있다. ① 행위와 ② 행위의 원인으로서의 목적 사이에 존재하는 인과관계를 자연적 인과관계와 구별하여 목적 인과관계라 부를 수 있다.

여기서 우리는 목적 인과관계가 물리적 인과관계와 본질적으로 다르다는 사실에 유의할 필요가 있다. 양자의 차이점은 물리적 인과관계의 경우 어떤 행위 또는 사건의 원인이 행위 또는 사건보다 시간적으로 늘 앞서는 데 반해 목적 인과관계의 경우에는 반대로 어떤 행위 또는 사건의 원인이 행위 또는 사건보다 시간적으로 늘 뒤에 온다는 데 있다. 예를 들어 어떤 당구공이 다른 당구공을 쳐서 움직였을 경우 양자 사이에는 물리적 인과관계가 존재하며 이 경우 ① 하나의 당구공이 다른 당구공을 치는 사건이 ② 맞은 당구공이 움직이는 사건보다 시간적으로 늘 앞서지만 건강을 위해 운동할 경우 운동이라는 행위의 원인인 건강이 운동보다 시간적으로 늘 나중에 온다.

오직 물리적 인과관계의 관점에서 대상을 연구하고자 하는 자연과학의 경우 목적 인과관계의 관점은 대상을 연구함에 있어 아무런 의미도 지니지 못한다. 말하자면 자연과학은 목적 인과관계의 관점에서 대상을 연구하는 학문이 아니며 따라서 자연과학은 목적 인과관계에서 드러날 수 있는 대상에 관해 그 어떤 지식도 알려줄 수 없다. 예를 들어 천문학은 지구가 태양의 주위를 도는 목적이 무엇인가 하는 질문을 제기하지도 않고, 그 목적에 대해 연구하지도 않는다. 그러나 역사학의 경우는 사정이 다르다. 목적 인과관계의 관점은 역사학을 위해서 아주 중요한 의미를 지닌다. 많은 경우 역사학은 어떤 행위가 있을 경우 그 사건의 주체들이 무슨 목적으로 그런 행위를 했는지 질문을 제기하고 그에 대해 답하고자 시도한다. 이처럼 목적 인과관계의 관점이 물리학을 위해서는 아무런 의미도 지니지 못하지만 역사학을 위해서는 중요한 의미를 지닌다. 그렇기 때문에 자연과학과 역사학 사이에는 지울 수 없는 경계가 존재하며 자연과학은 역사학과 원칙적으로 봉합선 없이 통섭될 수 없다.

혹자는 이 점과 관련해 자연과학과 역사학 사이의 직접적인 통섭은 불가능하지만 진화생물학을 통한 양자 사이의 통섭은 가능하리라고 주장한다. 그 이유는 진화생물학 역시 생명체의 진화를 다루며 생명체의 진화를 다루는 한 생명체를 목적 인과관계의 관점에서 다룰 수 있기 때문이라고 주장할지도 모른다. 물론 목적 인과관계의 관점에서 생명체의 진화를 연구하는 진화생물학이 존재한다면, 우리는 이러한 진화생물학이 역사학과 통섭될 가능성이 존재한다는 사실을 인정해야 할 것이다. 물론 이 경우 통섭은 윌슨식의 통섭이 아니라, 역사학을 중심으로 한 통섭이다. 그러나 윌슨이 주장하듯이 진화생물학이 철저하게 물리학에 기초해 물리적 인과관계의 관점에서 생명체의 진화를 연구하며 그런 한에서 물리학과의 통섭을 통해 성립한 학문이라고 한다면, 진화생물학은 역사학과 원칙적으로 통섭될 수 없다. 이 경우 진화생물학은 목적 인과관계의 관점에 따라 생명체를 연구하는 학문이 아니기 때문이다. 따라서 윌슨이 주장하는 것과 달리 진화생물학을 통한 자연과학과 역사학의 통섭은 원칙적으로 불가능하다.

자연과학이 역사학과 통섭될 수 없다는 사실은 역사학의 목표가 무엇인지, 역사학이 구체적으로 어떤 방식으로 연구를 수행하는지 살펴보면 보다 분명히 밝혀진다. 우선 역사학의 목표와 관련하여 우리는 역사학이 자연과학과 동일한 목표를 추구하는 학문이 아니라는 사실에 유의해야 한다.

자연과학은 반복되는 관찰 및 실험에 기초한 귀납을 통해 자연현상을 지배하는 일반법칙을 발견하고 이러한 법칙을 토대로 다양한 현상을 자연적 인과관계의 관점에서 설명함을 목표로 한다. 물론 윌슨이 1만 번의 인간 역사를 지구를 닮은 1만 개의 행성에서 추적할 수 있는 가능성을 언급하듯이, 그는 역사학의 목표 역시 자연과학의 경우와 유사하게 귀납에 기초한 일반법칙을 토대로 역사 현상을 자연적 인과관계의 관점에서 설명하는 데 있다고 주장할 수도 있다. 그러나 필자는 역사학자를 비롯해 사람들 대부분 이러한 윌슨의 견해에 동의하지 않으리라 생각한다. 설령 백 보 양보해 윌슨이 제시하는 이러한 것을 역사학의 목표로 인정한다고 하더라도 그것은 역사학의 유일한 목표가 될 수도 없고 가장 중요한 목표도 될 수도 없다. 과거에 있었던 역사적 사건의 정체를 재구성하고 그것이 인간의 삶에 어떤 의미를 지니는지 자연인과적으로 설명하는 데 역사학의 가장 중요한 목표 중의 하나가 있는 것이 아니라 지향적으로 이해하는 데 있다.

과거의 사건을 재구성하고 그 의미를 이해하기 위해서 역사학은 자연과학과는 다른 연구방법을 동원한다. 앞서 살펴보았듯이 자연과학은 관찰과 실험이라는 연구방법을 사용하며 관찰과 실험을 위해 첨단 장비를 동원한다. 역사학 역시 과거의 사건을 정확하게 재구성하기 위해서 망원경, 현미경 등 여러 첨단 장비가 필요하다. 그러나 역사학 연구가 이러한 장비만으로 이루어질 수 있는 것은 아니다. 첨단 장비가 역사학 연구에 도움을 줄 수 있을지라도 대체할 수 없는 역사학 나름의 고유한 연구방법이 있는데, 그것이 바로 해석의 방법이다. 역사학은 과거 사건을 재구성하고 의미를 이해하기 위해서 문헌을 해석해야 하며 해석 방법을 사용해야 한다. 성능이 아주 좋은 장비를 사용한다고 해서 어떤 문헌의 의미가 더 잘 해석될 수 있는 것은 아니다.

3. 자연에 대한 다양한 연구를 중심으로

뇌과학과 진화생물학을 통해 인문학, 사회과학과 자연과학을 통섭하려는 윌슨의 시도를 통해 알 수 있듯이 그는 의식이든 역사든 어떤 대상의 진리를 파악할 수 있는 단 하나의 관점이 존재한다고 생각한다. 그 관점이란 다름 아닌 대상을 자연적 인과관계의 망 속에서 파악하고자 하는 자연과학적 관점이다. 이처럼 자연과학적 관점을 현상을 올바로 연구할 수 있는 유일한 관점으로 간주하기 때문에, 그는 우리의 공동 목표 중 하나가 철학을 과학으로 최대한 빨리 전환시키는 것이(44)라고 주장하고 철학, 역사학, 윤리학, 비교종교학, 미학을 아우르는 인문학은 과학에 접근할 것(45)이라고 주장하기도 한다. 그러나 뇌과학/심리학과 진화생물학/역사학에 대한 앞서의 논의는 윌슨의 견해에 커다란 문제점을 보여주고 있다. 자연과학적 관점은 어떤 대상을 연구할 수 있는 다양한 관점 중 하나에 불과하기 때문이다.

인문학, 사회과학의 주제들이 자연과학적 관점에서 파악되어 넓은 의미에서 자연적 인과관계의 망 속에서 연구될 경우 그를 통해 정립되는 인문학, 사회과학의 분과들은 원칙적으로 자연과학과 통섭가능하다. 그 대표적인 예는 앞서 살펴본 뇌과학이다. 물론 뇌과학뿐 아니라 인문학, 사회과학의 분야에서 자연과학과 통섭될 수 있는 분야들이 많이 있다. 인문학, 사회과학이 다루는 다양한 현상 중에서 그 무엇의 발달(291), 기원(295), 발생(295) 등의 현상은 자연적 인과관계의 망 속에서 존재한다. 따라서 이러한 현상은 자연과학적 방법을 통해 해명될 수 있고 그러한 한에서 이러한 현상을 다루는 인문학, 사회과학의 다양한 분과들은 자연과학과 원칙적으로 통섭가능하다. 이 점과 관련하여 우리는 윌슨이 《통섭》의 6장에서 11장 사이에서 자연과학과 통섭가능한 것으로 제시하는 인문학, 사회과학의 다양한 분과들은 대부분 발생적 기원의 문제를 다루는 분과들이라는 사실에 유의할 필요가 있다. 우선 마음을 다루고 있는 6장은 물리적 기초를 토대로 의식이 발생하는 과정을 논의하고 있고, 유전자에서 문화까지라는 제목을 달고 있는 7장은 유전적 기초를 토대로 문화가 발생하는 과정을 해명하고 있으며, 인간본성의 적응도라는 제목을 달고 있는 8장은 인간 본성의 발생과정을 다루고 있다. 이러한 논의에 이어 사회과학이라는 제목을 달고 있는 9장에 따르면 인류학, 사회학, 경제학, 정치학 등의 사회과학은 특정한 행위 과정을 선택했을 때 사회에서 어떤 일이 일어날 것인지 예측(317)하고자 하는데, 여기에 나타나 있듯이 사회과학은 어떤 조건에서 어떤 일이 일어날 것인지 예측하는 학문으로서 바로 발생의 문제를 다루는 학으로 이해되고 있다. 더 나아가 예술과 그 해석을 다루고 있는 10장은 예술과 관련된 물음 중의 하나로서 역사적·개인적 경험이 어디에서 연원하는가 하는 질문(364)을 제시하면서 예술적 경험의 발생적 기원에 대한 물음을 예술과 관련된 중요한 물음 중의 하나로 간주하고 있다. 마지막으로 윤리와 종교의 문제를 다루고 있는 11장은 윤리의 기원(411)에 대한 경험론적 입장과 초월론적 입장 중에서 경험론적 입장이 타당함을 해명하면서 윤리학의 물음을 윤리적 기원의 물음과 동일한 것으로 간주하고 있다.

이처럼 자연적 인과관계의 관점에서 마음, 문화, 인간 본성, 인간행동, 예술, 윤리, 종교 등의 발생적 기원을 해명하는 일이 인문학, 사회과학의 중요한 목표임은 두말할 필요도 없다. 그러나 여기서 우리가 유의해야 할 점은 자연적 인과관계의 관점에서 대상의 발생적 기원의 문제를 해명하는 일이 인문학, 사회과학의 유일한 과제는 아니라는 사실이다. 인문학, 사회과학은 자연적 인과관계의 관점 이외의 다양한 관점에서도 대상을 연구하고자 하며 그에 따라 다양한 방향으로의 연구가 가능하다. 두말할 것도 없이 이처럼 자연적 인과관계라는 관점 이외의 다양한 관점에서 대상을 연구할 경우 그를 통해 전개되는 인문학/사회과학은 더 이상 자연과학과 봉합선 없이 통섭될 수 없으며 양자 사이에는 지울 수 없는 경계가 존재한다. 이 점을 관악산 정상에 있는 어떤 바위를 연구할 경우를 예로 들어 살펴보자.

통섭 프로그램을 신봉하는 윌슨의 경우 관악산 정상에 있는 어떤 바위는 자연적 인과관계의 망 속에서 존재하며 따라서 그것을 연구할 수 있는 유일한 관점은 자연과학적 관점이라고 생각할 것이다. 물론 바위가 자연과학적 관점에서 자연과학적 대상으로 연구될 수 있음은 두말할 필요도 없다. 바위는 우리가 자연과학적 관점을 취하게 되면 자연과학적 대상으로 경험된다. 예를 들어 우리가 물리학적 관점을 취하면 그것은 물리학적 대상으로 경험되며, 우리가 지질학적 관점을 취하면 지질학적 대상으로 경험된다. 이처럼 우리가 자연과학적 관점을 취할 경우 바위는 물리적 인과관계의 망 속에서 존재하는 대상으로 경험된다. 이 경우 우리는 여타의 자연과학적 대상과 마찬가지로 저 바위를 실험, 관찰 등의 방법을 통해 연구하면서 그것이 가지는 다양한 속성을 밝혀낼 수 있다. 자연과학적 연구를 위해 일반적으로 망원경, 현미경 등 최첨단 장비가 사용될 수 있듯이 바위를 자연과학적으로 연구할 경우에도 다양한 최첨단 연구 장비가 사용될 수 있다.

통섭 프로그램이 구상하는 것과는 달리 바위가 자연과학적 대상으로만 연구될 수 있는 것은 아니다. 바위는 자연과학적 대상 이외의 다양한 모습으로 우리에게 경험될 수 있다. 그런데 이처럼 동일한 바위가 다양한 방식으로 경험될 수 있는 이유는 연구자가 그 대상을 대하면서 가지고 들어가는 관점이 다양할 수 있기 때문이다. 이처럼 연구자가 어떤 대상을 연구함에 있어 취하는 관점을 우리는 태도라 부를 수 있다. 이 경우 태도는 주체가 세계 전체를 어떻게 대하느냐 하는 방식을 뜻한다. 주체가 세계에 대해 어떤 태도를 취하면 그것은 그러한 태도에 따라 나름의 고유한 방식으로 경험된다. 그리고 주체가 어떤 태도로부터 다른 태도로 이행하면 어떤 방식으로 경험되던 세계가 다른 방식으로 경험된다. 이처럼 주체가 세계에 대해 다양한 태도를 취함에 따라 세계는 다양한 방식으로 주체에게 현출한다. 그리고 이처럼 세계가 다양한 방식으로 주체에게 현출함에 따라 세계에 있는 개별적인 대상도 다양한 모습으로 우리에게 드러나는데, 이 점에 있어서는 관악산 정상의 저 바위도 예외가 아니다.

바위는 일차적으로 일상적인 삶을 살아가는 사람들에게는 일상적인 생활세계적 대상으로 경험될 수 있다. 예를 들어 그것은 등산객이 등산하면서 피로를 풀기 위해 그 위에서 쉴 수 있는 대상으로 경험된다. 이러한 점에서 바위는 그 옆에 있는 나무, 등산객의 모자, 배낭, 지팡이 등과 유사하게 경험된다. 이 경우 등산객이 만나는 모든 대상은 등산을 위한 유용한 대상으로 경험된다. 이처럼 어떤 바위가 등산을 비롯해 일상적인 삶을 위해 유용한 대상으로 경험될 수 있는 이유는 우리가 생활세계적 태도를 취하기 때문이다.

우리는 생활세계적 태도를 취하면서 그를 통해 드러나는 생활세계 및 생활세계적 대상들을 학문적으로 연구할 수 있으며 그를 토대로 생활세계에 관한 학문을 전개해나갈 수 있다. 생활세계에 관한 학문을 통해 각각의 주체가 경험하는 생활세계가 사실은 주체가 부여하는 다양한 의미들의 총체, 또는 다양한 의미들의 연결망이라는 사실이 밝혀질 수 있다. 그리고 이처럼 생활세계에 대한 학문을 전개할 경우 관악산 정상에 있는 바위 역시 이러한 학문에서 다루어질 수 있음은 두말할 나위도 없다. 저 바위 역시 다른 여타의 생활세계적 대상과 마찬가지로 다양한 의미들의 연결망으로서의 생활세계 안에서 나름의 위치를 차지하는, 의미를 지닌 대상임이 밝혀질 수 있다. 앞서 언급되었듯이 바위는 예를 들어 등산객이 등산하면서 피로를 풀기 위해 그 위에서 쉴 수 있는 대상임이 해명될 수 있다. 물론 이러한 의미 이외에도 다양한 다른 의미들도 가질 수 있는데, 그것들 역시 생활세계에 관한 학문을 통해 해명될 수 있다.

일상적인 생활세계는 미적 요소, 윤리적 요소, 종교적 요소 등을 비롯해 무수히 많은 요소가 혼재해 있는 세계이다. 바로 이러한 일상적인 생활세계에서 출발해 특정한 태도를 취하면 그에 상응해 특정한 유형의 세계가 우리에게 경험될 수 있다. 이러한 점에서 일상적인 생활세계는 모든 여타 세계들의 모태에 비유될 수 있으며 따라서 생활세계는 여타의 다른 세계들에 비해 특수한 위치를 차지한다.

이처럼 생활세계가 여타의 세계들의 모태에 해당하기 때문에 우리는 생활세계에서 출발해 다양한 태도를 취하면서 저 바위를 연구할 수 있다. 예를 들어 우리는 생활세계에서 출발해 미적 태도를 취하면서 저 바위를 연구할 수 있다. 이처럼 우리가 미적 태도를 취하게 되면 바위는 아름다운 대상, 아름답지 않은 대상 등 미적 가치 판단의 대상으로 경험된다. 이처럼 미적 태도에서 미적 대상으로 경험될 경우 바위는 더 이상 물리학적 태도에서 파악되던 물리학적 대상과 동일한 것이 아니다. 이처럼 바위가 미적 가치 판단의 대상으로 경험되는 한에서 그것은 우리가 루브르 박물관에서 감상할 수 있는 어떤 대가의 미술 작품과 동일한 범주에 속한다고 할 수 있다. 그리고 미술 작품과 마찬가지로 바위 역시 다양한 방식으로 연구될 수 있다.

우리는 다시 생활세계에서 출발해 종교적 태도를 취하면서 바위를 경험하고 연구할 수 있다. 이처럼 종교적 태도를 취하게 됨에 따라 바위는 종교적 대상으로 경험된다. 물론 우리가 어떤 종교를 믿고 있느냐에 따라 바위는 서로 다른 종교적 의미를 지닌 대상으로 경험될 수 있다. 예를 들어 불교 신자에게 저 바위는 불교적 세계관과 연결된 의미를 지닌 대상으로 경험될 것이다. 이 경우 저 바위는 예를 들어 주위에 있는 연주암, 연주대와 연결되어 경험될 수 있을 것이다. 그리고 그리스도교 신자에게 바위는 그리스도교적 세계관과 연결된 의미를 지닌 대상으로 경험될 수 있을 것이다. 예를 들어 그것은 창조주에 의해 창조된 만물 중의 하나로 경험될 수 있다. 그리고 샤머니즘을 믿는 이들에게 바위는 샤머니즘의 세계관과 관련된 의미를 지닐 것이다. 예를 들어 바위는 무당이 관악산 산신을 위해 굿을 할 성스러운 장소라는 의미를 지닐 수 있다.

우리는 다시 생활세계에서 출발해 윤리적 태도를 취하면서 바위를 경험할 수 있다. 예를 들어 누군가가 바위에 정으로 자신의 이름을 새겨놓고 그 위에 페인트까지 칠해놓았다고 하자. 이 광경을 목격하고 우리는 바위가 저런 모습을 지니게 된 것에 대해 개탄하면서, 이름을 새기고 페인트를 칠해놓은 사람을 도덕적으로 비난할 수 있다. 이 경우 우리는 윤리적 태도를 취하면서 바위를 경험하고 있는 것이며, 이러한 경험을 토대로 환경윤리의 관점에서 윤리적인 연구를 수행할 수도 있다.

그러면 이제 바위가 경험될 수 있는 이러한 다양한 태도 중에서 자연과학적 태도와 여타의 태도를 비교해보자. 바위가 자연과학적 태도에서 경험될 때 그것은 오직 물리적 인과관계의 망 속에서 존재하는 대상으로 경험된다. 이 경우 우리는 여타의 물리적 대상과 마찬가지로 바위를 최첨단 장비로 관찰하면서 연구하고 그를 통해 바위에 대해 더 풍부하고 자세한 내용을 경험할 수 있다. 그러나 자연과학적 태도 이외의 태도를 취할 경우 바위는 더 이상 물리적 인과관계의 망 속에서 존재하는 것으로 경험되지 않으며 따라서 이 경우 대상에 대한 연구는 대상을 물리적 인과관계의 망 속에서 파악하는 방식으로 진행되지 않는다. 더 나아가 이 경우 아무리 물리학적 연구를 위해 필요한 최첨단 장비가 발명된다고 하다라도 그것이 대상을 연구함에 있어서 결정적인 의미를 지닐 수 없다. 예를 들어 우리가 종교적 태도를 취할 경우를 살펴보자. 우리가 종교적 태도를 취하면 바위는 그것이 지니는 다양한 종교적인 의미 연관 속에서 연구된다. 여기서 유의해야 할 점은 이러한 종교적인 의미 연관이 자연적 인과연관과는 전혀 다른 것이라는 사실이다. 따라서 우리는 저 바위를 종교학적으로 연구하기 위해서 그것을 자연적 인과관계의 망 속에서 파악하려고 시도해서는 안 된다. 따라서 최첨단 자연과학적 연구장비도 저 바위를 종교학적으로 연구함에 있어 아무런 실질적 도움도 주지 못한다. 망원경, 현미경 등이 바위가 가지고 있는 종교적 의미를 파악할 수 있는 수단이 될 수 없기 때문이다.

맺음말: 물리학적 실증주의와 학문의 위기

지금까지 우리는 세 가지 예를 통해 통섭 프로그램의 개요를 검토하면서 이 프로그램이 원칙적으로 불가능하다는 사실을 살펴보았다. 이처럼 원칙적으로 통섭 프로그램이 불가능함에도 그것을 포함해 다양한 유형의 물리학적 실증주의는 21세기에도 여전히 커다란 영향력을 발휘하고 있다. 현상학적 관점에서 볼 때 물리학적 실증주의는 21세기 학문의 위기를 낳고 나아가 인류 전체를 위기에 빠뜨릴 수 있는 그릇된 철학이다. 이 점과 관련해 다음의 세 가지 사실을 지적하면서 전체적인 논의를 마무리하고자 한다.

첫째, 후설의 현상학에 따르면 우리가 구상해볼 수 있는 모든 학문은 다음과 같이 네 가지 차원으로 나누어진다.

1) 역사학, 경제학, 사회학, 물리학, 화학, 생물학 등 다양한 유형의 경험과학
2) 각각의 경험과학이 다루는 대상의 본질구조를 해명함을 목표로 하는 영역적 존재론

3) 형식논리학, 전체와 부분에 관한 이론처럼 모든 학문이 학문으로서 갖추어야 할 형식적 조건을 다루는 형식적 존재론

4) 초월론적 현상학[6]

이 네 가지 차원의 학문은 서로 정초연관 속에서 존재하며 그러한 점에서 유기체에 비유될 수 있다. 더 자세한 논의가 필요하지만, 경험과학은 영역적 존재론, 형식적 존재론, 초월론적 현상학에 정초되어 있고, 영역적 존재론은 형식적 존재론과 초월론적 현상학에 정초되어 있으며, 형식적 존재론은 초월론적 현상학에 정초되어 있다. 물리학적 실증주의는 이처럼 정초연관 속에서 존재하는 다차원적으로 전개될 수 있는 학문의 전체 체계를 이해하지 못하고, 경험과학의 한 가지 유형에 불과한 물리학 및 물리학을 모범으로 삼아 정립된 학문만을 유일하게 가능한 학문으로 간주하면서 학문의 위기를 초래하는 그릇된 철학이다.

둘째, 흔히 자연과학적 태도에서 수행되는 연구를 양적연구(quantitative research)라 부르고 자연과학적 태도 이외의 다양한 다른 태도에서 수행되는 연구를 질적연구(qualitative research)라고 부른다. 자연과학적 태도에서 수행되는 연구를 양적연구라 부르는 이유는 그것이 측정의 방법을 사용하고 대상을 양적인 관점에서 파악하며 연구하기 때문이다. 그리고 자연과학적 태도 이외의 다른 태도에서 수행되는 연구를 질적연구라 부르는 이유는 그것이 수량적으로 측정될 수 없는 대상의 질적 속성들, 예를 들어 '정체성' '의미' '동기' '목적' 등을 탐구하기 때문

6 후설은 1910/11년에 행한 〈현상학의 근본문제들(*Die Grundprobleme der Phänomenologie*)〉(Hua XIII, pp. 111-194)에서 학문을 이처럼 크게 네 가지 유형으로 나누어 고찰한다.

이다. 앞서 살펴본 현상학적 심리학, 역사학을 비롯해 자연과학적 태도 이외의 태도에서 전개될 수 있는 생활세계의 학문인 미학, 종교학, 윤리학 등은 모두 질적연구의 예라 할 수 있다. 물론 질적연구가 이러한 예에만 국한된 것은 아니다. 그 범위는 훨씬 더 넓다. 실제로 학문 전체 체계에서 질적연구는 양적연구보다 훨씬 더 다양한 방식으로 수행될 수 있다. 그러면 이 점을 간단히 살펴보자.

앞서 살펴본 네 가지 차원의 학문 중에서 경험과학은 양적경험과학과 질적경험과학으로 나누어지며, 양적경험과학 각각과 질적경험과학 각각은 자신의 정초토대로서 영역적 존재론을 가지고 있다. 그런데 여기서 유의해야 할 것은 질적경험과학의 영역적 존재론과 마찬가지로 양적경험과학의 영역적 존재론 역시 일종의 본질학이기 때문에 양적연구가 아니라 질적연구라는 사실이다. 더 나아가 영역적 존재론뿐 아니라, 다양한 유형의 형식적 존재론과 초월론적 현상학 역시 양적연구가 아니라 질적연구에 해당한다. 여기서 우리는 전체 학문체계에서 양적연구에 해당하는 것은 양적경험과학뿐이고, 나머지 학문은 모두 질적연구에 해당하며, 따라서 질적연구가 양적연구보다 훨씬 더 다양한 방식으로 전개될 수 있음을 알 수 있다.

양적연구와 질적연구가 조화롭게 발전하고 서로 협동할 때만 학문 전체는 진정한 의미에서 인류의 행복에 기여할 수 있다. 앞서 의식을 연구하는 학문인 뇌과학과 현상학적 심리학의 과제를 살펴보면서 예시적으로 고찰하였듯이 대부분의 현상은 양적 측면뿐 아니라, 질적 측면도 가지고 있으며 이 두 측면을 모두 해명할 때만 어떤 현상과 관련해 제기될 수 있는 문제들을 올바로 해결할 수 있는 길이 열린다. 양적연구 이외에도 다양한 유형의 질적연구가 존재한다는 사실과 양자가 조화롭게 협동해야 할 필요가 있다는 사실을 망각하면서 물리학적 실증주의는 학문의 위기를 초래하고 더 나아가 현실의 위기를 초래하는 그릇된 철학이다.

셋째, 앞서 언급하였듯이 초월론적 현상학은 모든 여타 학문의 최종적인 정초토대이며 이러한 점에서 그것은 학문의 전체 체계에서 특별한 의미를 지닌다. 예를 들어 앞서 살펴본 다양한 차원의 학문이 존재한다는 사실, 그것들이 서로 정초연관 속에서 존재한다는 사실을 포함해 각각의 학문이 올바른 학문으로 전개되기 위해 어떤 방법을 사용해야 할지 등을 해명할 수 있는 학문도 다름 아닌 초월론적 현상학이다. 또 초월론적 현상학의 차원에서는 다른 차원에서 은폐되었던 수많은 것들이 자신의 본래적인 모습을 드러낸다. 예를 들어 물리학적 실증주의의 경우 인간은 다른 여타의 자연적 사실처럼 단순한 자연적 사실로서만 자신의 모습을 드러내지만, 초월론적 현상학에서 인간은 의미로서의 세계 전체 및 세계 내 대상을 매순간 부단히 구성해나가는 창조적이며 역동적인 초월론적 주관으로 자신의 모습을 드러낸다. 학문 전체 체계 안에서 이처럼 중요한 의미를 지니는 초월론적 현상학이 존재한다는 사실을 망각하고 있는 물리학적 실증주의는 학문 전체를 위기에 빠뜨리고, 더 나아가 인류를 위기에 빠뜨릴 수 있다. 이처럼 그릇된 철학인 물리학적 실증주의는 참다운 철학인 초월론적 현상학을 통해 극복되어야 하며 그때 비로소 학문의 위기, 현실의 위기를 극복할 수 있는 길이 열릴 수 있다.

제4차 산업혁명과 인간의 행복*

박찬국**

사람들은 흔히 기술은 중립적인 도구일 뿐이라고 본다. 이러한 생각에 따르면 인간이 어떻게 사용하느냐에 따라서 기술은 인간에게 유용한 것이나 해로운 것이 될 수 있고, 현대과학에 입각한 오늘날의 기술도 그전의 기술과 마찬가지로 중립적인 도구에 지나지 않는다.

이렇게 기술을 중립적인 도구로 보는 견해는 철학에서도 지배적인 지위를 점하고 있다. 겔렌(Gehlen)이나 하버마스 같은 사람은 기술은 인간의 한계를 보완하는 것이라고 본다. 예를 들어 망치는 인간의 약한 손을 보완하며 자동차는 인간의 발을 보완한다. 하이데거는 기술을 이렇게 중립적인 도구로 보는 견해를 '도구적-인간학적 견해'라고 부르고 있다. 이러한 견해에 따르는 사람들은 목전에 임박한 제4차 산업혁

* 이 글은 《현대유럽철학연구》 제46권, 한국해석학회·한국하이데거학회(2017.7.31.)에 게재된 논문을 요약했다.

** 서울대학교 철학과 교수.

명을 견인하게 될 기술도 중립적인 성격을 갖는다고 본다.[1]

헌데 오늘날 4차 산업혁명이 진행되는 어떤 특정한 시점에서 현재의 인간을 넘어서는 이른바 포스트휴먼이 나타날 것이라고 주장하는 사람들이 있다. 트랜스휴머니스트라고 불리는 이들은 현재 거듭제곱의 발전 속도를 보이는 나노기술, 바이오기술, 인포기술, 인지과학 등 첨단기술들이 미래의 어느 시점-이들은 이 시점을 2040년으로 예측하고 있다-에 성공적으로 융합하면, 이 융합 기술로 인간을 완벽하게 개조하여 인간의 자연적 한계를 극복한다고 주장한다.[2] 포스트휴먼 단계에서 인간의 생체 장기는 인공장기로 완전히 대체되어 인간은 질병과 죽음에서 완전히 자유롭게 된다. 이 경우 기술은 인간의 도구에 지나지 않는 것이 아니라 인간 자체를 개조하는 성격을 갖는다.

제4차 산업혁명과 기술적 존재이해

포스트휴먼이 과연 가능한지 그렇지 않은지에 대해서는 아직 논쟁이 진행 중이다. 그러나 어느 쪽이든 포스트휴먼에 대한 논의가 출현할 수 있는 배경에는 현대의 기술을 단순히 인간의 중립적인 도구라고만

1 1차 산업혁명은 증기기관을 기반으로, 2차 산업혁명은 전기를 기반으로, 3차 산업혁명은 20세기 후반에 출현한 IT기술을 기반으로 하여 일어났다. 4차 산업혁명은 고도로 발달한 IT 기술을 기반으로 하여 로봇공학, 인공지능과 기계학습, 모바일 인터넷, 의료용 센서, 기계 대 기계 커뮤니케이션, 사물 인터넷, 3D 프린팅, 자율주행차 등이 기존 생산 시스템과 결합하여 일어나는 새로운 산업혁명이다. 이 혁명에서는 인공지능과 자동화의 발전과 함께 인간의 지적 작업 대부분이 인공지능에 의해서 대체된다. 과학기술정책연구원 미래연구센터, 《인공지능, 4차 산업혁명 그리고 인간의 미래 미래는 더 나아질 것인가》, 알에치코리아, 2016, 14쪽, 91쪽, 130쪽 참조.

2 이종관, 〈테크노퓨처리즘과 네오휴머니즘의 대결, 그리고 그 화해를 향하여 트랜스 휴머니즘, 인공생명, 하이데거를 중심으로〉, 《철학과 현상학 연구》 제59집, 한국현상학회, 2013, 12쪽.

말할 수 없는 사정이 존재한다. 현대의 기술에는 인간을 포함한 모든 존재자에 대한 특정한 존재이해가 깔려있다. 하이데거에 따르면, 이러한 존재이해는 인간을 포함한 모든 존재자를 '수학적으로 계산 가능하고 얼마든지 서로 변환 가능한 물질적 에너지'로 보는 존재이해이다.

이러한 존재이해를 우리는 '기술적' 존재이해라고 부를 수 있다. 이것이야말로 그동안 기술을 사용하고 창조하는 주체라고 이해되었던 인간을 포함하는 모든 존재자에 대한 기술적 조작과 변용을 허용하는 존재이해이기 때문이다. 오늘날 포스트휴먼 논쟁을 예상하기라도 한 듯, 아직 유전공학이나 인공지능 기술이 발달하지 않았던 1940년대에 하이데거는 현대기술 문명을 지배하는 존재이해가 궁극에까지 관철되면 인간마저도 완전히 새로운 존재로 개조하려는 기술적 시도가 나타날 것이라고 말하고 있다.

> 인간은 가장 중요한 재료이기 때문에 오늘날의 화학적인 탐구를 근거로 하여 볼 때, 어느 날 인간물질의 생산을 위한 공장이 세워질 수 있다는 사실을 예견할 수 있다.[3]

모든 것이 '수학적으로 계산가능하고 서로 변환 가능한 물질적 에너지'로 환원될 수 있다는 존재이해는 오늘날의 정보기술, 즉 IT에서는 모든 존재 사태가 0과 1의 이진수와 그에 상응하는 on/off 전기 신호의 상호변환을 수행하는 디지털화 과정으로 처리될 수 있다는 존재이

3 Heidegger. Martin, *Vortrge und Aufstze*, vol. 7, p. 91.

해로 전개되고 있다.[4]

기술적 존재이해와 시적인 존재이해

하이데거는 현대를 지배하는 존재이해가 전적으로 틀렸다고 말하는 것은 아니다. 하이데거가 문제삼는 것은 현대의 과학기술 문명에서 이러한 존재이해가 유일하게 타당한 존재이해로서 지배하고 있다는 점이며, 이와 함께 사람들이 과학과 기술이 인간의 모든 문제를 해결할 수 있으리라는 과학과 기술에 대한 우상숭배에 빠지고 있다는 점이다. 현대인들은 과학만이 사물에 대한 진리를 파악할 수 있다는 과학주의적 사고방식과 과학에 입각한 기술만이 인간이 부딪히는 문제들에 대한 가장 효과적인 해결책을 제공한다는 생각에 사로잡혀 있다.

하이데거는 기술적 존재이해보다도 더 근원적인 존재이해가 있을 수 있다고 생각한다. 이러한 근원적인 존재이해를 우리는 '시적인 존재이해'라고 부를 수 있다. 이러한 존재이해는 존재자들은 우리가 존중해야 할 고유한 경이롭고 신비로운 존재를 갖는다고 보는 존재이해다. 그리고 이러한 존재이해에서는 존재자들은 과학적으로 아무리 파헤쳐 들어가도 온전히 해명할 수 없는 비밀을 가지며, 바로 이러한 비밀 때문에 존재자들은 경이롭고 신비롭게 나타나는 것으로 간주된다.

4차 산업혁명이 시작되는 길목에서 우리가 가장 심각하게 고민해야 하는 근본 문제는 하이데거와 마찬가지로 인간과 세계, 다시 말해 존재 전체를 어떻게 볼 것인가 하는 문제라고 생각한다. 4차 산업혁명이 인간의 삶을 황폐하게 만드는 것이 아니라 물질적인 차원에서뿐 아니라

4 이종관, 앞의 책, 8쪽 참조.

정신적인 차원에서까지 풍요롭게 하기 위해서는 우리는 어떤 존재이해를 필요로 하는가?

여기서는 인간이란 어떤 존재이고 인간의 행복이란 무엇인가에 대해서 고찰하면서 4차 산업혁명이 어떤 식으로 전개될 경우에만 인간에게 행복을 가져다줄 수 있는지를 고찰했다. 결국 인간은 하이데거가 말하는 것처럼 세계-내-존재이기에 인간을 문제삼을 때 우리는 세계를 함께 문제삼을 수밖에 없다. 다시 말해 인간과 세계를 포함하는 존재 전체를 문제삼을 수밖에 없다. 따라서 우리의 고찰은 직접적으로는 4차 산업혁명과 관련하여 행복이란 문제를 다루는 것이겠지만, 궁극적으로는 하이데거의 사유와 마찬가지로 기술적 존재이해를 넘어서는 새로운 존재이해의 모색이 될 것이다.

인간과 욕망 그리고 행복

진화론에 입각한 생물학주의에 반해서 나는 인간과 동물은 근본적으로 다른 존재라고 보며, 또한 인간의 삶을 규정하는 가장 근본적인 욕망이 생존 욕망과 종족번식 욕망이라고만은 보지 않는다. 이러한 욕망들이 인간에게서 매우 강력한 욕망이라는 사실은 물론 부인할 수 없지만, 인간에게만 고유한 욕망들이 있으며 이러한 욕망들은 생존 욕망과 종족번식 욕망으로 환원될 수 없다.

인간의 삶은 동물의 삶처럼 본능에 의해서 제어되지 않기 때문에 열린 세계 속에서 많은 선택 가능성에 직면하게 된다. 우리는 이러한 많은 선택 가능성 중에서 하나를 선택해야 하고 그러한 선택에 대해서 많은 경우 결국은 홀로 책임을 져야 하지만, 이러한 선택이 어떤 결과를 가져올지 정확히 예측할 수는 없다. 이러한 사실 앞에서 인간은 고독감과 무력감을 느끼게 된다. 아울러 우리 인간은 죽음에 직면하지 않으면서도 죽음을 미리 생각하면서, 모든 것이 덧없이 생성소멸하며 삶은 궁극적으로는 아무런 의미도 없는 허무한 것이라는 느낌을 갖게 된다.

인간의 삶은 동물에서는 보기 힘든 '고독감'과 '무력감' 그리고 '허무감'이란 부정적인 기분에 의해서 지속적으로 규정되어 있으며, 인간의 삶이란 결국은 이러한 부정적인 기분에서 벗어나려는 몸부림이라고 볼 수 있다. 이와 함께 인간은 동물세계에서 보기 힘든 새로운 욕망들을 갖게 된다. 에리히 프롬이 말하는 것처럼 인간은 고독감에서 벗어나려는 결합과 합일에의 욕망, 무력감에서 벗어나려는 초월과 창조에의 욕망, 허무감에서 벗어나려는 의미체계에 대한 욕망이 있는 것이다. 이러한 욕망들은 식욕이나 성욕처럼 모든 동물에게 주어진 욕망이 아니라, 본능에 의한 통제가 약화되고 자기의식을 갖게 되면서 인간이 처하게 되는 독특한 상황, 즉 내가 어떻게 살 것인가 고뇌할 수밖에 없는 실존적 상황에서 생긴다. 이 점에서 우리는 그러한 욕망을 실존적 욕망이라고 부를 수 있을 것이다.

이러한 실존적 욕망들은 이성적이면서도 건강한 방식으로 실현될 수도 있지만 많은 경우 비이성적이고 병적인 방식으로 실현된다. 실존적 욕망들이 이성적이고 건강한 형태로 나타날 경우, 다른 사람들과 사물들과의 사랑과 교감 그리고 진리를 구하려는 욕망으로 나타난다. 그러나 비이성적이고 병적인 형태로 나타날 경우에는 다른 사람들과 사물들을 소유하고 지배하려는 욕망, 나치즘이나 마르크시즘 같은 정치 이데올로기나 광신적인 종교에 자신을 예속시키려는 욕망으로 나타난다. 실존적 욕망들을 실현하는 이성적이고 건강한 방식은 기쁨과 행복, 생명력의 고양 그리고 다른 사람들과 사물들과의 합일을 낳는 반면에,

비이성적이고 병적인 방식은 슬픔과 생명력의 저하, 사람들과 사물들과의 분열을 낳는다.

프롬은 인간은 돈이나 명성 혹은 권력을 통해서 행복해지는 것이 아니라 자신의 이성적이고 건강한 잠재능력을 구현하는 경우에만 행복할 수 있다고 생각한다. 이런 의미에서 프롬은 행복은 아리스토텔레스와 유사하게 이성적으로 사고하고 행동하는 것이 습관화되고 체화된 사람이 자신의 삶에 대해서 갖는 만족감이라고 본다. 달리 말해서 인간의 행복은 인격의 성숙에 달려 있다는 것이다.

실체존재론과 시적인 존재이해

우리는 앞에서 '기술적 존재이해'를 넘어서는 새로운 존재이해로서 '시적인 존재이해'를 제기했다. 본인은 기술적 존재이해는 우리의 구체적인 일상적인 삶이 의거하고 있는 실체존재론적인 존재이해에 근거해야 하며, 기술적 존재이해에 입각한 기술의 산물들은 인간과 사물들을 고유한 본질을 갖는 독자적인 실체로 인정하고 존중하는 삶을 보조하는 것이 되어야 한다고 본다.

오늘날 동물의 권리를 인정해야 한다는 목소리가 커지고 있으며, 독일 헌법에서는 이미 그러한 권리를 인정한다고 한다. 그런데 동물의 권리를 인정한다는 것은 각 동물이 갖는 고유한 실체성과 그것이 영위하고 싶어하는 독자적인 삶의 방식, 다시 말해 그것의 본질적인 삶의 방식을 인정하는 것을 의미한다. 닭은 조그마한 닭장에서 수백 마리의 닭과 갇혀서 사는 삶보다는 이왕이면 마당에서 뛰어노는 삶을 원할 것이다.

이런 의미에서 윤리적 행위는 그 행위가 행해지는 상대방을 그 어떤 것에 의해서도 대체될 수 없는 독자저인 실체로 보는 철학적인 입장,

다시 말해 각 존재자의 존엄성을 인정하는 철학적인 입장을 전제할 경우에만 가능하다. 그렇지 않고 우리가 상대방을 얼마든지 보다 효율적인 물질 에너지에 의해서 대체될 수 있는 것으로 볼 경우에 윤리적 행위 자체가 불가능하게 된다.

이렇게 독자적인 실체로서의 존재자는 어떤 존재자의 한 단면만을 연구하는 개별 과학들에 의해서는 완전히 해명될 수 없는 고유한 깊이와 비밀을 갖는다. 우리가 개구리를 아무리 해부해도, 개구리가 느끼는 고통이나 개구리의 내면은 도저히 인식할 수 없다. 그저 막연하게 추측할 뿐이다.

이렇게 존재자들의 고유성과 성스러움을 중시하는 존재이해를 우리는 하이데거식의 표현을 빌려 '시적인 존재이해'라고 부를 수 있다. 하이데거는 우리 시대의 근본적인 문제를 존재자들에게서 성스러움이 사라진 것이라고 보고 있다. 존재자들의 성스러움은 '모든 존재자를 수학적으로 계산 가능하고 서로 변환 가능한 에너지'로 보는 기술적 존재이해가 득세함으로써 은폐되고 있는 것이다. 하이데거는 진정한 시란 존재자들을 경이라는 근본기분 속에서 존재자들의 고유성과 성스러움을 드러내는 것이라고 보고 있다.[5]

4차 산업혁명과 행복

앞에서 인간은 인간에게만 고유한 욕망들을 갖지만 이러한 욕망들을 많은 경우 부정적인 방식으로 충족시킨다는 사실을 보았다. 이와 함

5 하이데거 철학이 어떻게 해서 '내재적 목적론'의 방식으로 해석될 수 있는지에 대해서는 다음을 참조할 수 있다. 박찬국, 《내재적 목적론》, 세창, 2012, 439-472쪽 참조.

께 현대의 과학기술도 인간의 삶을 물질적으로나 정신적으로 풍요롭게 하는 방향으로 사용되기도 했지만, 핵무기 발명이나 환경 위기에서 보듯이 인류의 존립을 위태롭게 하는 방식으로 사용되는 경우도 많았다.

4차 산업혁명을 초래할 첨단기술들이 우리의 삶을 물질적으로뿐 아니라 정신적으로도 풍요롭게 하는 방향으로 사용될 수 있기 위해서 무엇보다도 필요한 것이 있다. 인간이 단순한 물질적인 존재도 동물도 아니고 인간 특유의 욕망을 갖는 존재라는 사실을 이해하는 것이다. 다시 말하면 현대의 기술 역시 인간의 모든 문제를 다 해결할 수 있는 것은 아니고, 자신의 삶을 기쁨과 의미로 충만한 삶으로 만들려는 인간들의 자발적인 노력을 보조하는 정도의 의미를 갖는다는 사실을 깨닫는 것을 의미한다. 우리는 앞에서 인간이 자신의 실존적 욕망들을 이성적이고 건강한 방식으로 구현하기 위해서는 인간 각자의 노력이 필요하다는 사실을 보았다.

이러한 사실을 인정하지 않고 4차 산업혁명이 전개되는 과정에서 포스트휴먼이 출현하여 불로장생의 욕망은 물론이고 모든 욕망을 다 충족시킬 수 있다고 보는 기술만능주의적인 사고방식이 지배할 경우에는 4차 산업혁명도 인간의 행복보다는 오히려 불행을 더 가중시킬 수 있다.

위에서 언급한 실존적 욕망들을 실현하기 위해서 근대가 추구해온 길을 크게 세 가지로 나눌 수 있다고 생각한다.

첫 번째는 야스퍼스가 말하는 차축시대에 긴립된 정신적 이념을 실현하는 길이다. 야스퍼스는 사해동포주의적인 이념과 아울러 인간을 비롯한 살아있는 모든 것에게 신성을 인정하는 사상이 세계 도처에서 생겨난 '기원전 800년 전부터 기원후 200년 사이의 시대'를 그 이전 시대의 목적이고 그이후 시대의 기원이 된다는 의미에서 세계사의 차축 시대라고 부르고 있다.

우리는 플라톤과 아리스토텔레스, 아우구스티누스와 토마스 아퀴나스, 칸트와 헤겔, 하이데거에 이르는 서양의 형이상학의 전통에는 서로 간의 차이에도 일정한 연속성이 존재한다고 생각한다. 플라톤에서 하이데거에 이르는 서양 형이상학의 전통은 차축시대에 건립된 정신적 이념을 구현하려고 하면서 우리가 위에서 살펴본 실존적 욕망들을 이성적이고 건강한 형태로 실현하는 길을 모색하고 있다. 이러한 철학들은 인간 내면에 존재하는 비이성적이고 병적인 욕망을 직시하면서 그것에 대한 철저한 반성을 통해서만 인간이 자신의 이성적이고 건강한 욕망을 실현할 수 있다고 본다.

두 번째로, 이러한 형이상학의 전통이 제시하는 길 이외에 근대에 들어와 인간의 실존적 욕망들을 실현하려는 방식으로 마르크스주의나 나치즘 같은 정치적 이데올로기와 과학기술이 강력하게 대두되었다. 정치적 이데올로기는 인간 개개인의 철저한 자기반성을 통해서 이성적이고 건강한 욕망을 실현하려는 것이 아니라, 그러한 이데올로기를 신봉하면서 그것을 구현하기 위해서 자신을 희생하려는 인간들을 그 자체로 이미 이성적이고 건강한 존재로 본다. 이러한 오만으로 인해, 이러한 이데올로기를 신봉하는 집단이 정권을 잡을 때는 전체주의적 독재가 자행되게 된다.

마지막으로, 정치적 이데올로기의 실현을 통해 실존적 욕망들을 실현하려는 시도가 좌절하면서 이제는 과학기술에 의해서 그것들을 해결하려고 하는 시도가 득세하고 있다. 그러나 과학기술이 눈부신 발전을 이룬 오늘날의 상황에서 인류는 오히려 핵무기의 끊임없는 개발이나 환경파괴에서 보듯 전대미문의 위기에 직면하고 있다. 이러한 위기를 목전에 두고서 우리는 하이데거와 마찬가지로 현대기술 문명을 지배하는 것은 지배에의 의지와 탐욕이 아닌가라는 의구심을 갖지 않을 수 없다.

현대기술 문명에서도 실존적 욕망은 많은 경우 부정적인 방식으로 실현되고 있을 뿐 아니라, 과학기술의 도움을 받아서 극히 심각한 위기를 낳는 방식으로 구현되고 있다. 4차 산업혁명이 디스토피아로 귀착되지 않고 인류의 행복에 기여하는 것이 되자면, 과학기술은 우리에게 존재하는 지배 의지와 탐욕을 실현하는 수단으로서가 아니라 오히려 실존적 욕망들을 이성적이면서도 건강하게 실현하려는 인간의 노력을 보조하는 방향에서 사용되어야 한다.

이런 맥락에서 본인은 실존적 욕망들을 이성적이면서도 건강하게 실현하려는 인간 각자의 노력에 현대기술의 산물들이 일정 부분 도움이 될 수 있다고 본다. 인간의 정신작용이 뇌를 기반으로 하여 일어나는 한, 뇌의 이상이 인간의 인지와 정서에 부정적인 영향을 끼친다는 것은 부정할 수 없는 사실이다.

따라서 본인은 인간의 인지적 능력이나 정서 상태에 영향을 끼치는 다양한 약물, 특정의 질병이나 장애를 치료하기 위해 개발된 유전자 치료나 유전자 조작, 인간의 평균수명을 연장하려는 시도, 신체의 마비 혹은 시각이나 청각의 상실 같은 장애를 극복하고자 하는 기술[6]들은 자신의 실존적 욕망들을 이성적이고 건설적인 방향으로 구현하려는 인간의 자발적인 노력들을 보조하는 방식으로 활용될 수 있다고 생각한다.

6 신상규, 《호모 사피엔스의 미래 – 포스트휴먼과 트랜스휴머니즘》, 아카넷, 2014, 66쪽.

인간들 사이의 과도한 공격성이나 우울증은 뇌 기능 저하나 이상에서 오는 것일 수도 있지만, 많은 경우 끊임없는 경쟁을 강요하는 사회구조에서 비롯된다. 이런 의미에서 개인 자신의 노력과 과학기술의 협조 외에 사회구성원들 사이에 신뢰와 우호가 지배하는 방향으로 사회구조가 바뀔 필요가 있다.

굳이 쇼펜하우어의 말을 빌리지 않더라도 인간의 욕망은 밑 빠진 독과 같다. 이 경우 욕망은 특히 다른 사람들이나 사물들을 지배하고 소유하려는 욕망을 가리킨다. 우리가 이러한 비이성적이고 병적인 욕망을 다른 사람들이나 사물들의 고유성을 존중하면서 그것들의 성장을 도우려는 이성적이면서도 건강한 욕망으로 전환하지 않는 한, 4차 산업혁명을 견인할 첨단기술들은 다른 인간들이나 집단들을 제압하기 위한 도구로 사용되기 쉬우며 결국은 사회구성원들이나 국가들 사이의 갈등과 분열을 더욱 심화시키는 방향으로 사용될 것이다. 따라서 하나의 사회뿐 아니라 전세계적인 차원에서 서로에 대한 신뢰와 존중이 지배하는 상황을 조성할 필요가 있다.

트랜스휴머니스트들이 꿈꾸는 다음과 같은 인간이 아무런 부작용 없이 실현될 수만 있다면 나는 굳이 반대할 것은 없다고 생각한다.

> 가령 우리는 현재 가장 뛰어난 인간이 지닐 수 있는 지능보다 훨씬 더 뛰어난 지능을 가졌으며, 더 이상 질병에 시달리지 않고 노화가 완전히 제거되어서 젊음과 활력을 계속 유지하는 어떤 존재를 생각해볼 수 있다. 이 존재는 스스로의 심리 상태에 대한 조절도 자유롭게 할 수 있어서 피곤함이나 지루함을 거의 느끼지 않으며, 미움 같은 감정을 피하고, 즐거움, 사랑, 미적 감수성, 평정 등의 태도를 유지한다. '포스

트휴먼'은 '내가 이런 능력을 가지고 있었으면 얼마나 좋을까' 하고 누구나 한 번쯤 상상해보았을 법한 슈퍼 인간의 모습을 서술한 기술적인(descriptive) 용어다.[7]

이러한 포스트휴먼은 아직은 상상의 영역에 속한다. 지금의 현실에서는 사람들이 자신의 실존적 욕망들을 아직 비이성적이고 병적인 방식으로 실현하는 경향이 아직 우세하다고 여겨진다. 이러한 상황에서 4차 산업혁명이 가져올 경이로운 신세계를 보여주면서 이러한 세계에서는 인간의 모든 문제가 다 해결될 것처럼 말하는 것은 지금 당장 우리가 부딪히는 현실적인 문제들에서 눈을 돌리게 할 수 있다. 이와 관련하여 우리는 손화철의 다음과 같은 말에 귀를 기울일 필요가 있다.

다른 최첨단 기술들과 마찬가지로, 인공지능 역시 엄청난 투자를 필요로 하기 때문에 개발에 참여할 수 있는 주체들은 한정되어 있다. 인공지능을 널리 사용하면 이들이 가장 큰 수혜자가 될 것임은 당연하다. 이와 같은 상황을 고려하면 인공지능이 자의식을 가질 날을 우려하는 것은 시기상조일 뿐 아니라 순서가 뒤바뀐 것임을 알 수 있다. 인공지능이 무엇을 할 수 있느냐가 아니라 인공지능이 어떤 권력 구조 속에서 사용되느냐가 더 중요하고, 후자는 지금 여기의 문제다. 현대 기술사회의 무한경쟁과 물질주의를 감안한다면, 인공지능이 인류 전체의 자유와 행복을 지향하게 될 리는 만무하다. 인공지능은 권력과

7 신상규, 앞의 책, 104-105쪽.

부를 가진 소수의 행복에 복무하게 될 것이다.[8]

정신의 자율성과 모든 존재자의 존엄성에 대해서 말하는 것이 진화론을 비롯한 현대과학에 대한 무지의 소치로 치부되는 오늘날의 상황에서도 우리에게는 야스퍼스가 말하는 것처럼 차축시대에 건립된 정신적 이념을 실현하는 것이 과제가 되고 있다. 이는 앞에서 우리가 언급한 실존적 욕망들을 이성적이고 건강한 방식으로 실현하는 것이 될 것이다. 이러한 과제는 각 개인과 사회 전체가 이성적이고 건강한 욕망이 지배하는 상태로 자신들을 변화시키기 위해서 노력하는 동시에 이러한 노력을 보조하는 방향으로 과학기술이 사용될 경우에만 제대로 해결될 수 있을 것이다.

8 손화철, 〈포스트휴먼 시대의 기술철학〉, 《포스트휴먼 시대의 휴먼》, 한국포스트휴먼 연구소·한국포스트휴먼학회 편저, 아카넷, 2016, 274쪽. 이런 맥락에서 손화철은 또한 자의식을 갖는 강한 인공지능이 출현할 수 있느냐에 대한 논의는 당면한 기술사회의 여러 가지 문제들을 희석시키는 부작용을 낳을 것이라고 말하고 있다.(276쪽)

참고문헌

제1부 과학기술 긍정론

과학기술과 인간의 미래 김승환

김승환, 〈과학기술 혁신과 글로벌 협업〉, IIRI Online Series No. 71, 2020.

김홍표, 《김홍표의 크리스퍼(CRISPR) 혁명》, 동아시아, 2017.

네이선 울프, 강주헌 옮김, 《바이러스 폭풍의 시대》, 김영사, 2015.

변순천 외, 〈과학기술 혁신 정책 아젠다 2030-새로운 10년을 준비하는 과학기술 혁신〉, KISTEP 이슈페이퍼 No. 2, 2020.

클라우스 슈밥, 송경진 옮김, 《클라우스 슈밥의 제4차 산업혁명》, 새로운현재, 2016.

토머스 헤이거, 노승영 옮김, 《감염의 전장에서》, 동아시아, 2020.

유발 하라리 외, 오노 가즈모토 엮음, 정현욱 옮김, 《초예측》, 웅진지식하우스, 2018.

호재윤, 〈4차 산업혁명 시대의 미래연구: 참여와 소통, 그리고 합의〉, *Future Horizon Insight* 40, 46, 2019.

이다은, 윤정현, 박병원, 〈미 NIC Global Trends 2040으로 본 미래시나리오와 시사점〉, *STEPI Insight* 276, 2021

Gluckman, Peter and Turekian, Vaughan, "Rebooting Science Diplomacy in the Context of COVID-19," *Issues in Science and Technology*, June 17, 2020.

Lord, Kristin M. and Turekian, Vaughan C., "Time for a New Era of Science Diplomacy," *Science*, Vol. 315, 769, 2007.

Miller, Portia Simpson, "Confronting Climate Change: A Shared and Global

Responsibility," *UN Chronicle*, 2021.
UN, "Global Responsibility: Responding to the socio-economic impacts of COVID-19," Shared Responsibility, 2020.

우리는 어떻게 포스트휴먼 주체가 될 수 있는가? 김재희

김재희, 〈시몽동의 정보철학: 사이버네틱스를 넘어서〉, 《철학연구》, 제130집, 철학연구회, 2020.
김재희, 《시몽동의 기술철학: 포스트휴먼 사회를 위한 청사진》, 아카넷, 2017.
질베르 시몽동, 김재희 옮김, 《기술적 대상들의 존재양식에 대하여》, 그린비, 2011.
Bostrom, Nick, "A History of Transhumanist Thought," *Journal of Evolution and Technology* 14, no. 1, 2005.
Hayles, Katherine, *How We Became Posthuman: Virtual Bodies in Cybernetics, Literature, and Informatics*, Chicago: University of Chicago Press, 1999.
Kurzweil, Ray, *The Singularity is Near: When Humans Transcend Biology*, The Viking Press, 2005.
Moravec, Hans, *Mind Children: The Future of Robot and Human Intelligence*, Harvard University Press, 1990.
More, Max and Vita-More, Natasha ed, *The Transhumanist Reader,* Wiley-Blackwell, Oxford, 2013.
Simondon, Gilbert, *L'individuation à la lumière des notions de forme et d'information*, Grenoble: Millon, 2005.

Simondon, Gilbert, *Du Mode d'existence des objets techniques*, Paris: Aubier, 1989.
Wiener, Nobert, *The human use of human beings: cybernetics and society*, Boston: Da Capo Press, 1954.

과학기술과 인문학의 연결 김영식

김영식, 《과학, 인문학 그리고 대학》, 생각의나무, 2007.
김영식, 《인문학과 과학-과학기술 시대 인문학의 반성과 과제》, 돌베개, 2009.
김영식, 〈한국 사회에서의 문과·이과 구별의 경직성과 그 폐단〉, 《과학과 철학》 제4집, 과학사상연구회, 1993.
Wallerstein, Immanuel, *The Uncertainties of Knowledge*, Philadelphia: Temple University Press, 2004.
Wilson, Edward O., *Consilience: The Unity of Knowledge*, New York: Alfred A. Knopf, 1998/ 최재천·장대익 옮김, 《통섭-지식의 대통합》, 사이언스북스, 2005.

제2부 과학기술 중립론

정보사회, 새로운 유토피아냐 혹은 암울한 디스토피아냐 윤병렬

에마뉘엘 레비나스, 양명수 옮김, 《윤리와 무한》, 다산글방, 2000.

마이클 하임, 여명숙 옮김, 《가상현실의 철학적 의미》, 책세상, 1997.

노르베르트 볼츠, 윤종석 옮김, 《구텐베르크-은하계의 끝에서》, 문학과지성사, 2000.

소홍렬, 《논리와 사고》, 이화여자대학교 출판부, 2003.

윤병렬, 《정보해석학의 전망》, 철학과 현실사, 2008.

이기현, 〈정보사회와 매체문화〉, 《매체의 철학》, 김상환 외 지음, 나남출판, 1998.

장 보드리야르, 하태환 옮김, 《시뮬라시옹》, 민음사, 2004.

추병완, 《정보 윤리 교육론》, 울력, 2001.

칼빈 O. 슈라그, 문정복·김영필 옮김, 《탈근대적 자아를 넘어서》, UUP, 1999.

Benedikt, Michael, *Cyberspace: first steps*, MIT Press, 1991.

Bolz, Norbert, *Die Sinngesellschaft*, ECON, 1997.

Derrida, Jacques, *Spectres de Marx*, Galilée: Paris, 1993.

Heidegger, Martin, *Sein und Zeit,* Max Niemeyer: Tübingen, 1984.

Naisbitt, John, *Megatrends*, Warner Books: New York, 1982.

Schrag, Calvin O., *The Self after Postmodernity*, Yale University Press: New Haven and London, 1997.

Slouka, Mark, *Wars of the worlds: cyberspace and the high-tech assault on reality*, Basic Books, 1995.

Turkle, Sherry, *The second self: computers and the human spirit*, Simon & Schuster, 1984.

Toffler, Alvin, *The Third Wave*, William Morrow and Company, Inc.: New York, 1980.

제4차 산업혁명과 과학기술 거버넌스 손화철

랭던 위너, 손화철 옮김, 《기술을 묻는 테크놀로지》, 씨아이알, 2010.

루이스 멈포드, 유명기 옮김, 《기계의 신화 I》, 아카넷, 2013.

마르틴 하이데거, 이기상·신상희·박진국 옮김, 《강연과 논문》, 이학사, 2008.

손화철, 〈사회구성주의와 기술의 민주화에 대한 비판적 고찰〉, 《철학》, 제76집.

이상욱, 《욕망하는 테크놀로지》, 동아시아, 2009.

정원규 외, 《윤리 관련 제법령 분석과 그 인문정책적 함의》, 2011.

Ellul, Jacques, trans. by J Wilkinson, *The Technological Society*, Vintage, 1964.

Executive Office of the President, *Artificial Intelligence, Automation, and the Economy*, 2016.

Ong, Walter J., *Orality and Literacy: The Technologizing of the Word*, Routledge, 1982.

자율적 도덕 행위자로서의 인공지능 신상규

신상규, 〈자율기술과 플로리디의 정보윤리〉, 《철학논집》 45집, 2016.5.

신상규, 〈인공지능 시대의 윤리학〉, 《지식의 지평》 21호, 대우재단, 2016.11.

신상규 외, 《포스트휴먼이 몰려온다》, 아카넷, 2020.

브루스 매즐리시, 김희봉 옮김 《네번째 불연속-인간과 기계의 공진화》, 사이언스북스, 2001.

정대현, 〈특이점 인문학: 특이점 로봇은 인간사회의 성원이다〉, 《철학》 131집, 189-216, 한국철학회, 2017. 5.

Anderson, M., S. L. Anderson, and C. Armen, "Towards Machine Ethics: Implementing Two Action-Based Ethical Theories," in M. Anderson, S. L. Anderson, and C. Armen, eds., *Machine Ethics*, AAAI Press, 2005.

Bostrom, Nick, *Superintelligence: Paths, Dangers, Strategies*, Oxford University Press, 2014.

Chalmers, D. and Clark, A., "The extended mind," Analysis, 58 (1998): 7-19.

Clark, A., *Natural-Born Cyborgs*, Oxford Univ. Press, 2003.

Coeckelbergh, M., *Growing Moral Relations: A Critique of Moral Status Ascription*, Macmillan, 2012.

Floridi, L., and J. W. Sanders, "On the Morality of Artificial Agents," *Minds and Machine*, 14: 349-379, 2004.

Floridi, L., "Information Ethics: Its Nature and Scope," in Jerome Van Den Hoven and John Weckert, (eds.), *Information Technology and Moral Philosophy*, Cambridge Univ. Press, 2008.

Frankfurt, H. G., *The Importance of What We Care About: Philosophical Essays*,

Cambridge University Press, 1989.

Gunkel, D., *The Machine Question: Critical Perspectives on AI, Robots, and Ethics*, MIT Press, 2012.

Hanson, F. Allan., "Beyond the skin bag: on the moral responsibility of extended agencies," *Ethics and Information Technology*, 11.1(2009): 91－99.

Moor, J. H., "The Nature, Importance, and Difficulty of Machine Ethics" in Michael Anderson and Susan L. Anderson, eds., *Machine Ethics*, Cambridge University Press, 2011. pp. 13-20.

Wallach, Wendell and Colin Allen, *Moral Machines: Teaching Robots Right from Wrong*, Oxford University Press, 2009.

섹스로봇의 현황과 그 규제에 대한 세 가지 입장 김수정

Farley, Margaret. A. *Just Love: A Framework for Christian Sexual Ethics*, New York : Continuum, 2006.

Danaher, John, "Robotic Rape and Robotic Child Sexual Abuse: Should They be Criminalized," *Criminal Law & Philosophy,* 2017,

Danaher, John, "Should we be thinking about robot sex?," ed. John Danaher and Neil McArthur, *Robot Sex: Social and Ethical Implications*, Cambridge : MIT Press, 2017.

Devlin, Kate. *Turned On: Science, Sex and Robots*, London : Bloomsbury, 2018.

Gutiu, Sinziana, "Sex Robots and Robotization of Consent," We Robot

Conference 2012.

Lancaster-James, Mitchell and Bentley, Gillian R., "Beyond the Sex Doll: Post-Human Companionship and the Rise of the 'Allodoll'," *Robotics 2018*.

Levy, David, *Love and Sex with Robot: the Evolution of Human-robot Relationships*, UK : Duckworth, 2009.

Liberati, Nicola, A.D. Cheok and D. Levy eds, "Sentimental relationship between human users and digital beings digital devices," *Love and Sex with Robots*, 2017.

Maines, Rachel, "Love + Sex with Robots," *IEEE Technology and Society Magazine,* 2008.

Richardson, Kathleen, "The Asymmetrical 'Relationship': Parallels Between Prostitution and the Development of Sex Robots," *SIGCAS Computers & Society*, Sept. 2015.

Tobe, Frank, "Sexrobots: Facts, hype, and legal and ethical considerations," The Robot Report, Aug 20, 2017.

Turkle, Sherry, *The Second Self: Computer and the Human Spirit*, New York : Simon & Schuster, 1984.

Turkle, Sherry. Taggar, W., Kidd, C.C., Daste, C.D. and O., "Relational Artifacts with Children and Elders: The complexities of Cybercompanionship," *Connection Service,* 2006.

제3부 과학기술 비판론

하이데거의 과학기술 문명 비판 강학순

강학순, 《존재와 공간》, 한길사, 2011.

강학순, 〈현대기술융합 담론과 하이데거 철학 수용의 문제〉, 《현대유럽철학연구》 제39집, 한국하이데거학회, 2015.

마르틴 하이데거, 권순홍 옮김, 《사유란 무엇인가?》, 길, 2007.

머레이 북친, 문순홍 역, 《사회 생태론의 철학》, 솔, 1999.

박찬국, 《하이데거와 나치즘》, 문예출판사, 2014.

배학수, 〈하이데거에서 과학과 철학〉, 《경성대 사회과학 연구》 제6집, 1990.

이유택, 〈하이데거의 과학비판〉, 《현대유럽철학연구》 제38집, 한국 하이데거학회, 2015.

이종관, 〈미래도시의 실존적 정향-U-city와 건축가의 과제〉, 《건축과 사회》, 겨울호, 통권 제14호. 새건축사협의회, 2008.

이종관, 〈테크노퓨처리즘과 네오휴머니즘의 대결 그리고 그 화해를 향하여〉, 《철학과 현상학연구》, 제59집, 한국현상학회, 2013.

잭 챌러너, 이상헌 옮김, 《똘망똘망 인공지능》, 김영사, 2000.

카를로 로벨리, 김현수 옮김, 《만약 시간이 존재하지 않는다면》, 쌤앤파커스, 2021.

프레드 달마이어, 신충식 옮김, 《다른 하이데거》, 문학과 지성사, 2011.

허버트 L. 드레퓌스, 정혜욱 옮김, 《인터넷상에서》, 동문선, 2003.

Dreyfus, H. L. and Dreyfus, S. E., "Making a Mind versus Modeling the Brain:

Artifical Intelligence back at a Branchpoint," *Daedalus*, 1988, p. 117; Dreyfus, H. L., *What Computers Still Can't Do: A Critique of Artifical Reason*, MIT Press, 1992.

Dreyfus, H. L. and Dreyfus, S. E., "From Socrates to Expert Systems: The Limits of Calculative Rationality," *Philosophy and Technology II*, ed., Carl Mitcham & Alois Huning (New York: Springer), 1986.

Dreyfus, H. L., *Being-in-the-World: A Commentary on Heidegger's Being and Time, Division I*. Cambridge, MIT Press, 1990.

Heidegger, Martin, "Die Zeit des Weltbildes(1938)," *Holzwege*(1935-1946), Frankfurt a.M., 2003.

Heidegger, Martin, "Spiegel-Interview"(1966): "Nur noch ein Gott kann uns retten,"(Der Spigel. 30 Jg., Nr. 23. Mai. 1976); G. Neske, E. Kettering(hrsg.), *ANTWORT, Martin Heidegger im Gespräch*, Pfullingen, 1988.

Heidegger, Martin, *Das Rektorat 1933/34-Tatsachen und Gedanken*, 1945, Frankfurt a,M., 1983.

Heidegger, Martin, *Der Satz vom Grund*(1955-1956), Frankfurt a.M., 1997.

Heidegger, Martin, *Die Technik und die Kehre*(1949, 1953), Pfullingen, 1991.

Heidegger, Martin, *Einführung in die Metaphysik*(Summer semester 1935), Frankfurt a.M., 1983.

Heidegger, Martin, *Geassenheit*(1945-1953), Pfullingen, 1979.

Heidegger, Martin, *Grundfragen der Philosophie. Ausgewählte "Probleme" der "Logik"*(Winter semester 1937/38), Frankfurt a.M., Vol. 45, 1984.

Heidegger, Martin, *Hölderlins Hymne "Andenken"* (Winter semester 1941/42), ed. C.Ochwaldt, 1982, 2nd edn. Frankfurt a.M., Vol. 52, 1992.

Heidegger, Martin, *Hölderlins Hymne "Der Ister"* (Summer semester 1942), ed. W. Biemel, Frankfurt a.M., Vol. 53, 1984.

Heidegger, Martin, *Sein und Zeit.*, Tübingen, 1979.

Heidegger, Martin, *Vorträge und Aufsätze*(1936-1953), Frankfurt a.M., 2000.

Heidegger, Martin, *Was ist Metaphysik?*(1929), Frankfurt a.M., 1986.

Heidegger, Martin, *Wegmarken*, Frankfurt a.M., 1976.

Heidegger, Martin, *Zollikoner Seminare*(1959-1969), Frankfurt a.M., 2017.

Neske, G., Kettering E.(hrsg.), *ANTWORT, Martin Heidegger im Gespräch*, Pfullingen 1988.

Weiser, M.,"The Computer for the 21st Century," *Scientific American Special Issue on Communications, Computers, and Networks*, September, 1991/ "Some Computer Science Problems in Ubiquitous Computing," *Communications of the ACM*, July 1993.

Weiser, M., and J. S. Brown, J. S., "The Coming Age of Calm Technology," *PowerGrid Journal*, Vol. 1.01, July 1996.

Winograd, T. and Flores, F., *Understanding Computer and Cognition*, Addison-Wesley Press, 1986.

http://www.ai.mit.edu/people/Jema/papers/1986-ai-memo-871/memo.html.

http://blog.naver.com/kate24/220181783326.

과학기술 문명 시대 학문의 위기 이남인

Comte, A., *Cours de philosophie positive*, vol. 6, Paris: Bachelier, 1830-1842.

Husserl, E., *Die Krisis der europäischen Wissenschaften und die transzendentale Phänomenologie. Eine Einleitung in die phänomenologische Philosophie*, Den Haag: Martinus Nijhoff, 1954. (Hua VI)

Husserl, E., *Philosophie als strenge Wissenschaft*, Frankfurt/M., Vittorio Klostermann, 1965.

Husserl, E., *Zur Phänomenologie der Intersubjektivität. Texte aus dem Nachlaß Erster Teil: 1905-1920*, Den Haag: Martinus Nijhoff, 1973. (Hua XIII)

Löwith, K., *Von Hegel zu Nietzsche-Der revolutionäre Bruch im Denken des 19. Jahrhunderts*, Hamburg: Felix Meiner, 1981.

Schnädelbach, H., *Philosophie in Deutschland 1831-1931*, Frankfurt/M.: Suhrkamp, 1991.

von Neumann, J. and O. Morgenstern, *Theory of Games and Economic Behavior*, Princeton: Princeton University Press, 1990.

Wilson, E. O., *Consilience: The Unity of Knowledge*, New York: Knopf, 1998/ 최재천, 장대익 옮김, 《통섭-지식의 대통합》, 사이언스북스, 2005.

제4차 산업혁명과 인간의 행복 박찬국

과학기술정책연구원 · 미래연구센터, 《미래는 더 나아질 것인가-인공지능, 4차 산업혁명 그리고 인간의 미래》, 알에치코리아, 2016.

박찬국, 《내재적 목적론》, 세창, 2012.

손화철, 한국포스트휴먼 연구소 · 한국포스트휴먼학회 편저, 《포스트휴먼 시대의 휴먼》, 아카넷, 2016.

신상규, 《호모 사피엔스의 미래-포스트휴먼과 트랜스휴머니즘》, 아카넷, 2014.

이종관, 《철학과 현상학 연구》 제59집, 한국현상학회, 2013.

Heidegger, Martin, *Vortrge und Aufstze*, vol. 7, 91.

문명연구 총서 3

과학기술 문명에 대한 성찰

초판 1쇄 인쇄 2022년 6월 10일
초판 1쇄 발행 2022년 6월 25일

지은이 이한구, 강학순, 김수정, 김승환, 김영식, 김재희, 박찬국, 손화철, 신상규, 윤병렬, 이남인
펴낸이 한균태
책임 편집 윤민혜
디자인 최혜인

펴낸곳 경희대학교 출판문화원
주소 서울시 동대문구 경희대로 26
전화 02-961-0106~8
팩스 02-961-0291
설립 1960년 9월 16일 제5-8호
등록 1977년 11월 8일 제6-5호
홈페이지 www.khupress.com
전자우편 press@khu.ac.kr

ISBN 978-89-8222-720-2 (94300)
978-89-8222-662-5 (94300) 세트